東西修道霊性の歴史

東西修道霊性の歴史

——愛に捉えられた人々——

桑原直己著

知泉書館

まえがき

筆者は、学生時代は哲学科で学び、現在は倫理学の講座で教員をつとめる研究者である。表看板の専門は「中世倫理思想史」であり、特にトマス・アクィナスの倫理思想を研究してきた。また、個人としては修道生活に対して深い尊敬の念を覚える一カトリック信徒である。そのような者が、修道霊性史についての一書を著すことについて、思うところを述べておきたい。

まず、筆者は「一カトリック信徒」に過ぎず、自ら修道者の身分にあるわけではない。つまり本書は修道生活に対する「外部の目」からの研究、ということになる。このことは、修道霊性を見る上での限界となりえよう。自ら修道生活を送る者でなくては、その霊性における本質的なものを見ることはできないのかもしれない。また、「外部の目から研究する」ということ自体、修道生活に身を捧げておられる修道者の方々に対して一種の非礼となる虞もある。

まず、「外部の目」からの研究という立場の限界性という点に関してであるが、そうした限界性があることは認めないわけにはゆかない。しかし、「外部の目」ということには利点がないわけでもない、と思う。それは、筆者が特定の修道パラダイムに属していないことによる視点の自由さである。この事情は、筆者自身が宗教学者の知見に対して抱く思いと類比的に語れるように思う。すなわち、一信徒に過ぎないが明示的な信仰は有している筆者は、あくまでも宗教に対して「外部の目」から研究しようとする宗教学者たちに対して、しばしば「彼らは宗教の本質的なところを見ていない」との不満を覚える。しかし、時として宗教学者たちは、内部の人間にはむしろ見えないような視点から的確で示唆に富む洞察を与えてくれることもある。ただし、そうした示唆的な知見を与えてくれる宗教学者には、対象となる宗教に対して可能な限りでの内在的・共感的理解の姿勢を示す人が多いのも事実である。同様にして、修道生活について「外部の目」から見る筆者の場合も、外部の目ならではの視点を示すことを目指したい。そして、修道生活に対して「可能な限りでの内在的・共感的理解の姿勢を示す」心構えという点では、筆者は人後に落ちないつもりである。

第二の、「外部の目から研究する」ということ自体が非礼となりかねない、という問題に関しては、筆者が修道生活に対して深い尊敬の念を覚えていること、可能な限りでの内在的・共感的理解の姿勢を示す心構えであることをもって、修道者の方々にご寛恕を願うばかりである。

また、筆者は哲学、倫理学、そして思想史の研究者であって、専門的な意味での歴史家ではない。したがって、歴史に関する叙述については一次的な「史料」から自ら叙述を紡ぎ出すのではなく、多くの場合――可能な限り広範囲の文献を渉猟して比較検討はするものの――先行する歴史家による研究成果、つまり二次文献に全面的に依存していることは当然認めなければならない。ただし、思想に関わるテキスト――トマスは無論のこと、たとえば『アントニオス伝』や『修道士大規定』、ニケタスやエウァグリオス、カッシアヌスのテキストなど――については可能な限り原典に即してその意義を明らかにすることにつとめた。その結果、修道霊性史をいわば思想史的に解明する、という点では一定のオリジナルな視点が打ち出せたのではないか、と考えている。

以上の限界性を踏まえた上で、本書が修道霊性史の理解に対して僅かでも資するものを提示できれば幸いであるが、その点の評価については読者各位に委ねることとしたい。

二〇〇八年三月一六日

著者

目次

第一部　修道生活の起源と東方キリスト教世界における展開

東西修道霊性の歴史——愛に捉えられた人々

序章

この序章においてはまず、本書を執筆するにあたって筆者が抱いている問題意識を明らかにしておきたい。また、本書の研究対象である「修道生活」の外延的内容を確定し、キリスト教そのものにおける修道生活の意義を明らかにするために、修道生活の起源の問題について予備的考察を与えておく。その上で、本書の展開の方向（構成）を予め提示することとする。

一　本書の問題意識

長年にわたり、筆者の思想的関心は倫理学において「愛」がどのように位置づけられるのか、という問題をめぐって展開している。具体的には、その「愛の倫理」が、特に「キリスト教倫理」の枠内においてどのような形で成立する可能性があるのか、という角度から、主としてトマス・アクィナスの倫理思想を対象として研究を進めてきた。そしてそうした角度からのトマス研究の成果をまとめ、二〇〇五年に拙著『トマス・アクィナスにおける「愛」と「正義」』として公刊した。

同著における筆者の問題意識は、一つには、思想史上長らく、それも特に近代以降、倫理学の中に「愛」が位置づけにくい傾向にあったのはなぜか、という点にあった。そしてこの点に関連して同著で指摘した一つの点は、そもそも「愛」ということが「規範性」とは馴染まないのではないか、という問題であった。「倫理学」は――その内容の理解には幅があるとしても――何らかの「規範性」をその本質とする以上、一定の「要求」を含意することになる。本来「要求」とは馴染みにくい「愛」が規範性を帯びるとき、そこに大きな困難が生じることになる。この「要求としての愛」をめぐる問題は、思想史的には特にキリスト教的倫理が成立する可能性にかかわる問題である。たとえば現代におけるマザー・テレサに見られるように、キリスト教倫理の歴史は、それぞれの時代の思想が直面した社会状況の中で、他者に対する利己性を越えた愛が現実的に成立する可能性を示してきた。特に、「隣人としての他者」に向けられた「利己性を越える愛」は、自己の利害を超えて他者のそれを尊重することを意味する。その根底には他者への「共感（同情）」という契機が働く。しかし、まさにこの点において、キリスト教倫理はある種の哲学的な倫理思想の伝統と正面から衝突することになる。

たとえば、ニーチェは、他者への「同情」のうちには不純な自己防衛が隠されている、と指摘し、同情そのものを禁止する態度を表明している。その上で彼は、キリスト教倫理そのものを弱者の強者に対するルサンチマンのイデオロギーである、と断じ、これに対して生命価値を阻害するものとして激しい攻撃を加えたことはよく知られている。この、「同情の禁止」という思想には、古代末期のストア派にまで遡る哲学的な伝統があり、ニーチェも実はそうした思想の系譜の中に位置づけられることになる。(1) ニーチェの批判を待つまでもなく、利己性を越えることとしての「愛」が規範となって課せられる時、それは最終的には「自己放棄」への要求となり、ともすればマゾヒスティックとも言えるような苛酷さを帯びることとなる。さらには、そのような形で「自己放棄」を強要する倫理は、人間の内面に新たなルサンチマンを再生産するメカニズムへと堕する危険性もある。

あるいは、そもそも「利己性を越える愛」なるものが成立することの「可能性」そのものに対する懐疑が示されることもある。一例として、やはりキリスト教を「愛」を規範的に要求する倫理として位置づけた上で、これに対して批判的なコメントを加えている伊藤整の見解を挙げておこう。(2)

伊藤は、西洋における市民社会の原理の根幹を「キリスト教的な人間観」に求めている。伊藤によれば、「キリスト教の人間認識」に基づく「ヨーロッパ的道徳」は、「他者を自己と同様の欲求を持つものとして考えて愛せ、という意味のその黄金律から来ている」という。その上で、この考え方が、「他人を自己と同様のものと考えるという意味で個人尊重の考え方を生み、更にそのような独立した他者に、愛という形で働きかける組み合わせ、交際、協力などを尊重する考え方を生み、市民社会というものを形成する原則の一つをなしている」と指摘している。その上で伊藤は、人間の利己心をいわば是認し、これを前提とした上で「消極的な他者との結びつきの安定した形」を追求するものとして彼が理解する「孔子の人間観」と対比して、かかる「キリスト教的な人間観」の中に、人間の利己心を越えることを求める強い倫理的な要求を見ている。しかしながら、伊藤は、こうしたキリスト教の命ずるところが「不可能な命令」なるがゆえに、通常の――おそらくは彼自身をも含めて――日本のインテリたちは「クリスチャン」のうちに「偽善」を感じるのだ、と述べている。

もっとも筆者の感想では、伊藤による批判的コメントのうちには、人間において根源的な利己性があることを見据えるとともに、これを乗り越えることを求める峻厳でラディカルな倫理的志向を含意するものとしての「キリスト教的な人間観」に対して、拒絶感と同時に一種の憧憬が入り交じったアンビヴァレントな態度があるように思われる。これはキリスト教の外部にある人――特に日本人――がキリスト教的な倫理思想に直面する際に抱く典型的な思いなのではないかと思う。筆者は本書の読者の中にそうしたアンビヴァレントな思いを抱く人――

キリスト教外部の人であるか、キリスト者であるかを問わず――が少なからずおられることを想定している。

前著『トマス・アクィナスにおける「愛」と「正義」』においては、『神学大全』を中心にトマスの倫理思想の全貌を包括的に明らかにすることにより、こうした問題に対してトマスをして答えしめることを試みた。本書の問題意識に関わる部分に関しての前著の主張については、本書第三部、特に第七章において改めてまとめ直して提示するが、先取りして「愛」と「規範性」との関係についての問題に関してのみ言えば、ほぼ以下の通りの解明を行った。

まず筆者は、人間自らの力（「人間的自然本性」）のみをもってしては「不可能な命令」であるところの「愛の掟」を不可能でなくするところの、より高次の生命エネルギーの源泉として「聖霊」を証示するところに、キリスト教の本質が存していた点を指摘した。トマスはアリストテレス的な徳論を枠組みとして採用した点にその倫理思想史上の意義が認められるのであるが、アリストテレス自身の徳論言語は、本来、人間的な努力にもとづく、人間の自然本性に内在的な生命エネルギーの展開を描写するためのものであった。しかし、トマスはアリストテレスに由来する徳論言語の概念装置を、人間の自然本性を超えた「聖霊」に由来する生命エネルギーに関わる「愛」についての記述においても、敢えてこれを用いようとしていた点を指摘した。すなわちトマスは、アリストテレス的な徳論言語の概念装置をもって、「聖霊」というより高次の生命エネルギーとの関連における人間性の変容と刷新という事態をも記述するために、もともとのアリストテレス自身の枠組みに対して大幅な拡張と変容とを加えている。前著の主たる考察は、一つには、かかる「愛の倫理」を記述するための装置としてのアリストテレス倫理学の概念がトマスの思想体系の中でいかに機能しているのか、という点を、「聖霊」に由来する高次の生命エネルギーを示唆する場面における変容と拡張とまでをも含めて解明することにあった。

本書はこの前著の問題意識を受け継いだものである。先述の現代におけるマザー・テレサの例に見られるように、その直面する社会状況の中で利己性を越えた愛の倫理が現実的に成立する可能性を示し、社会全体に光明を示すと同時にキリスト教の倫理生活をリードしてきたのは多くの場合「修道者」であった。つまり、キリスト教倫理の伝統の中で、特に修道生活は優れた意味において「愛の倫理」が現実に具体化する場面を構成してきたのである。と同時に、修道者こそは「愛」を「規範の要求」として自らに課し、そのために進んで「自己放棄」を目指している人々である、と理解される。したがって修道者たちは、単に理論に留まることなく、自らの生き方そのものをもって、これまで問題としてきた「愛の規範化」の問題に直面していることになる。トマス自身も修道者であった。そのトマスは、修道生活の本質を「カリタスの完全性の身分」として、すなわち愛の完成を誓う者の生き方として規定していた。

本書の意図は、愛、特にキリスト教的な意味における愛の成立の基盤として、修道的な霊性がいかに機能してきたか、を明らかにすることにある。つまり、前著が「愛の倫理」の成立可能性についての理論的考察であるのに対して、本書は「愛の倫理」の事実としての成立に関する歴史的考察を意図している。

ニーチェや伊藤らの批判を待つまでもなく、利己性を越えること（自己放棄）への要求が直接個人に課せられた時、ともすればキリスト教倫理はルサンチマンの倫理に陥り、あるいは「不可能な要求」の前に立ちつくしてしまう危険性を孕んでいる。そうした危険を乗り越えて、利己性を越えた愛の理念を現実化させる上で、修道的な共同体が果たしてきた機能は無視することは出来ない。修道生活はエジプトの隠修士にその端を発しているが、本書第一章で後述するとおり、隠修士たちにおいても、その「師父」との師弟関係のうちに逆説的な形での共同性が成立していた。生活を共にする共同体としての共住修道院はギリシア教父の時代、バシレイオスの修道規則（『修道士大規定・小規定』）において確立した、とされる。ローマ（西方）カトリック教会においては、その後、アウグスティヌスに起源をもつ司教座聖堂参事会、ベネディクトゥスによる『戒律』、ベネディクト系修道院の土地所有を見直し「清貧」の徹底化を図った托鉢修道会、宗教改革時代に来るべき近代を先取りしたイエズス会、さらには現代におけるマザー・テレサの Missionaries of Charity などに至るまで、時代と社会の変化に応じて多様なパラダイムのもとに修道的共同体が展開してきた。他方、東方教会では、隠修士の伝統が生きるとともに、修道院は基本的にバシレイオスの修道規則およびこれを継承したストゥディオスのテオドロスによる『テュピコン typikon（修道規則）』のもとで展開してきている。本書は、修道生活のこれら諸伝統を比較検討し、「利己性を越えた愛」を育む上で修道的共同体が果たしてきた機能を解明しようとするものである。特に、我が国においてはキリスト教そのものがマイノリティーであるが、その中でも東方教会はさらに少数派であって、その伝統については一般にはほとんど知られておらず、また国内には東方教会の伝統にもとづく修道院は存在しない。そのため、東方キリスト教世界の修道制についての研究には特に意を用いることを心がけた。

修道生活の歴史を理解するためには、絡まり合ういくつもの要因を解きほぐしてゆく必要がある。本書においては、それらの諸要因を、幾組かの対をなす概念の関係として提示し、その意味するところを検討してゆくこととする。すなわち、まず「キリスト教そのもの（教会）」対「修道生活」という関係が挙げられる。そして、「東方キリスト教世界」対「西方キリスト教世界」、「独住の隠修士」対「共住修道院」、「厳格主義」もしくは「社会の中での少数派としてのキリスト教」対「社会の中での多数者へのアプローチ」、「禁欲的離脱の徹底」対「共同体的一致」、「清貧」対「従順」、「場所と結びついた共同体」対「人的結合による共同体」といった対概念が挙げられる。これら対概念によって示される諸々の要因の対比は、相互に関連しあうこともあり、時に錯綜することもある。本書の展開の中で、順次それらの諸要因を捌いてゆくことにしたい。

最後に、一点お断りしなければならないことがある。それは筆者が本書においては修道霊性史を現代にまで辿ることができなかったことである。修道生活の歴史はあまりに広範で多岐にわたる展開を示しているため、本書では中世盛期、すなわちドミニコ会やフランシスコ会などの托鉢修道会の成立までの経緯しか扱い切れず、中世後期から近代、現代に至るまでの修道生活の展開については手つかずのまま残さざるを得なかったからである。この残された課題については、本書の対象とした時代に続く時代を対象とする続編を考えている。それは近代の霊性史と教育史とを踏まえた研究となる予定である。

二　修道生活の起源について

ところで、先述の対概念のうち、「キリスト教そのもの」と「修道生活」との関係については、「修道生活の起源」はどこにあるのか、という問題と絡めて、特にこの序章において取り上げて検討しておく。それは、本書の研究対象である「修道生活」そのものの外延的内容を確定するためであり、また、キリスト教そのものにおける修道生活の位置づけを明らかにしておくためである。

修道者は、キリスト教の歴史の中で常に大きな役割を果たしてきたが、常識的にはその伝統はキリスト教そのもの（教会）の歴史とは一応区別することができる。

すなわち、「キリスト教」とはイエスの復活体験を出発点として成立した弟子たちの共同体である教会が、「ケリュグマ的な」、すなわち自らの体験にもとづく信仰宣言を含意する形において「イエス・キリスト」についての物語を語り継ぐことによって信仰を証言し続ける営為を本質としている、と取りあえずは言うことができよう。

これに対して、修道者とはいわばキリスト教的な「出家者」であると理解されている。中世になって西方カトリック教会においては、修道者は「清貧」（私有財産の放棄）、「貞潔」（独身生活）、「従順」（上長への服従）という三つの誓願を立てることが制度化されるに至る。こうした生活様式は、その力点の置き方に相違はあるものの、古今東西の修道生活全体に共通するものであった、と取りあえずは言うことができる。修道者たちとは、これらの放棄を通して物欲、情欲、名誉欲・権力欲から離脱し、自らを神へと明け渡すことを目指す人々である。

ただし、「出家者」という表現には若干問題がある。比較宗教学的な視点からは、しばしば「信の宗教」「覚の宗教」という図式が語られる。ユダヤ・キリスト教のような啓示宗教は「信の宗教」であり、釈尊の仏教は典型的に「覚の宗教」だ、というわけである。しかし、この区別はいわば理念型であって、実際の宗教の中には二つの要素が混在することがある。大乗仏教、特に浄土教に見られるように、仏教の中にも「信の宗教」の性格の強い形態があり、ユダヤ教におけるカバラやハシディズム、イスラム教におけるスーフィズムのように、啓示宗教の中にも神秘主義という形で「覚の宗教」の要素が見出されることがある。このような図式を背景として、修道者を「出家者」と呼ぶならば、いかにも修道者は啓示宗教キリスト教における「神秘主義」――「覚の宗教」の部分――の担い手として位置づけられるように見える。

しかし、最近の研究成果は、そうした図式的な見方に一定の変更を迫るものがある。伝統的な定説では、キリスト教的修道制は、三世紀後半エジプトを中心に出現した隠修士たちにその起源を有する、とされてきた。しかし、近年の研究の結果、キリスト教的修道制の前史をユダヤ教内部の修道的共同体に求め、さらにはこれとイエス復活後のエルサレムの使徒小集団との連続関係を示唆する説が唱えられるようになってきた。一九四七年『死海写本』が発見されたことが契機となって、クムランやテラペウタイに、ユダヤ教「修道院」と言えるまでの確証はないものの、一般大衆から離れて「修道的な」共同生活を営んでいたユダヤ教徒の集団の存在が認められることとなった。そして初期キリスト教の信者たちとこれらユダヤ教の修道的集団との間に、霊性、典礼生活、聖職者組織などの点で多くの共通の特徴があったことから、初代教会にはこれらユダヤ教の修道的な集団の出身者が多かったと考えられている。エルサレムで使徒たちを中心に集まった初期キリスト教の共同体は、多くの点で修道会に準ずるような特色を示している。したがって、この古代的な意味における「使徒的生活」、つまり『使徒言行録』第二章が描いているような、祈り、財産を共有し、パンを裂く（後代のエウカリスティア）ことによって、信仰を守るべくなされた共同生活は、修道制の原点をなすものであった、と言うことができる。事実、「使徒的生活」を目指し、これを受け継いでゆくことは、中世末期にまでおよぶ修道制の伝統的な主題であった。つまり、修道者とは「使徒の模倣者」であったのである。こうした見方にもとづくならば、先にキリスト教の本質として示した「イエス・キリストについてのケリュグマ的な物語を語り継ぐ」営みの基礎となる共同体と修道的な共同体との間に連続性を認めることが可能となる。つまり、初期キリスト教には修道的な性格が浸透しており、また、後世にいたるまでの修道制の展開も本質的にキリスト教的である、と言えることになる。

ただし、本書においては、そうしたユダヤ教における「修道的な」共同体をキリスト教的修道生活の直接の起源と考えることには慎重な姿勢をとりたい。したがって、取りあえずは通説に従い、キリスト教的修道制は三世紀後半エジプトを中心に出現した隠修士たちにその起源を有する、との前提に立つこととする。しかし、上述の新たな視点が示唆し、また、修道者の伝統的自己理解でもあったところに従い、修道制の歴史の意味をそれが

「使徒の模倣」の歴史であった、という視点から捉えることとしたい。その「使徒の模倣」は、さまざまな地域と時代において多様な角度から展開しており、その諸相を解明することにより、修道制の歴史全体の思想史的な意味を明らかにすることが可能となるように思われる。

三　本書の構成

本書は三部構成からなる。第一部、第二部は東西キリスト教世界における修道生活についての歴史的概観であり、第三部は理論的考察、すなわち筆者のトマス・アクィナス研究の成果にもとづく修道生活の倫理学的位置づけの試みである。

「修道生活の起源と東方キリスト教世界における展開」と題する第一部においては、修道生活の起源から説き起こして東方キリスト教世界における修道生活の展開を概観する。

「初期修道制における「独住」と「共住」の問題――隠修士と修道院」と題する第一章においては、修道生活の起源に位置する隠修士アントニオスと共住修道制の確立者であるバシレイオスとを対比させながら、隠修士と共住修道院という修道生活における二つの方向が意味していたところを明らかにする。

第二章は「ペラギウスとアウグスティヌス」と題し、近年の研究の結果、東方神学と連続的な立場をとっていたことが明らかにされつつあるペラギウス像を、西方キリスト教世界における神学を決定づけたアウグスティヌスとの間に展開された論争の思想史的検討を通して解明することにより、東方的な神学と霊性との特色を浮彫りにすることを試みる。

第三章は「東方的修道霊性の風景」と題し、第一章、第二章で展開した視点を念頭に置きながら、修道生活の東方キリスト教世界における展開を通史的に概観する。

「西方キリスト教世界における修道生活の展開」と題する第二部においては、托鉢修道会の成立に至るまでの西方キリスト教世界における修道生活の歴史的展開を概観する。

第四章は「西方修道制における二つの伝統」と題する。すなわち、西方キリスト教世界における修道生活の展開を、アウグスティヌスから律修参事会にまで及ぶ「聖職者による修道生活」の伝統と「ベネディクト型の修道院」の伝統という二つの伝統に整理してその通史的概観を試みる。

「「使徒的生活」を求めて――一一、一二世紀の隠修士運動」と題する第五章においては、前章で概観した西方的修道制の展開の中でも、一一、一二世紀に起こった隠修士を志向する宗教的運動に特化して考察を加える。この宗教的運動は托鉢修道会成立の「前夜」の状況を示すものであるが、特にこれを支配した「使徒的生活」の理念の意味を中心に解明する。

最後に第六章「托鉢修道会の時代」においては、托鉢修道会そのものの成立およびその意義について概観する。

以上、第一部、第二部における修道生活についての歴史的概観を踏まえ、第三部では理論的考察を試みる。第三部は「トマス・アクィナスのカリタス理論にもとづく修道生活の意義」と題しており、キリスト教的な意味における愛についての包括的な理論として、トマス・アクィナスの倫理学、特にそのカリタスの理論を取り上げ、これを理論的考察の枠組みとして修道生活の倫理学的位置づけを試みる。

第七章「トマス・アクィナスのカリタス理論とキリスト者の霊的生活」ではまず、トマスによる「愛の倫理学」である彼のカリタス理論の概要、およびこれがキリスト教的な霊的生活全体の文脈中で有する意義を主題的に取り上げてこれを明らかにする。

第八章「「カリタスの完全性」――「修道生活」の意味」においては、トマスによる「修道者の身分は完全性の身分を含意する」というテーゼの意味を解明することを手がかりとして、トマスの修道生活論を概観する。

第九章「「観想の充溢から発する活動」――「説教者兄弟会」の霊性」においては、トマス自身が所属していたドミニコ会（正式には「説教者兄弟会」）に固有な学問研究、教授、そして説教という使命を意味づけていた「観想の充溢から発する活動」という理念の意義を明らかにする。

（1）　この点については、以下を参照。神崎繁『ニーチェ―どうして同情してはいけないのか』（シリーズ：哲学のエッセンス）、NHK出版、二〇〇二年。

（2）　伊藤整「近代日本における『愛』の虚偽」（中村真一郎編『ポケットアンソロジー　恋愛について』岩波文庫別冊、一九八九年所収）

第一部　修道生活の起源と東方キリスト教世界における展開

第一部においては、修道生活の起源から説き起こして東方キリスト教世界における修道生活の展開を概観する。第一章においては、修道生活の起源に位置する隠修士アントニオスと共住修道制の確立者であるバシレイオスとを対比させながら、隠修士と共住修道院という修道生活における二つの方向の意味を明らかにする。第二章では、アウグスティヌスとペラギウスとの論争の思想史的意義を検討することにより、東方的な神学と霊性との特色を浮彫りにすることを試みる。第三章では、第一章、第二章で展開した視点を念頭に置きながら、修道生活の東方キリスト教世界における展開を通史的に概観する。

第一章　初期修道制における「独住」と「共住」の問題

――隠修士と修道院――

一　はじめに

定説[1]では、キリスト教的修道制の起源は、三世紀後半エジプトを中心に出現した隠修士たちに認められる。その代表的な人物として、テーベの隠修士パウロスやアントニオス（二五一頃―三五六年）の名が知られている。彼らは、修道士を意味する「monachos＝ひとり住む者」の語義通り、人里離れて独居する隠修士として荒野で長い苦行の生活を続けた。独居生活を特色とする隠修士の伝統は今日に至るまで東方修道制の中で生き続けている。

他方、同じエジプトで修道生活を始めたパコミオス（二九二／二九四―三四六年）は、独居に伴う生活上の不便と精神的な危険とに対応すべく、修道士たちが共同生活を営む共住修道院という生活形態を創始した。その後共住修道院は小アジアの地で、カッパドキア教父の一人として有名な主教バシレイオス（三三〇頃―三七九年）によって、教会とより結びついた形で教養ある知識人の共同体としてさらなる発展を遂げる。バシレイオスにとって、共住修道院という共同体の意義は、単に物質的、精神的な生活上の便宜と安全とにとどまることなく、キリストの福音に従い、神への愛と隣人愛とに従った生き方を実現するための訓練と実践の場とを意味していた。

このように、キリスト教修道制は、その成立のはじめにおいて、「独住の隠修士」と「共住修道院」という二つの方向を示していた。修道制におけるこれら二つの方向の意味を把握することは、修道制の本質を理解する上できわめて重要な意味がある。結論を先取りして言えば、これら二つの方向は、迫害が去った後の教会における世俗化の危機に対して、世俗からの離脱、特に「清貧」としての自己放棄の徹底を目指す方向と、教会を含めた共同体的一致を強調する方向として理解することができる。

本章では、特に、独住隠修士の生活様式の模範を示すものとして理解されてきたアントニオスと、共住修道院の制度的な確立者として知られているバシレイオスとを中心に、草創期の修道士たちにおける「独住」と「共住」という生活様式の相違が意味していたところを明らかにすることを試みる。

二　アントニオス——隠修士の模範

(1)　隠修士の理想像と『アントニオス伝』

上述のごとく、キリスト教的修道制の起源は、三世紀後半エジプトを中心に出現したアントニオスに代表されるような隠修士たちに求められる。一般には彼らは、キリスト教が公認されて迫害の危険が去った後、安逸の中でキリスト教が世俗化してゆくことに危険を感じ、自ら荒野での禁欲的生活の中で真に「キリストに従う」ことを求めた素朴なキリスト者たちであったと考えられている。また、今日の教会におけるように、修道者は教会内で特別な身分を与えられているわけでもなく、また、基本的に彼らは聖職者でもなかったので、今日的な言い方に従えば「一般信徒」に過ぎなかった。ブイエはこうした「初期の民衆的修道制」を「純粋に福音的で哲学的な問題や影響とは完全に無縁な修道制」として、バシレイオス以降の「学究的修道制」と対比している。[2]しかしながら、最近の研究[3]によればアントニオスら、初期隠修士が必ずしも「素朴で無学」であったわけではなく、相当程度ヘレニズム的教養を身につけていた可能性も示唆されている。アントニオスの歴史的な実像については今後の研究に待つとして、一般にはアントニオスの生涯は彼と親交のあったアレクサンドリア主教アタナシオスによって記されたとされる『アントニオス伝 *Vita Antonii*』によって知られている。『アントニオス伝』は、修道制に関する最古のテクストであり、著者自身が「確かに、〔彼の生涯は〕隠修士たちにとって修行のまたとない手本である[4]」と述べているように、典型的、理想的な「砂漠の師父」の姿を示すことを意図して書き記され、また読者たちにもそのようなものとして受け止められて、キリスト教霊性史上大きな影響力を示してきた書物である。本節では、『アントニオス伝』に描かれた隠修士の理想像としてのアントニオスの生涯を概観することを通じて、独住の隠修士たちが目指していたものは何であったのか、を明らかにしたい。

こうした隠修士たちは、世俗の放棄、清貧、禁欲的な離脱を徹底することを目指す方向の中で、「純粋な福音」を実現しようとしたものとして理解されている。ライツェンシュタインの指摘によれば、『アントニオス伝』全体の展開は、「普通の生活」から「共住修行の生活」へ移行した後、そこから次第に全体的な隠修生活へ移っていき、最終的に「霊的父子関係」における隠修生活の開花へと至る移行を示すことを特に意図している、と言う。[5]つまり、「独住」の隠修士は孤独の生活を送るのであるが、彼らは決して共同体的な性格を欠いていたわけではない。孤独の中に生きる隠修士の生活は「悪魔との闘い」という霊的な冒険をその本質としているが、この闘いに勝ち抜いた隠修士は、自らの経験にもとづいて「霊的な師父」として後進の隠修士たちを指導することになる。そしてこのような「霊的親子関係」の中に、隠修士たちの間には独特な「権威」の関係と逆説的な形での共同体的な連帯が成立する。隠修士の生活はそのような「霊的師父」となるのに十分な資質を身につけることを目的としている、と言うわけである。そうした見通しを念頭に置いた上で、本節では特に『アントニオス伝』に即してアントニオスの生涯を、特に彼が「霊的師父」としての完成にいたるまでの道程とその意味とを中心に辿ってみることとしたい。

(2) アントニオスの出自と彼の初期修道生活

「アントニオスは出自から言えばエジプト人で、高貴な家系の両親から生まれた。両親は十分すぎるほどの財産を所有しており、すでにキリスト者となっていたので、〔その子アントニオス〕をキリスト教〔の信仰〕にもとづいて教育した(6)」。「しかし、両親の死後、まだ年端もいかぬ妹〔のほかは〕たった一人になってしまった。それは彼が一八か二〇歳のときのことで、彼は家と妹の面倒を見ることになった(7)」。

ある日、彼は教会で「主が金持ちの〔若者〕に、「もし完全になりたいのなら、行って持ち物を売り払い、貧しい人々に施しなさい。それから、私に従いなさい。そうすれば天に富を積むことになる」(マタイ福音書一九・二一)と言われるのを耳にした(8)」。「アントニオスには、まさに〔道すがら〕思いめぐらしていた使徒たちへの追憶が主に鼓吹されたものであったと思われ、また、その朗読が自分のために読まれたものと確信して、そのままただちに主の〔家〕を後にすると、自分も妹も持ち物に煩わされることのないよう、持ち物――両親から三〇〇アルーラ〔約八〇ヘクタール〕の最上の肥沃な土地を受け継いでいた――を町の人々に与えてしまった(9)」。さらに、その後「よく知られていた信仰篤い童貞女たちに、貞潔に養育してもらうため妹を預けると、彼自身は戸外での厳しい生活のうちに敬神の修行に(10)」励む生活へと入った。

このような次第によって、アントニオスは彼にとっての修道生活の最初の段階に入るのであるが、「当時、エジプトでは、まだ今のように隠修士たちの居所は定まっておらず、隠修士は遠く人里離れた荒れ地〔で生活すること〕を知らなかった。自己〔完成〕に専念しようと望んだ者は、それぞれ自分の町からあまり離れぬ所に住み、神聖な修行に励んでいた[11]」。この時期におけるアントニオスの修道生活に関して、彼は「自らの手で働いていた。その成果の一部をパンにあて、残りは貧しい人々に施していた。とりわけ、たえず祈らねばならないと教えられていたので、たえず祈っていた[12]」と記述されている。

この初期アントニオスの修道生活を、ライツェンシュタインやブイエらは「共住修行の生活」と位置づけ、ブイエは「著者アタナシオスはこの段階を共住修行生活の模範として描いている[13]」と述べている。しかしこの修道生活は、彼が清貧の中で労働と祈りとの生活をしている場が「人々の中」、すなわち市井にある、というだけの意味で「共住的」であるだけであって、同じ立場の修道士たちが共同生活を営む、という形でのパコミオスやバシレイオス的な意味における共住修道生活ではない。事実『アントニオス伝』そのものも、この段階のアントニオスの修道生活を別に「共住修行の生活」と呼んでいるわけではない。ブイエによればこの段階のアントニオスの生活形態は「すでに離脱によって修徳修行を実践しているが、いまだ完全な孤独の中にはいない生活」である。これを「共住修行の生活」と位置づけるのは、「共住修行の生活」を完全な孤独の中に営まれる隠修士の生活に至る前の準備的な段階として「独住」の隠修士の生活に優位を認める思想を反映したものである。こうした考え方は東方修道制の特色であるが、カッシアヌスを通して西方修道制にまで影響を及ぼしていることについては、第二部第五・六章で後述する。

(3)「悪魔との闘い」の開始

ブイエらが隠修士の独住生活を共住修行の生活よりも上位に置く一つの理由として、彼らが「悪魔に対する避けて通れぬ闘い」が修道生活における「最重要問題」であり、世俗からの離脱と自己放棄との徹底としての独住生活こそがその「闘い」が本格的に展開される場である、とする考えが挙げられる。差し当たって「悪魔との闘い」とは、修道者を襲う様々な誘惑、そして内面的な危機を表現したものである、と理解することができよう。そしてこの「悪魔との闘い」を乗り越えた者は、自らの豊富な経験によって「悪魔との闘い方」、すなわち、内面的な危機に対する対処方法を心得ているがために、「霊的師父」として他の隠修士の指導者となることができる。隠修士の独住生活の最終的な目的と、その一種逆説的な共同体的性格はまさにここにある、と言うことができる。そこで以下に、『アントニオス伝』に記されたアントニオスの悪魔との闘いを概観することとしよう。

ブイエによれば「悪魔は初心者には明かされないと、あらゆる古代の修道生活で言われている。そして修道士がそれに気づいたときが、まさに第一段階を終えたしるし(14)」だと言う。『アントニオス伝』の叙述も、彼の修徳修行が次の段階へと進む契機となる時点において、悪魔の誘惑が描かれている。

悪魔は「まず手始めに、財産に対する追憶、妹への配慮、家庭の愛への思いをかき立て、彼がなしている修行を放棄させようと試みた。金銭に対する欲求、野望、食べ物の嗜好、この世のさまざまな慰撫を彼の心に吹き込んだ。そしてついには、徳行の苛酷さを彼の心に吹き込み、それに要求される多大な労苦、肉体の弱さ、長い時間に彼の心を向けさせた(15)」。

つまり、アントニオスは、自分が捨てたものへの未練を覚え、自分がこれらのものを棄てたのが不条理なことであるように思い、妹の教育を他人に任せたことは罪だったのではないか、と思い惑い始める。これは、物欲

〔金銭欲〕との闘いであると言える。アントニオスは、金銭欲との闘いをその後のより進歩した段階においても経験している[16]。

次いで悪魔は、「今度は腹の臍による武具にたより、それを誇りとし――まさしくそれは若者に対する〔悪魔〕の罠である――それによって武装したうえで、この若者に向かい進み出た。夜は彼を攪乱し、日中は彼を煩悶させ、〔周囲の人々にも〕両者の戦いが看て取れるほどだった。一方が不潔な思いを吹き込むと、他方は祈りでそれを退けた。一方が汚れたことに意志を向けさせると、他方は恥ずべきことに遭遇したかのように、信仰と断食を城壁として自分の身を包んだ。哀れな悪魔は、夜中に女に変身し、アントニオスを誘惑するために、あらゆる面で女のように振舞うことまでやってのけた[17]」。

これは無論、情欲〔性欲〕との闘いを暗示する叙述である。この攻撃に対しては、アントニオスは不屈の決意をもって撃退するが、その後も悪魔への警戒を緩めることなく「ますます厳しく自分の肉体を屈服させ、服従を強いた。こうして、厳しく苛酷な生活を送るよう心がけていた[18]」。

「〔アントニオスは〕眠りを抑え、しばしば一晩中一睡もせずに過ごし、それも一度ではなく、しばしばそうしていたので、驚異の目で見られていた。食物を口にするのも一日に一回、日没後のことだったが、ときには二日に一回、あるいは四日に一回ということもあった。それも彼が口にした食物はパンと塩で、飲み物は水だけだった。葡萄酒と肉については語るまでもない。徳の点で彼よりも劣った人々の所でもなければ、そのようなもの〔葡萄酒や肉〕は見出されることはなかった。眠るために〔一枚の筵があれば満足だったが、どちらかと言えば〕大地にじかに寝ていた[19]」。

ここでのアントニオスについての記述に見られるように、一般に東方の、特に隠修士たちの修道生活は厳格な肉体的苦行をその特徴としている。肉体的な苦行は、特に性欲のコントロールにとって大きな意味を持っているのではないか、と想像される。『アントニオス伝』にはその示唆はないが、たとえば東方修道制の伝統の中にある一一世紀の修道士ニケタス・ステタトスは、修道士における「自慰」への誘惑に言及している[20]。そして、ニケタスは明示的に肉欲の克服のための肉体的苦行の意義に触れ、「断食、地面で眠ること、徹夜、夜中の長い祈りを通して肉を弱らさなければならない。地獄の苦痛について考えることを通して、また死に関する瞑想によって、魂を打ち砕かなければならない[21]」と述べている。

アントニオスはこうした「悪魔との闘い」をけっして自力のみに頼って闘ったのではない。それは神と協働しての闘い、否むしろアントニオスという一人の人間をその場として神が闘った闘いであった。ブイエは、アントニオスが経験したこの最初の悪魔との闘いにおいて「彼の武器となったのは信仰とたえざる祈りであり、これが身に課している厳しい修行を弛まず続けられるよう彼を助けた[22]」ことを強調する。アントニオスは、自分自身が己れの聖性をもたらすとは考えず、むしろキリストの約束に頼る者となれるように、キリストの言葉の要求するところに単純に身を任せようとした。そして、悪魔に対する闘いを自分自身の闘いとしてではなく、自分自身におけるキリストの業として受け止めていた。

「われわれのために肉体をまとい、悪魔に対する勝利を肉体に与えた主が、彼と共に働いていた。こうして、このように戦った者たちはそれぞれ、「しかし、〔働いたのは〕私ではなく、私と共にある神の恵みなのです」（コリント第一書簡五・一〇）と言えよう[23]」という言葉が、そうした事情を物語っている。

（４）　隠棲生活における悪魔に対する勝利と「師父」としての共同体への還帰

このようにして、悪魔との「最初の闘い」を終えたことが、ブイエの言うところの「第一段階を終えたしるし」ということになり、アントニオスはこれを契機として、人里の中での暮らしから本格的な隠修士としての孤独の隠棲生活に移る。ブイエは「この移行のなされたのが、まさに悪魔に対する戦いとして修徳修行を追求することの必然性を彼がはっきり意識したその時であった(24)」としている。

アントニオスの隠棲生活はさらに二期に分かれる。第一期には、彼は一人の知人にパンを運んでもらいながら、村から離れてはいるが、さほど遠くはない墓地に隠棲した。第二期には、彼は一年に二回、半年分のパンの差し入れを受けつつ、荒れ野の廃墟となっていた古い要塞に籠ってそこで二〇年間を過ごした。当時の人々にとって、墓地や荒れ野は、まさに人が寄りつかないが故に悪魔の住処であると信じられていた場所であった。

隠棲生活に入る前までにアントニオスが経験した「悪魔との闘い」は、通常の意味での人間的な欲望、すなわち物欲や情欲との闘いとして理解することができるものであった。しかしここでのアントニオスは、そのような形での「誘惑」として通常人に合理的な形で理解できるようなレベルを越えた、さらに苛酷な闘いを経験する。『アントニオス伝』は、さまざまな猛獣の姿に変身した悪魔との文字通りの「苦闘」を描いている。その「闘い」における「敵」の攻撃は、時としてアントニオスに身体的な打撃をも与えるものであった。

「ある日、例の知人がパンを持ってその場所に来て、戸を開いた。そして、死人のように地に横たわっている〔アントニオス〕を見ると、彼を背負って、町の中にあった主の聖堂に運び込んだ(25)」。

ここでさまざまな幻影を通して現れる「敵」として描かれている「悪魔」とは何を意味しているのであろうか。率直に言って、外部世界にいる我々にとってそれは不可知な「謎」である、と告白するのが最も誠実な態度なのではないか、と思われる。『アントニオス伝』の叙述を「非神話化」して、たとえば、「狂気の淵に陥ろうとする内面的な危機が投影されたもの」などといった表現で理解しようとしても、結局それは想像・推測の域を出るものではなく、また修道士がその霊的な冒険において体験する内容のリアリティーのすべてを尽くせるものでもない。結局、真に「悪魔」の正体を知るためには、自ら悪魔と闘う、すなわち隠修士としての生活を体験する他はない。多くの、特に東方世界の修道士の中に存在する隠修士としての生活への根強い憧憬の背景としてはそうした事情もあるのではないか、と思われる。そして一旦「悪魔」の存在を体験し自覚した者は、ブイエによれば「悪魔に対する戦いとして修徳修行を追求すること」を「必然性」の相のもとに受け止めるのである。

さて、人里離れた場所での二〇年に及ぶ独住生活を経た後、アントニオスは「師父」として人々のもとへの還帰を遂げる。

「こうして、およそ二〇年近く、〔アントニオスは〕ただひとりで神聖な修行に励み、自ら出かけていくことも、訪ねてきた人々と会うこともなかった。その後、病に苦しむ人々が大勢癒しを求めて彼の許を訪れ、他方彼の修行に倣おうとする人々や知人たちが大勢押しかけたが、〔アントニオス〕は姿を見せないので、力ずくで戸口を破り開けてしまった。そこで、諸秘義を学び神によって神的なものに満たされていたアントニオスは、請われて、あたかも隠れ場から出て来るかのように、人々の前に姿を現した。このとき初めてアントニオスは要塞から出て、彼の許を訪れてきた人々に姿を現した。彼を目にした人々は驚嘆した。というのも、彼の体の容姿は以前とまったく変わるところがなかった。長いあいだ体を鍛えることがなかったのに肥え太ることなく、断食と悪霊どもとの戦いで痩せ細ってもいなかった。隠棲する以前から彼を知っていた者たちの目にそのように映ったが、彼の精神の清浄さとその汚れない暮らしぶりが看て取れた。労苦によって悲しみ沈んでいる様子はなく、歓喜にとり乱している様子もなく、笑いや悲嘆に彼の精神はかき乱されることもなく、大勢の人を見ても困惑せず、大勢の人の挨拶を受けても特別喜ぶでもなく、まったく平静そのものだった。[26]」

ブイエによれば「霊的な戦いによって純粋で平穏なものとなったアントニオスの人間性のこの真の改造」の結果、「その人間性は、文字通り「理性に支配されたもの」として、すなわち「理に適った」かつ「自然な」ものとして示される」と言う[27]。

ここに描かれているアントニオスの姿、人々を求めもせず、避けもしない「平静」のうちに、人々の賞賛からの完全な自由を獲得し、名誉欲・権力欲から離脱した境地が示されている。そして、この完全な離脱こそが、霊的師父としての権威の根拠となっている。

隠修士の生活は、ある意味で、このような霊的師父となることを目的とする営みである、と見ることができる。しかし、ここで「目的」という表現を用いることはやや躊躇われる。弟子を指導する「師父」でありたい、と願っている間は、名誉欲・支配欲に動機づけられている限りでその資格はない、とも言える。むしろ、完成の域に達した隠修士は、そうした名誉欲・支配欲をも含め、自らの内なる悪魔の罠を克服し、これに対する対処法に通じることによって、「結果として」霊的な師父となる権威を帯びるものと考えられる。

弟子となる新参の隠修士は霊的な冒険を志し、霊的な師父はその冒険の途上に横たわるあらゆる危険――「悪魔の罠」――への対処法を教える。これを支えているのが、修道者において最も重要とされる「霊の識別」と呼ばれる資質である。すなわち、霊的師父が身につけており、その権威の根拠となっているのは、人間の心の一つ一つの動きに対して、それを動かしているものの本質を洞察し、それが善いもの（「善霊」）であるのか、悪いもの（「悪霊」）であるのか、を見極める能力である。自らの霊的な生活の指針を求める限りにおいて、隠修士は自ら進んで自分が選んだ霊的師父に服従し、その権威を受け入れる。

その限りで、隠修士も師弟関係にもとづく自発的な共同体を形成する。具体的生活形態としては、弟子たちがその師父を慕って、その隠棲所の近くに自らの隠棲所を設けることによって成立する「ラウラ」と呼ばれる隠修士の集落の形をとることになる。

(5) アントニオスに見られる隠修士的伝統の特色

ここで、以上概観してきたアントニオスの生涯に見られる隠修士的な修道霊性の特色をまとめておきたい。まず、『アントニオス伝』によれば、アントニオスが修道生活に入ったきっかけは「もし完全になりたいのなら、行って持ち物を売り払い、貧しい人々に施しなさい。それから、私に従いなさい。そうすれば天に富を積むことになる」という『マタイ福音書』におけるイエスの言葉に文字通り従おうとしたことにあった。このことは、アントニオスの修道生活がまず禁欲的自己放棄としての「清貧」の徹底から出発していることを示している。

また、アントニオスに範をとる隠修士としての生活は、「清貧」から出発した「離脱」の徹底としての禁欲生活が基本となり、「貞潔」に伴う困難を含めて「悪魔との闘い」が主眼となる。他方、「従順」という点においては、自らが自らの目的のために選んだ師父への自発的服従があるのみで、共住修道院で重要となるような意味での「従順」としての自己放棄にはそもそも機会がない、ともいえる。

三 バシレイオス――共住修道制の確立者

(1) 共住修道院の成立とその問題点

先述の通り、アントニオスと同じエジプトで修道生活を始めたパコミオスは、独居に伴う生活上の不便と精神的な危険とに対応すべく、修道士たちが共同生活を営む共住修道院という生活形態を創始した。さらにその後、共住修道院は小アジアの地でカッパドキア教父の一人として有名なバシレイオスにより確立され発展する。

ただし、ブイエはパコミオスの共住修道院とバシレイオスのそれとには根本的な相違がある、と見る。パコミオスの修道生活は初期修道制の民衆的で素朴な性格を示している、と言う。彼による共住生活の創始は、怠惰で傲慢・不従順な弟子たちによる惨憺たる体験の末になされたものであり、完全な自由というかたちでの隠修士の生活の中に伏在する物質的困難、堕落、精神的危険を克服するための実践的経験にもとづいている。ブイエによれば「パコミオスはたまたま弟子になった人たちの物質的な面を組織化しようという単純な意図から発して、やがて彼らに細かい規則を課し、共同体へと組織し、彼らを一人の上長の絶対的な権威の下に置くことにならざるをえなかった」(28)と言う。

他方、二―三世代を経るうちに、修道制はオリゲネス的な霊性の伝統に根ざした神学的な教説を備えるようになり、最初はごく素朴なキリスト教徒たちの霊的生活であった修道生活が、カッパドキアの地において学究的性格を帯びるようになった、と言う。ブイエによれば、それは「もはやパコミオス的共住修道制のような単に経験を組織化したものではなく、方法的に考えぬかれた組織と理論であった」。バシレイオスにとって、共住修道院という共同体の意義は、単に物質的、精神的な生活上の便宜と安全とにとどまることなく、キリストの福音に従い、神への愛と隣人愛とに従った生き方を実現するための訓練と実践との場を意味していた。

ところで、ブイエはすでにパコミオスの段階において、共住修道院の成立が修道制にもたらした根本的な変化を指摘し、そこに一つの問題点を見ている(29)。それは修道生活の「制度化」、つまり「修道院が明確な法規をもつ位階制的な組織体となった」という変化である。そこでは修道士は「徹底したキリスト教的生活への個人的な願望のみによるのではなく、外的な法規によってますます厳密に定義されていく一つの社会の一員となる。従順がいまや生活全体を支配する」。ブイエは、ここで修道者における「従順」と「権威」との意味に変化が生じた、と指摘する。ブイエによれば、隠修士たちの間では「従順」とは、「霊的な師に対する従順、自分が自由に選んだ「上長」に対する服従」であったのが、共住修道院においては、「共同体の長として公式に認められた上長に対する従順であり、同時に明文化された一連の規約に対する従順」となる。その結果、「従順はそれまでなかった二重の性格を帯びるようになり、それ以降長く尾を引く両義性の元になる」。「確かに従順の目的は内面的なものであり、服従する人の霊的な益を直接に目指す」のであるが、「しかし同時に、それは共同体内の調和のとれた生活にとって不可欠の条件でもある。つまりそれは全成員の秩序と協同とを保証する」。ブイエによれば「この二つの相のあいだに潜在的な緊張」があり、「この緊張は西方では近代に至るまで解消されることがなかった」という。その論拠として「近代では教会の法規は、共同体の上長そのものと霊的指導者とのあいだの根本的な区別、と言うよりもむしろ分離の方向にますますはっきりと向かっている」と指摘している。

他方、ブイエによれば「多くの修道士は、修道生活が孤独な生活の中でのみ完全に花開くという考えに固執した」。それは一つには「修道生活は霊的賜物の秩序に属するもの、霊的自由の秩序に属するもので、したがってどんなによくできた法や組織でも、それに閉じ込めることは修道生活の元来の深い本件に反するように思われる」からであり、「兄弟たちや、兄弟たちとの共同生活は、修道士を助け、道に就かせることはできるが、最終目的に達するか否かはただ神と一対一で相対する彼一人の仕事である」からであった。

その結果、「パコミオスの共住修道生活の成功にもかかわらず、エジプトの地でも、共住修道生活と並んで独住隠修生活が依然として発展し続けて」いたし、その後も特に東方の修道制は、共住修道制そのものの中においても隠修修道制への傾向をもち続ける形で展開していった、というのである。

しかし、隠修士の伝統に対して好意的なあまり、ブイエは共住修道制の意義に対してやや冷淡にすぎるように思われる。以下にその点を、特に共住修道制への方向にさらに一歩を進めて「方法的に考えぬかれた」とされるバシレイオスが構想した修道制を中心に検討を進めることとする。

(2)　バシレイオスにおける共住修道制採用の根拠

バシレイオスの修道的な著作としては、まず二つの修道規則が挙げられる。第一は五五問からなる問答の形で修道的修行の原則を展開した講話で構成された『修道士大規定 *Regulae fusius tractatae*』である。第二は、修道的生活の細目についての質問に対して決疑論的に答えた三一三問からなる『修道士小規定 *Regulae brevius tractatae*』である。

これらの著作の中でバシレイオスは、共住修道生活こそが修道生活のあるべき姿である、と明確に主張し、これを隠修士の生活への予備的な段階と考える発想を拒否するのみならず、そもそも隠修士の生活そのものに対して批判的な態度を示している(30)。本節では、『修道士大規定』のテクストにもとづいて、バシレイオスが隠修士の生活を批判し共住修道制を採用する理由を明らかにしたい。

『修道士大規定』の序文においてバシレイオスは、修道生活の意味をキリスト教的な生の完全性、すなわち主の「あらゆる命令を守ることによって「キリストの満ち溢れる背丈にまで」（エフェソ書簡四・一三）完全に」されることを目的とし、そのために主に「命じられたことのうち何一つとして見逃すことのないようにすること」、つまり「主の命令」を完全に遵守することのうちに置いている(31)。その際「主の命令」の順序に関して言えば、純粋に福音書の原点に根ざして、「神への愛(32)」と「隣人愛(33)」とを第一、第二のものとしている。「主を愛する者は、結果として隣人を愛することになる」のであるから「一番目〔神への愛〕を遵守することによって二番目の命令〔隣人愛〕を守ることができるし、二番目の命令によって再び一番目へと回帰することもできる(34)」のであって、二つの命令、二つの愛は一体の関係にある。かくして、バシレイオスは修道生活全体の目的を、福音にもとづく神と隣人とに対する「愛」の成立に置くことになる。

バシレイオスは、そのような修道生活の目的を追求するためには、気を散らさずに専心することが必要である(35)とし、隠棲生活をすることの必要性を説く(36)。ただし、その「隠棲生活」とは後述するように個人として隠修士の生活を送ることを意味するのではなく、共同体としての「隠棲生活」を意味している。その意図するところは、外部世界の悪影響、つまり今日の教育学が用いる用語を用いるならば、世俗的な社会の中に見られる修道生活の目的を妨げるような「見えないカリキュラム」（hidden curriculum）の影響力を遮断することにある。そして、上述の修道生活の目的を積極的に推進するのに適した環境を備えた共同体として、共住修道院を構想するのである。

その上で、バシレイオスはその第七問において「神を喜ばせるという目的のための同志たちと共同生活することの必要性と、孤独に生活することの困難と危険について」論じている[37]。その論拠は大きく分けて、上述の「愛の掟の実践」という修道生活そのものの目的のため、という論拠と、悪魔、すなわち「敵の外部からの陰謀に対して身を守るため」という論拠との二つの方向からなる。つまり、バシレイオスにとっては「悪魔との闘い」も、「愛の掟の実践」と並んで、あるいはその一部に組み込まれる形で、いわば共同体の全体によって闘われるべき課題と考えられていたのである。

「愛の掟の実践」に関する論拠は四点ほどからなる。その第一として、「物質的に必要なものに関して私たちの誰も自足している人はなく、私たちは必要な物を供給するためにお互いを必要とし合っていることが挙げられる」。ただし、バシレイオスがこの点を指摘するのは単なる生活上の不便ということ以上に、修道者が自分だけのために必要物資を調達することに専念することによって愛の実践が妨げられる、という理由による。「孤独な隠棲生活は各人が自分に必要なものに意を用いることのみを目的とする。これは明白に、使徒が実行した愛の法に反している。彼は、自分の益ではなく、多くの人の益を、その救いのために求めたのである」。

「また第二の点として、独居生活においては、彼を咎め、穏やかに同情をもって正してくれる人がいないので、各人は自分の欠点に容易に気づかないだろう。というのは、咎め立ては、それが敵による場合でさえ、思慮ある人間においてはしばしば矯正への欲求を生み出すものであり、罪の矯正が賢明になされるのは、〔罪を犯した人を〕心底から愛する人によるからである。なぜなら聖書は、「彼を愛する者は、一所懸命に彼を諭す」（箴言一三・二四）と言っているからである。もし以前から親交があるのでなかったら、独居生活の中でそのような人を見出すことは極めて困難である」。このことは、兄弟の罪を正す、という意味での愛の実践であり、たとえば後世西方のトマス・アクィナスはこれを「兄弟的矯正 correctio fraterna」と呼んでいる(38)。

第三に、「神の命令の多くは一緒に生活する多数の者たちにとっては容易に守られるものであるが、単独で暮らす者の場合はそうはいかない。なぜなら、彼が一つの命令を実行する間に、他の命令の実行が妨げられてしまうからである。たとえば、彼が病人を見舞っているとき、彼は訪問者をもてなすことができず、必要な物を与えたり分けあったりするあいだ、彼は、他の仕事へ熱心な注意を払うことができない。その結果、……飢えている者に食物を与えることも、裸の者に着せることもできないからである」。

第四に、共同生活においては、頭であるキリストのもとに一体となることにより、他者の救済のために神から与えられた諸々のカリスマを共同体の共有財産として活用することができるが、一人で生活する者はこれを埋もれさせてしまう、と言う。

他方、「悪魔との闘い」に関しては、バシレイオスはまず、上述の「兄弟的矯正」がこれを受ける側の人に与える護りに言及している。「罪を犯した者にとっては、彼が多数の者からの一致した非難に恥じ入るので、罪から離れることははるかに容易である。そこで彼には、次の言葉があてはまるだろう。「その人には、多数の者から受けたあの罰で十分である」」。他方、正しい人は、多数の者による評価と彼の行為に対する是認のうちに、確信を深めることになる」。

その上で、バシレイオスは独居生活が孕むいくつかの危険性を指摘する。「第一の最大の危険」として、彼は「自己満足」の危険を挙げる。「孤独に暮らす人には彼の行動を評価できる人がいないから、彼は自分が命令を完全に成し遂げたと思うだろうからである。第二には、彼は常に自分の魂の状態を試さないままでいるから、自分に欠けているものに気づかないだろうし、彼には命令を実行するためのあらゆる機会が奪われてしまっているので、行動における進歩を発見することもないだろう」と言う。ここで、バシレイオスは独住の隠修士には愛の実践に加えて、特に「謙遜」の徳を発揮する機会がない、ということを指摘する。

「実際、自分がよりへりくだるために比較する相手がいないなら、彼は誰に対して謙遜を示すのか。他の人々との交際から切り離されているなら、彼はどこで同情に富んだ心を示すのか。彼の意志に誰も反対しないのなら、彼は寛大になるためにどのような訓練を自らに課すのか。もし、人柄を正すためには聖書の教えだけで十分であると言う者がいるなら、彼は、実際に大工仕事をしないで大工の技術を学ぶ者、鍛冶の技術を教わったが習ったことを実行に移そうとしない者に似ている。そのような者に使徒はこう言うだろう。「律法を聞く者が神の前で正しいのではなく、これを実行する者が義とされる」（ローマ書簡二・一三）。考えてもみなさい。主は人間をあまりに愛したがゆえに、ただ言葉を教えるだけでは満足されず、完全な愛において確かで明白な謙遜の模範を私たちに与えるために、腰に帯を巻き、弟子たちの足を洗われたのである（ヨハネ福音書一三・五）。それでは、あなたは誰を洗うのか。誰に仕えようというのか。一人で暮らしているなら、あなたは誰と比べて最も身分低い者となろう、と言うのだろうか(39)」。

隠修士の生活においては「謙遜」が発揮される余地はない。先に『アントニオス伝』に関連して、完成した「師父」は名誉欲・支配欲からの自由を手にしている、と述べたが、実際にはこのこともあまり大きな意味はないかもしれない。孤独な生活においては、名誉も権力も意味をなさないからである。

これに対して、共同生活は「謙遜」の、そしてその共同体における実現形態である「従順」の意味を大きいものとしていることはブイエが指摘する通りである。その結果、共同生活の中での「従順」は、逆に上長の権威と責任とを重いものとしている。では、バシレイオスが構想する共住修道院において、「上長」とはいかなる存在であり、その権威と責任とはいかなる性格のものなのであろうか。

(3) バシレイオス的な修道院における「上長」の権威と責任

バシレイオス的な修道院における「上長」とは、基本的には上述の「兄弟的矯正」の担い手としての責任を負う、という意味での霊的指導者である。『修道士大規定』第二五問は、「罪を犯した者を咎めない上長にとって、審判は恐ろしい」と題している。

上長は、「あたかも自分の下にある各々の人について決算報告を提出する義務を負うかのように心得るべきである。彼は、もし兄弟のうちの一人が、神の定めを彼から予め告げられることなく罪に落ちるなら、もしくは一旦罪に落ちた際に、償う方法を教えられないために罪のうちに留まるならば、聖書に記されているように(エゼキエル書三・二〇)、その人の血は、彼の手に帰されることを肝に銘じなければならない。このことは特に、彼が無知の故に神を喜ばせることを何か見過ごすのではなく、へつらいのために各人の悪徳に自分を合わせ、共同体の運営の厳格さを緩める場合にあてはまる(40)」。

つまり、上長は自分の下にある各々の人の霊的な生活について責任を負っており、「神の定めを彼から予め告げ」、「一旦罪に落ちた」者に、「償う方法を教える」義務があるものとされており、その際上長は、「へつらい」への誘惑によって、その監督義務を蔑ろにすることのないよう、警告されている。すなわち上長には、「何らかの人間の名誉のためでもなく、罪人をとがめるのを控えて彼らにとって好ましく気にいられるような人であろうとすることもなく、真の愛をもって行動する人」として「いかなる点でも真実を曲げることを選ばず、率直な心をもって純粋で掛け値ない言葉で彼らと論じ合う」(41) ことが求められている。

他方第二六問では、上長に従う修道士たちの側に、「すべての事柄、内心の秘密すらも上長に打ち明ける」ことを求めている。(42)「こうすることによって、賞讃に値することは是認され、不適切なことはふさわしい矯正を受けることになるからである」。そして、「兄弟のためであろうと、自分自身のためであろうと、罪を隠してはならない」(43)、としている。

第四三問は、共同体の上長に求められる条件を示したものである。(44) その第一の条件として、上長は謙遜の模範でなければならないことが挙げられている。「彼は、キリストの愛の内にあって、たとえ彼が黙っていても、彼の行動による手本がいかなる言葉よりも強力な教示を与えるほどに、しっかりした謙遜を実践すべきである」。

「第二に、上長は経験不足から自分たちの務めを充分果たすことのできない者たちに対して、憐れみ深く、また忍耐強くなければならない。ただし彼らの罪を黙って見ぬふりをするのではなく、反抗する者をも優しい態度で忍び、完全な憐れみの心と節度をもって彼らに治療を施す」べきものとされる。つまり、「兄弟的矯正」を的確かつ教育的に実施することができるような資質が求められている。「彼はまた、自分のわがままから相手を叱責するのではなく、聖書に記されているように（テモテ第二書簡二・二五）、優しく諭し、教え導いて、状態に応じた処置法を見いだす能力を持つべきである。彼は目前の事柄を冷静に管理し、先見の明を持ち、強い者と競うすべと弱い者の弱点を忍ぶすべを心得、仲間たちを完全なものにするためにあらゆることを言ったりしたりできる必要がある」。

そしてその選任については、「上長は自分でその地位につくのではなく、他の共同体の長たちにより選ばれるべきであり、過去の生活においてその人柄を示す充分な実績のある人であるべきである」とされる。また「上長自身も、もし過ちを犯したならば、共同体の中でのより高位の者によって注意を受けるべき[45]」ものとされている。

このように、バシレイオスにおける「上長」においては「罪を正す」という側面が前面に打ち出されているが、彼は決して単なる「管理者」なのではなく霊的な指導者を意味していた。ブイエも、「バシレイオスとパコミオスを分かつ第一の点は、前者の共住集団の人数が少ないということである。それについては、二つの配慮があると思われる。一つは、小さな共同体においては、純粋な孤独がなしうるのと同じくらいに、成員の精神的集中を守りうるということであり、もう一つは、修道士たちと上長の関係、あるいは一般的に各人の全員に対する関係が、個人的な関係を保ちうるということである[46]」と認めている。それは、こうした「兄弟的矯正」にもとづく入念な霊的指導を可能とするためであった、と言うことができよう。

(4) バシレイオス的共住修道制の特徴

共住修道院においては、共同体的一致の中での兄弟愛の実践が重要な意味をもち、そのために「従順」という形での自己放棄が基本となっている。共同体的な支えがあるので「貞潔」については比較的容易に実現できたのではないか、と思われる。ただし、離脱の徹底としての「清貧」という点では、共同体的な生存を支えるための労働が強調されるが、農業労働のために土地を所有することになる後の西方的展開を含めて考えると「清貧」と言う点では不徹底となる可能性があった。また、自身主教であったバシレイオスのもとで、修道生活は教会共同体と一定の結びつきをもつ形で展開した。

四　結　語――独住と共住

以上の検討を踏まえて、隠修士の生活と共住修道院の生活との関係についての見通しをまとめることとしたい。ブイエは、「バシレイオスの理想が東方全体の修道生活に課せられた」とする「教科書のたぐい」の一般的な見方に異を唱える。[47] 彼は、バシレイオスの理想、すなわち共住修道制の考え方はむしろ「一般的には西方でのみ認められたのであり、しかもヌルシアのベネディクトゥスの規則によって和らげられたかたちでしか認められなかった」と指摘する。そして「東方の修道制は、共住修道制そのものの中においても隠修修道制への傾向をもち続けていた」と強調する。

しかしながら、隠修士への傾向は西方においても認められる。ベネディクトゥスの『戒律』が普及する以前には無論、東方修道制の影響が強い地域、たとえばアイルランドなどにおいて隠修士が活動していた。[48] またベネディクトゥスの『戒律』自体も、基本的には共住修道制を前提としていたが、バシレイオスとは異なり、共住生活を予備的な準備段階とし、そこで十分に修道生活に熟達した者が隠修士としての生活に入る可能性を認めていた。[49] また、ベネディクトゥスの『戒律』以降の西方世界においても、特にカロリング期における修道生活の寛容化に対する反動として、隠修修道制と厳格主義への傾向が出現している。[50] なお、一一、一二世紀におけるそうした隠修士志向の宗教運動の意味については本書第五章でも主題的に取り上げて後述する。さらには、ローマカトリックの教会法典は、現在でも隠修士という形での奉献生活に一定の意義を認めている。[51] このように東方修道制のみならず西方においても、修道生活が孤独な生活の中でのみ完全に花開くと考え、隠修士の生活を憧憬する傾向は根強く続いていた。この志向が離脱の徹底、清貧の徹底を目指すベクトルとして後世にまで生きるのである。

隠修士の生活においては、修道士は基本的には自由な存在であって、そこでの権威と従順の関係は、「上長」というよりは「霊的師父」と呼ばれる霊的な指導者に対して、隠修士たちが自発的に服従することによって成立する。修道制の歴史の中でこのように根強い憧憬の的となってきた隠修士の生活は、肯定的な意味に解するにせよ、否定的な意味に解するにせよ、「霊的な個人主義」と言えるかもしれない。彼らは、それぞれ一人一人が「悪魔との闘い」という霊的な冒険を勝ち抜いた、その意味で「霊的に完全な」人間となることを目指していたからである。

これに対して、バシレイオスの共住修道院は、徹頭徹尾「愛」の実践を目指す共同体であった。彼にとって共住修道院という共同体の意義は、単に物質的、精神的な生活上の便宜と安全とにとどまることなく、あくまでもキリストの福音に従い、神への愛と隣人愛という「主の掟の完全な遵守」という目的に従った生き方を実現するための訓練と実践との場を意味していた。そしてバシレイオスにとっては、隠修士の伝統の本質をなしている「悪魔との闘い」も、「愛の掟の実践」と並んで、あるいはその一部に組み込まれる形で、いわば共同体の全体によって闘われるべきものと考えられていたのである。

そうした共同体の中で、バシレイオス的な意味における「上長」は、ブイエが想定するような単なる組織の管理者ではなく、「砂漠の師父」とは異なった意味ではあるが、やはり、霊的指導者、「師父」であったのである。すなわち、上長は彼のもとにある修道士たちにとって「愛する者」として「一所懸命に彼を諭す」者、すなわち後にトマス・アクィナスが「兄弟的矯正」と呼んだ霊的な隣人愛の担い手としての責任を負っていた。彼はいわば、共同体全体によって闘われる「悪魔との闘い」の指揮官であった。

そうした中で、ブイエも指摘するように「従順」もしくは「謙遜」という形態での自己放棄は、修道生活の新しい要素としてその重要性を増している。隠修士たちが「悪魔との闘い」という未踏の荒野を体験しているのとは逆に、共住修道士は「従順・謙遜」という形での自己放棄という点で、むしろ隠修士たちにとっては未踏の世界を体験している、ということができる。『アントニオス伝』に見られるように、完成の域に達した理想的な霊的師父は、名誉欲・支配欲から自由になった存在と考えられるが、そもそも隠修士における「名誉欲・支配欲からの離脱」は実のところ大きな闘いではない、とも言える。「従順・謙遜」が問題となるのは、隠修士が十分に知ることのない、他者としての隣人との関わりの中における新たな「悪魔との闘い」の場面においてのことなのである。

ヨハンネス・カッシアヌスの *Collationes* と通称される『師父たちの問答集』第十九講では、まさに共住修道士と隠修士との比較が主題になっている。カッシアヌスは隠修士の生活にも共住修道士の生活にもそれぞれ霊的に有利な面と不利な面とがある、と指摘する。

共住修道士については、その目標とは「『明日を思い煩うなかれ』という福音書の掟にしたがって、自分のあらゆる意志を試練にあわせることであり、これを完璧に実行できるのは、共住修道士だけなのです。『イザヤ書』（五八・一三―一四）の「……そのときあなたは主を喜ぶだろう」という言葉は共住修道士のことを言うのです」と述べる。他方隠修士については、その完徳は、地上的なあらゆるものから精神を解放し「人間の弱さで可能な限りではありますが、キリストと一体化すること（unire cum Christo）」である、としている。そしてそれぞれ、この目的を達成できなければ修道生活の徳を充たしたとは言えないのだ、と言う。[52] カッシアヌスが指摘するように「独住」と「共住」とのいずれが優るのか、という問いは安易に答えの出せる問いではなく、修道生活における相補的な二つの方向である、とするのが公平な立場であるように思われる。そして、独住の隠修士の生活が志向する方向と、共住修道士の生活が示す方向とのうちに、「清貧」と「離脱」とを徹底させて行こうとする志向と、「教会」をも含む形での「共同体的一致」の中で愛を追求して行く方向との間における一種の緊張関係が、成立直後の修道制においてすでに顕在化していた、と見ることができよう。

（1）序章でも触れたとおり、一九四七年に『死海写本』が発見されて以来注目を集めることとなったユダヤ教内部の修道的共同体と、使徒たちを中心とする初期キリスト教共同体との間の連続性を示唆する新しい研究動向は今後注目に値するが、本書では伝統的通説に従い、修道生活の起源を、三世紀後半に出現した隠修士に求めることとする。

（2）Louis Bouyer, *Histoire de la spiritualité chrétienne* vol. 1.（L・ブイエ著『キリスト教神秘思想史一』上智大学中世思想研究所訳・監修、第八章、二六一頁）

（3）たとえば S. Rubenson, *The Letters of St. Antony: Monasticism and the Making of a Saint*, Minneapolis: Fortress Press, 1995 参照。

（4）Athanasius, *Vita Antonii* prologus 3.（アタナシオス『アントニオス伝』、小高毅訳『中世思想原典集成』第一巻「初期ギリシア教父」所収、七七四頁）

（5）Richard Reitzenstein, *Des Athanasius Werk über das Leben des Antonius*: (*Sitzungsberichte der Heidelberger Akademie der Wissenschaften, Philosophisch-historische Klasse*; Jahrg. 1914; 8. Abhandlung) S. 11, 20.

（6）Athanasius, *op. cit.* 1.（小高訳、七七五頁）

（7）Athanasius, *op. cit.* 2.（小高訳、七七六頁）

（8）*ibid.*

（9）*ibid.*

（10）Athanasius, *op. cit.* 3.（小高訳、七七六頁）

(11) Athanasius, *op. cit.* 3.（小高訳、七七六―七頁）
(12) Athanasius, *op. cit.* 3.（小高訳、七七七頁）
(13) ブイエ前掲書、二三〇頁。
(14) *ibid.*
(15) Athanasius, *op. cit.* 5.（小高訳、七七八頁）
(16) Athanasius, *op. cit.* 12.（小高訳、七八四頁）
(17) Athanasius, *op. cit.* 5.（小高訳、七七八頁）
(18) Athanasius, *op. cit.* 7.（小高訳、七八〇頁）
(19) Athanasius, *op. cit.* 7.（小高訳、七八〇―一頁）
(20) Nikēta tou Stethatou, *deutera physikon kephalaion hekatontas* 7 in *"Philokalia"*.（ニケタス・ステタトス『三〇〇断章』『フィロカリア』所収、Ⅱ・七）
ニケタスの『三〇〇断章』については、拙訳の刊行に向けて現在校正中である。
(21) Nikēta tou Stethatou, *protē praktikon kephalaion hekatontas* 40.（ニケタス前掲書、Ⅰ・四〇）
(22) ブイエ前掲書、二三一頁。
(23) Athanasius, *op. cit.* 5.（小高訳、七七九頁）
(24) ブイエ前掲書、二三二頁。
(25) Athanasius, *op. cit.* 8.（小高訳、七八二頁）
(26) Athanasius, *op. cit.* 14.（小高訳、七八六頁）
(27) ブイエ前掲書、二三七頁。
(28) ブイエ前掲書、二四七頁。
(29) ブイエ前掲書、二四九―二五三頁。
(30) ある修道士が、共同生活で訓練された者がその後砂漠に隠棲することはできないのかと問われた際に「それは自分だけの意志のしるしにすぎず、神を敬う者たちには無縁である」と答えた。

Basilius Caesariensis, *Regulae brevius tractatae* 74, PG 30, 411C.

(31) Basilius Caesariensis, *Regulae fusius tractatae prologus.*（バシレイオス『修道士大規定』、拙訳『中世思想原典集成』第二巻「盛期ギリシア教父」所収、一八八頁）

(32) Basilius Caesariensis, *op. cit.* 1.（拙訳、一八九—九〇頁）

(33) Basilius Caesariensis, *op. cit.* 3.（拙訳、一九六—九七頁）

(34) *ibid.*

(35) Basilius Caesariensis, *op. cit.* 5.（拙訳、一九八—二〇一頁）

(36) Basilius Caesariensis, *op. cit.* 6.（拙訳、二〇一—〇三頁）

(37) Basilius Caesariensis, *op. cit.* 7.（拙訳、二〇三—〇七頁）

(38) トマス・アクィナスにおいて、「兄弟的矯正」はカリタス catritas の徳の重要な外的行為として位置づけられていた。筆者は、トマスにおける兄弟的矯正の意味について以下の拙稿で論じている。

拙稿「トマス・アクィナスにおける「兄弟的矯正 correctio fraterna」について」（筑波大学哲学・思想学系『哲学・思想論集』第二九号）

(39) Basilius Caesariensis, *op. cit.* 7.（拙訳、二〇六頁）

(40) Basilius Caesariensis, *op. cit.* 25.（拙訳、二三六—三七頁）

(41) *ibid.*

(42) Basilius Caesariensis, *op. cit.* 26.（拙訳、二三八頁）

(43) Basilius Caesariensis, *op. cit.* 46.（拙訳、二六八頁）

(44) Basilius Caesariensis, *op. cit.* 43.（拙訳、二六三—五頁）

(45) Basilius Caesariensis, *op. cit.* 27.（拙訳、二三八—三九頁）

(46) ブイエ前掲書、二七一頁。

(47) ブイエ前掲書、二七四頁。

(48) Jean Leclercq, *Histoire de la spiritualite chretienne* vol. 2.（J・ルクレール著『キリスト教神秘思想史二』上智大学中世思想

研究所訳・監修、第一部第二章、四八頁以下）

（49）Benedictus Casinensis, *Regula sancti Benedicti*, 1.（ヌルシアのベネディクトゥス『戒律』第一章、古田暁訳『中世思想原典集成』第五巻「後期ラテン教父」所収、二四八―四九頁）

（50）ルクレール前掲書、第五章一四〇頁以下。

（51）*Codex Iuris Canonici*, 603.（『カトリック新教会法典』羅和対訳、一九九二年、有斐閣）

（52）Johannes Cassianus, *Collationum* XXIV collectio, coll. XIX.

第二章　ペラギウスとアウグスティヌス

一　はじめに

西方世界におけるキリスト教の方向を決定づけたアウグスティヌス（三五四—四三〇年）の思想は、二つの異端的な潮流との対決を通して形成されたことはよく知られている。一つは迫害時に一旦棄教した聖職者による秘跡の無効を主張したドナトゥス派であり、他の一つが本章で取り上げるペラギウス派である。そのいずれもが過激な峻厳さをもって知られ、アウグスティヌスは教会の共同体的一致を支えるべく、いわば「穏健派」としてこれらの潮流と対峙した。特に「ペラギウス主義」という標語は、西方キリスト教世界においては人間の自由意思の働きとそれに伴う功績とを強調し、恩恵の働きを軽視する神学的傾向に対して非難の意味を込めて貼られるレッテルとして異端の代名詞とされてきた。そのため長らくペラギウス自身の思想の実態は主題的に研究されることはなかったが、二〇世紀初頭に彼の『パウロ書簡註解』(1)が復元されたことを契機に本格的なペラギウス研究がなされ始めた。そうした研究の結果、ペラギウス自身の立場は必ずしもいわゆる「ペラギウス主義」とは異なるものであったことが近年明らかにされてきた。本書は修道制の歴史を扱うものであるが、ここで一章を割いてアウグスティヌスとペラギウスとの論争とその意味を取り上げて検討したい。それは、次の二つの理由による。

その第一の理由は、ペラギウス論争は、東西キリスト教の神学的パラダイム、特に「人間の本性」に対する東西キリスト教神学における捉え方の分水嶺であったと考えられることによる。ペラギウスが異端とされたのは、恩恵と自由意思との関係をめぐるアウグスティヌスとの論争という、西方キリスト教会において展開した神学的場面においてのことである。注目に値するのは、そこでペラギウスを排斥する根拠となり、西方カトリック教会において教義化されるに至った自然本性の壊廃を含意するアウグスティヌス的な意味での原罪論は東方教会では継承されていないという事実である。近年、ペラギウスを再評価する研究を著している山田望は、「この事実は西方側の教理内容を相対化し、ペラギウスの排斥理由に対しても再考の余地を与える(2)」ものだ、としている(3)。二〇世紀後半からの研究では、ペラギウスの神学思想は特に東方神学との連続性の中に位置づけられつつある。そこで露わとなってきた東西の神学的パラダイムの相違を確認しておくことは、第三章での簡単な通史的展望を含め、この第一部全体で概観する東方的修道制と、第二部で概観する西方的修道制との相違を理解するための基礎を提供してくれるものと考えられる。

第二の理由は、ペラギウスとアウグスティヌスとの論争は、「離脱・自己放棄」を強い「要求」として提示する「社会における少数派としてのキリスト者」のあり方を自らのアイデンティティーとする立場と、教会における「共同体的一致」を重視する立場との対決であったことによる。第一章で見たとおり、初期修道制、特に隠修士の伝統は、初代教会から迫害時代を経て展開した「社会における少数派としてのキリスト者」の伝統を引き継ぐものとして出現したと考えられている。それは、「清貧」と「離脱」との徹底に対する強い要求をその特徴としていた。そうした方向性に対して、バシレイオスが示した共住修道制は「共同体的一致」を強調する方向を示すものであった。そして、自身主教であったバシレイオスのもと、修道制は教会共同体とも密接な関係をもつこととなった。清貧と離脱との徹底という方向と共同体的一致を求める方向という二つの方向性が示す緊張関係が、修道制の歴史における決定的な軸をなしている、という理解は本書の基本的見通しである。そしてペラギウスの教会観にも、隠修士たちの伝統とある意味で共通する「社会における少数派としてのキリスト者」の伝統を引き継ごうとする志向が見られる。それは、社会的正義の実現という意味での「愛の実践」に対する強い要求と、その前提としての離脱・自己放棄への志向をその特徴としていた。隠修士たちに対してバシレイオスが対峙していたのと同様に、ペラギウスの場合には「共同体的一致」を志向するキリスト者の立場を代表する者としてアウグスティヌスが対峙していた、と見ることができる。

本章では、以上二つの角度からの関心のもとに、ペラギウス問題とその意味とを明らかにすることを試みたい。

二　ペラギウスとペラギウス論争

（1）ペラギウスの人物像と論争の経緯

まず、ペラギウスの人物像と、いわゆる「ペラギウス論争」の経緯について簡単に触れておきたい。[4]

ペラギウスの正確な生没年、出身地等については不詳である。論敵たちの証言等から、おそらくはブリタニアの出身で、三五〇年代に生まれたものと考えられている。三七五―八〇年頃に洗礼を受け、三八〇年から三八四年までの間にローマに現れた。その著作の記述から法律を学んだことが知られている。医学に関しても知識があり、父親は医師であった可能性が指摘されている。ペラギウスを修道士とする説もあったが、現在の通説では、自らは身分的には一般信徒である神学者として、当時の貴族たちに見られた道徳的・霊的な指導者を求めるニーズに応えてローマで活動していた教育者の一人であった、と考えられている。このローマ滞在期に名門貴族アニキウス家の支持を受け、『パウロ書簡注解』を著している。

ペラギウスは、新旧約両聖書は言うに及ばず、ヴェルギリウス、ホラティウスらの古典作家の書物、オリゲネスやヨアンネス・クリュソストモスのような東方ギリシア教父、さらにはアンブロシアステル、(5) ヒエロニュムス、そして後に論敵となるアウグスティヌスといった西方ラテン教父の著書に至るまで、幅広い知識を有していた。

四〇五年、ペラギウスはアウグスティヌスの『告白』第一〇巻に掲げられている「あなたの命じるものを与えたまえ、またあなたの欲するものを命じたまえ」という祈りの朗読を聞いて憤慨したという。彼の怒りは、人間の自然本性と自由意思との力を認めず、個人の罪を安易に容認するかに思われるような論調に向けられた、と言われている。この時点ではいわゆる「ペラギウス論争」は始まっていなかったが、この事件はその伏線をなすものと見ることができる。また同じ頃、後に「ペラギウス主義」をより過激な形で展開することになるカエレスティウスを弟子としている。

四一〇年(一説に四〇九年ともいう)、ペラギウスはローマを占拠した西ゴート族のアラリクスによる脅威から逃れるため、カエレスティウスと共にシチリア経由でカルタゴに渡る。その後、ペラギウスはパレスティナへ向かったが、カエレスティウスはカルタゴに留まった。いわゆる「ペラギウス論争」の火蓋が切られるのは、ペラギウス本人ではなくこのカエレスティウスをめぐってのことであった。四一一年、カルタゴ司教会議は原罪を否定する見解のゆえにカエレスティウスを排斥し、アウグスティヌスはカエレスティウスの立場を論駁し原罪の教えを弁明する文書を公刊した。通説では、この四一一年の時点をもっていわゆる「ペラギウス論争」が開始されたものとされている。

四一五年七月、アウグスティヌスの代理者オロシウスがエルサレムの司教会議においてペラギウスを告訴したが、証拠不十分として却下された。さらに同年一二月に、ペラギウスは再びディオスポリスの司教会議に訴えられたが、ここでもペラギウスの立場は正統派の立場であるとされて無罪の決定を見た。さらに時の教皇インノケンティウスの没後就任した東方出身の後継教皇ゾシムスはペラギウスに好意的で、アフリカ司教団による断罪の性急さを非難し、ペラギウスの立場を完全に正統派に属するものと認めた。

ディオスポリス司教会議においてペラギウスは、カエレスティウスが論争的な文脈の中でより過激な形で図式的に主張した「神の恩恵と助けとは、個々の行いに対して授けられるのではなく、自由な意志、掟、また教えの内にある」とし「神の恩恵は、我々の功績に従って授けられる」とするなどのいわゆる「ペラギウス派」のテーゼについて、自らこれらの内容を主張したことはなく、またこうした見解を持つ人を排斥すると明言している。また、ディオスポリス司教会議では、ペラギウスが人間は自力で罪を犯さないでいることができる、と主張したことを裏付けるための証拠として、ペラギウスの著書からの三つの引用文を含む告訴文が紹介されたが、おそらくその引用の仕方に抗議してか、ペラギウスはその引用文の著者であることを否認している。

これに対して、四一七年、アウグスティヌスは『ペラギウス派の訴訟議事』において、ディオスポリス司教会議でのペラギウスの弁明は言い逃れであるとする見解を公にし、翌四一八年、アフリカ司教団も再び教皇ゾシムスに訴えを起こした。折しも、ローマの退役官僚がペラギウスの支持者によって襲撃されるという事件がおこり、皇帝ホノリウスは同年四月三〇日、ペラギウスとその支持者たちをローマ市から追放するように命じた勅書を送った。また、五月一日、再びカルタゴで開かれた教会会議は、原罪と恩恵とについてのアウグスティヌスの思想を教理に盛り込むとともに、ペラギウスらの見解を断罪する九箇条を採択した。こうした情勢のもと、結局教皇ゾシムスはカルタゴ教会会議の決議を承認してペラギウス派の破門を公にするに至り、ペラギウスは「異端者」として確定されることになる。

上記の経緯において、ペラギウスが「異端者」とされるに際して決定的であったのは、ディオスポリス司教会議におけるペラギウスの弁明が「言い逃れ」であると見なされたことであった。そこでの主要な論点は恩恵をめぐる問題と、人間が罪を犯さない可能性（「無罪の可能性」）をめぐる問題である。ペラギウスが本当に「異端者」であったか否かという点をめぐっては、上述二つの問題点に関するペラギウス自身の思想について、最近の研究によって、いわゆるペラギウス論争以前のペラギウスの著作、特にその『パウロ書簡註解』を通して解明が進められている。その結果、「異端者の代名詞」とされてきたペラギウス像に変化が生じてきている。

(2) 恩恵をめぐるペラギウスの思想

(a) 新たに信仰に入った者における「信仰のみによる義認」

ペラギウスが『パウロ書簡註解』を著すにあたり、参照したとされる先行する主要な註解として、オリゲネス（一八五頃—二五三／五四年）の註解とアンブロシアステルの註解がある[6]。つまり、ペラギウスは東方（オリゲネス）と西方（アンブロシアステル）との両方の伝統を踏まえてパウロ書簡を読み、両者を総合する形で自らの註解を執筆している。

アンブロシアステルは、近代に至るまでアウグスティヌスの師であるミラノのアンブロシウス（三三九頃—九七年）その人であったと信じられており、「アウグスティヌス以前における西方神学の代表者」と称されている。彼はギリシアの哲学的伝統、特に新プラトン主義の影響から距離をとっていることで知られている[7]。

山田は、ペラギウスがこのアンブロシアステルに従い、「人は業によってではなくキリストへの信仰のみによって義とされる」というパウロの根本主張を繰り返し力説していることを強調するとともに、アウグスティヌスから現代の研究者に至るまでそのことを一貫して無視してきたと指摘している。[8] ペラギウスは、聖霊が人間の功績によらずに授けられることを明確に主張している。[9] この点では、ペラギウスの立場はいわゆる「ペラギウス主義」の「行為義認説」と無縁であるばかりか、「ラディカルなアウグスティヌス主義者」と言うべき後年の宗教改革者たちの立場とさえ一致している、と言える。したがって、ディオスポリス司教会議でのペラギウスの弁明は「言い逃れ」でも「変節」でもなく、本来のペラギウス自身の立場を表明したものであった、と言うことができる。

ペラギウスは、この「信仰のみによる義認」を、オリゲネス[10]やアンブロシアステル[11]と同様に、新たに信仰に入った者に妥当するいわゆる「初めの義認」として位置づける。[12] ペラギウスは、その場合の「信仰」をも、人間の完全に自律的な行為としては考えておらず、その「信仰」を、「信ずる」という行為に先立って与えられる神の恩恵の結果と見なしている。「つまりペラギウスにとって、信ずるという人間の行為そのものも、神からの恵みの働きと、人間の信じようとする意志の働きとの共働によって成立する[13]」。

(b)　古代パイデイア思想の影響と「キリストの模範」

「信仰のみによる義認」の理解において、ペラギウスは西方的なアンブロシアステルから大きな影響を受けていたが、両者が袂を分かつのは、ペラギウスが、義認の結果賜物として授けられる「神の義」をキリストにおいて示された義の「模範」と見ている点である。[14] 山田は、この「模範」という概念の強調の背景に、東方神学の伝統の中に伝えられてきた「パイデイア」思想の枠組みの影響を見る。「パイデイア paideia」とはギリシア語で「教育」を意味するが、教育の「活動」とその「所産（すなわち教養・文化・徳）」という二面において理解される。古典学者イェーガーは大著『パイデイア』[15]において、この「パイデイア」を古代ギリシアを一貫して支配する文化的理念として提示した。イェーガーはさらに、ギリシア的「パイデイア」の思想的枠組みが、神による人間の教育として、キリスト教世界に至るまで連続的に支配していることを示している。[16]特に彼は、パイデイアの理念がギリシア教父、なかんずくアレクサンドリアの伝統の中に、すなわち、クレメンス、オリゲネス、そしてカッパドキアの三教父（バシレイオス、ナジアンゾスのグレゴリオス、ニュッサのグレゴリオス）において結実していることを示していた。

アンブロシアステルとペラギウスとの対比の問題に戻ろう。「アンブロシアステルによれば、アダムの堕罪によってその罪責までもが肉に宿り、全人類の肉の体にまで不可避的に伝播した」[17]。後にアウグスティヌスが、このアンブロシアステルによる考え方を発展させ、自らの原罪論を形成してペラギウスを批判する際の典拠としている。

ペラギウスも、アダムによる堕罪とその罪の重さとを強調している。しかし、アンブロシアステルとは異なり、ペラギウスは、アダムの罪責が肉体の死として伝播するとは考えず、あくまでもアダムを「模倣すること」によって罪が伝播すると理解している。[18]

当然ながら、アダムの「堕罪」についてのこうした考え方は、キリストによる「贖罪」の理解にも反映している。ペラギウスは、「贖罪」を人間本性の「買い戻し」として理解しているが、これを買い戻したキリストを、人間に恩恵として授けられた「神の義の模範」と見なしている。ペラギウスの贖罪論は、ほとんどすべてのギリシア教父と同様、贖罪に関する教理史研究で知られるアウレン[19]が「古典型贖罪論」として示した類型、すなわち、キリストが受肉から復活にいたるまでの業を通して悪魔に勝利する、というモティーフに基づいている。特に

『ローマ書簡』（八・三―六）への注釈に示されるペラギウスの贖罪論は、オリゲネスやニュッサのグレゴリオスに見られる「悪魔欺瞞贖罪論」と共通した内容を示している[20]。つまり、キリストは、人間を欺いた悪魔を、逆に人間の肉によって、しかも一度も罪を犯さないことによって処断した、という考え方である。こうした贖罪観にもとづき、ペラギウスは、キリストが死に至るまで神の意志に従順であったことによって罪と死とを克服する可能性を「模範」として人間に示した、と考える。同時に、過去の罪を完全に赦すことによって、キリストの模範は人間に自らを「模倣」するように自発性を喚起するものである、とされる[21]。

山田は、ペラギウスが「キリストの模範という表象によって、罪の赦しを内容とする贖罪思想と、罪の克服と悪への勝利に向けた神的教育〔パイデイア〕の枠組みとを連続するものとして一つに結び合わせている[22]」と指摘する。

（c）隣人愛の実践

ペラギウスは、信仰のみによる義認を、信仰に入って間もない者に妥当するものとみなし、洗礼を受けた後はキリストに倣って隣人愛の業を実践するよう強く勧めている。ペラギウスによれば、人間に神の義が授けられた結果、その義は、神からの愛によって義とされた者が自発的に行うべき「使命」として神への愛と隣人愛との業を課するものとされる[23]。

無論、罪の赦しと義認とは無償で授けられるのであり、それを受ける者に応答を義務として強要するものではない。しかし、ペラギウスは「愛を示され罪の赦しを受け取る者の内面に、応答する意欲と意志とが自発的に湧きあがる[24]」ことを期待する。

このように、ペラギウスはキリスト者に、神への、そして隣人への、さらには敵に対して向けられる愛の実践を求めるが[25]、もとよりそれは人間の自律的な行為ではなく、予め神の側から人間に授けられた愛に支えられている。山田によれば、ペラギウスは、神から人間へと授けられる愛に二つの側面を見ている。その第一は、「キリストの模範において神からの愛の現れとして人間に示された愛」である。それは、「キリストにおいて実現した究極的な愛の模範」を意味する。その第二は、「既に人間に授けられ、人の内に備わった愛する力」である[26]。

このように、ペラギウスは人間の内に備わった愛する力を強調するが、キリストの模範と共に注がれる聖霊の働きを軽視してはいない。ペラギウスは、「義を行うために神から与えられ、その結果人間に内在するものとして働くようになった諸力に加えて、更にその上に新たな力と励ましとがキリストの模範と聖霊とによって授けられる[27]」ものと理解している。ペラギウスは、その際に聖霊の果たす役割を三つ挙げている。その第一は洗礼の際の霊的な清め[28]、第二は弱さに対する力づけと励まし[29]、そして第三には神の意志を伝達し、その内容を理解させることである[30]。

このように、キリストの模範を説き、これにもとづいて隣人愛の実践を求める点では、ペラギウスはアンブロシアステルの西方的な枠組みを離れているが、山田によれば、これは主としてオリゲネスを通して受け継がれたパイデイア思想の枠組みによるものとされる。オリゲネスの神学は一部異端の危険を孕んでいたが[31]、パイデイア思想の枠組み自体はカッパドキア教父たちを含め、すべての東方教父に共通するものであった。また、上に確認したごとくペラギウスは聖霊の恩恵の役割をも重視している。こうした点で、ペラギウスの立場は正統的な東方教父の立場を忠実に継承したものに過ぎないとされる。

（３）　無罪の可能性をめぐる問題とペラギウスの司牧的文脈

山田は、ペラギウスを評価するための大前提として、彼が置かれた時代的状況を考慮することの必要性を強調している。(32) このことは、特に「無罪の可能性」をめぐる問題について考察する際に重要な意味を持つ。歴史家ジョーンズによれば、当時、ローマ帝国は、自営農民等の生産者層が急激に減少したのに対し、支えるべき不労市民が多く、経済的に弱体化していた。(33) 中産階級が実質的に消滅し、社会は極端に富裕な上流階級と重税に喘ぐ下層階級とに二極分解していた、と言う。(34) そうした中で、特に「不義の裁き」、すなわち不正な裁判など、社会の支配的な地位にある人々による社会的弱者に対する苛酷な仕打ちが横行していた。(35) そうした中で、皇帝主導で押し進められたキリスト教国教化政策の結果、信仰の内実を伴わない形式的な改宗者が激増した点も指摘されている。(36) 彼らはキリスト教の意味を安易に捉え、自分たちには罪を犯すことが許され、また、自分たちだけは罰を免れているという特権意識を持っていた。

ペラギウスは、洗礼を受けた後に罪を犯すならば罰せられることを強調する。それも、こうした名目のみの改宗者たちが、受洗後も受洗前と変わらず、依然として悪徳に満ちた生活に留まり続け、しかも自分たちだけは特別に罪が赦されるとの特権意識を持っていたことを叱正することに真意がある。「人は欲するならば罪を犯さないでいることができる」という所謂「無罪の可能性」をめぐるペラギウスの発言もまた、そうした連関の中でなされたものであった。

「「無罪の不可能性」というスローガンのもとに、人は何も心配しなくともよいという〔弛緩した〕良心を抱いてしまいます。(37)」

山田によればペラギウスが「この〔無罪の〕可能性を主張したのは、あくまでも信徒の自由意思の働きを喚起し、弱さに対する安易な自己弁明を戒めるためである。したがって、無罪の原則的可能性とは、ペラギウスが、信徒に対して具体的な文脈の中で実践的な勧告を施す際の、理論的な補助仮説に他ならなかった」[38]。しかし、後に「彼が司牧的な実践の場を離れて論敵との抽象的な論争に巻き込まれた際、修辞的な補助仮説にすぎなかった文言が、反対に彼の神学の核心部分と見なされ」[39]てしまったと言う。

(4) ペラギウスは「異端者」であったのか

既述のごとく、ペラギウスが「異端者」であったのか否か、という問題の焦点は、ディオスポリス司教会議でなされたペラギウスによる弁明内容が「言い逃れ」であったか否か、あるいはペラギウスのものとして告訴者が引証した神学的命題は、ペラギウスの真意を反映したものであったのか、という点にある。

いわゆる「ペラギウス論争」以前の著作であるペラギウスの『パウロ書簡註解』において、「信仰のみによる義認」が強調され、また、受洗後のキリスト者においても、その個別的な行為を聖霊の恩恵が助ける、という思想が認められるのであるから、恩恵をめぐる問題の中心をなすいわゆる「行為義認」のテーゼ、そして個別的な行為における恩恵の否定のテーゼは、元来ペラギウスのものではなく、従ってディオスポリス司教会議での弁明も「言い逃れ」や「変節」ではないことになる。問題の命題はカエレスティウスのものであり、山田はこれらを、カエレスティウスが論争的な文脈の中でより過激な形で図式的、抽象的に主張したものであると見ている[40]。また、無罪の可能性の問題についても、ペラギウスの発言や著作を、その司牧的文脈から切り離して扱った結果、異端的立場の定式とされてしまったことが指摘されている。以上のような検討によって、最近の研究からは、少なくともペラギウス自身はいわゆる「ペラギウス派の異端」とは無縁であったことが明らかにされつつある。

三　ペラギウスと東方的修道制——セミ・ペラギウス主義

本書は修道制の歴史を扱うものである。差し当たり修道制との直接的関係について言えば、ペラギウスの思想は特に東方的修道制との間に密接なつながりがある。この点に関連して、いわゆる「セミ・ペラギウス派論争」について簡単に触れておこう[41]。

先述の経緯により、ペラギウスはカエレスティウスとともに「異端者」であるものと決した。しかしその後も、「原罪論」やこれと連関する「予定説」をめぐってアウグスティヌスが示した傾向を「行き過ぎ」として批判する動きがあった。かかる人々は一般に「セミ・ペラギウス派」と呼ばれている。「セミ・ペラギウス派」とされる人物としては、レランスのウィンケンティウス[42]、ヨハンネス・カッシアヌス[43]、リエのファウストゥスらの名が挙げられる[44]。他方、アウグスティヌス主義の立場から彼らに反論した人物としては、アクイタニアのプロスペル[45]、ルスペのフルゲンティウスらの名が知られている[46]。恩恵論をめぐる両者の論点の内容についてはここで詳述する余裕はないが、論争はアルル司教カエサリウスの主導によるオランジュ教会会議[47]（五二九年）において、穏健なアウグスティヌス主義が採択されるに及んで終止符が打たれることとなる。

ここで注目すべきなのは、「セミ・ペラギウス派」と呼ばれる人々は、東方的な修道制を西方に伝えた人々であったことである。ウィンケンティウス、ファウストゥスらは、南フランスにおける先進的な修道院であったレランスの伝統を担う人々である。また、ヨハンネス・カッシアヌスは、パレスティナ、エジプトで修道士としての経験を積んだ上で、コンスタンティノポリスでヨアンネス・クリュソストモスに叙階される、という経歴をもつ。彼は、東方的な神学と修道制とが西方へ伝播する際の鍵とも言うべき人物であり、ヌルシアのベネディクトゥスに影響を与えたことでも知られている。

ペラギウス論争以後も、西方に東方的な霊性が影響を及ぼそうとするときに、ペラギウス的な思想が一定の波紋を呼び起こしていたのである。

四　ペラギウス論争の根底にあるものとその意義

最近の研究にもとづいて二で概観したところでは、ペラギウス自身はいわゆる「ペラギウス主義」とは一線を画しており、必ずしも「異端」とは言えない事情が明らかとされていた。にもかかわらず、結局ペラギウスが「異端者」として排斥されねばならなかったことにはいくつかの理由がある。そして、そこにこそ我々の考察にとって意義深い問題が示唆される。以下、二つの点を挙げて考察しておきたい。

(1)　東西の神学的パラダイムの相違

ペラギウスが排斥された一つの理由として、ペラギウスの思想がアウグスティヌスなどの論敵たちによって正確に理解されなかったことが指摘されている。

「ペラギウスが東方神学から受け継いでいた神的パイデイアの枠組みは、キリスト教をヘレニズム世界へと移植する際に重要な役割を担い、キリスト教信仰の内実が盛り込まれるいわば思想的パラダイムとして機能した。

ギリシャ教父と同様にペラギウスも、恵みとして神が授ける教育と、それに信仰をもって応答しようとする人間との共働関係を神学的前提と見なしている[48]」。そして「神的パイデイアは人間の側の自由を前提に成り立つ。強制的に施されるものは、もはや教育ではないからである。ペラギウスの場合、人間本来の基本的自由は、自然本性の自由、とりわけ意志の自由に現わされる[49]」。

しかし、アウグスティヌスらはこうしたパイデイア思想のパラダイムを理解しなかった、という。マルーによれば、「古代地中海世界の文化的伝統を支えてきた知識人教育は、全く新たな世界観を持つに至ったアウグスティヌスには、もはや通用しなくなっていた[50]」。「ペラギウスの論敵は皆、西方の出身者で、しかも誰一人としてローマを活動の根拠地としては」おらず、「そのほとんどが、北アフリカを中心とした西方ラテンの神学的伝統を受け継ぐ人物たち[51]」であった。先に概観した『パウロ書簡註解』におけるペラギウスの思想において、西方的なアンブロシアステルと異なる「キリストの模範」という視点は、ギリシア教父および東方の伝統では普通に受け入れられていたパイデイア思想のパラダイムを継承したものに過ぎなかった。もし、これらの点でペラギウスを異端とするならば、遡ってすべてのギリシア教父を異端とせねばならないことになる。しかし、西方ではもはやそのパイデイア思想そのものが理解されなかった、という。かくして、ペラギウス論争は、東西キリスト教における神学および霊性の展開にとって実質的な分水嶺となったと思われる。

西方の神学は、伝統的にパウロ神学、特にその義認論に重点を置く方向で発展してきた。かかる土壌の上で、ペラギウス論争を機にアウグスティヌスがパウロの贖罪論を恩恵論と原罪論との形で発展させ、その後の西方神学の方向を決定づけることとなる。特に、原罪によって人間の自然本性が決定的に損なわれたことが強調された結果、これを癒すために注がれる恩恵の働きに力点が置かれ、人間の側の無力と受動的性格とが強調されるに至る。近代初頭における宗教改革者たちの立場は、こうしたアウグスティヌス的な方向をより尖鋭化したものとして理解することができる。

これに対して、東方の神学は、パウロの義認論よりはむしろヨハネの受肉思想を基盤に展開していた。そのため、東方ギリシア教父の伝統においては一貫して「自然本性の壊廃」というアウグスティヌス的な意味での原罪論が展開する土壌はなかった、とされる。山田は、ペラギウスが異端とされたのは、結局こうした東方的なパラダイムが西方で理解されなかったためだと言う。しかし、東方の神学および霊性はアウグスティヌス的な原罪論とは無縁な形で展開し、そこでは人間の自然本性そのものが損なわれたとは考えられていないために、恩恵の働きは、むしろ人間の自然本性を高めることのうちに認められた。それは、エイレナイオスが萌芽を示し[52]、アレクサンドリアのクレメンス[53]、さらには擬ディオニュシオスにおいて明確な形をとった「神化 theôsis = deificatio」の思想である。ギリシア教父以来の東方神学の伝統は、古典ギリシア哲学以来のパイデイア思想を「神による人間の教育」として捉え直して、この「神化」のプロセスを具体的に示す基本パラダイムとして理解したのである。

ただし、「自然本性」の位置づけをめぐっての「東方対西方」という対比の図式はかならずしも絶対的なものではないかもしれない。山田も指摘するとおり、東方の伝統においても、多くの場合アダムの堕罪が意味するところについては深刻に受け止められていたのであり[54]、それは特に「アダムの罪の模範」という形で[55]人間をして「自然本性に反する」方向へと押し流す傾向性として働くものとされていた。その結果、「自然本性に即する」とは言っても、実際にはそれは至難の業と考えられていた。つまり、人間の自然本性そのものに、神化へ向かう側面と、西方が「損なわれた本性」として問題化した側面との両義性があるものと考えられていたわけである。

しかしながら、そうした留保を考慮に入れたとしても「自然本性」に対する捉え方の相違は東方的な伝統に西方とは異なった相貌を与えている点は確かである。そのことの一つの顕著な現れとして、東方的な枠組みのもとでは、「哲学」と「神学」もしくは「霊性」とを連続的に捉えることが比較的容易に可能とされているという点が指摘できる。アウグスティヌス以降、西方キリスト教世界の伝統は、結局「恩恵と自然」という二元性を軸として展開してゆくこととなる。そうした展開の中で、「人間の自然本性」の射程を示すものとしての「哲学」の位置づけは、西方世界の思想史全体を貫く問題のもとに置かれることとなった。それは「恩恵」（もしくはキリスト教）と「哲学」とがいかなる関係に立つのか、また特に「哲学」（もしくは人間自然本性）が「恩恵」から独立した自律性をもちうるのか、という形で、トマス・アクィナスの時代におけるラテンアヴェロイス主義から近現代の世俗化した哲学にいたるまで問題とされることになる。

これに対して、東方的な伝統のもとでは、「哲学」と「神学」もしくは「霊性」とはきわめて素直な連続性のもとに捉えられているように思われる。まず、東方の伝統においては、修道生活はパイデイア思想の系譜上で理解されていた、と想像できる。それゆえ、そこでは「哲学」を意味する「philosophia 愛智」という語そのものが修道的な実践を意味する形で用いられていた。また「自然本性に即する」ということはそのまま「神化」を目指す修道的実践の基準として受け止められており、内容的にも東方的な伝統における修道的実践は「哲学」に直結するものを有していた。第三章において、そうした東方的霊性の特徴を一一世紀の東方神学者ニケタス・ステタトスを例にとって概観するが、ニケタスにあっては、霊的な生活における、初歩者、中間的段階、完成段階という歩みの中に、人間の魂がその「自然本性に即した」あり方へと、その内的統合性へと回復してゆく道程が示されていた。それは、一面において古典ギリシア以来の四元徳、プラトンの『国家』篇に遡る「魂の三部分」における調和的秩序の回復のプロセスそのものであった。と同時に、その同じ道程は人間の「神化」のプロセスでもあった。そしてニケタスは、その道程の全体を先行する聖霊の働きかけが支えている、という図式で描いていた。

(2)「社会における少数派」としての教会観

もう一点の問題としては、ペラギウスとアウグスティヌスとの間に存する教会観の相違が挙げられる。山田によれば、アウグスティヌスは教会の共同体的一致を追求し、「社会の多数派となりうる教会観」を示したのに対して、ペラギウスの教会観は「社会における少数派」としてのそれであった、と言う。そうした教会観は初代教会以来のものである。「イエスの時代から原始教団、さらには迫害と殉教の時代に至るまで、世俗の倫理的価値体系とは一線を画す「不連続」性に、キリスト教共同体の持つ特徴があった。イエスの生き方に倣いキリストに従おうとすることは、この「不連続」を「自覚的」に選び取ることを意味した[56]」。第一章で検討した原初修道制、特に隠修士の伝統も、キリスト教におけるこうした系譜に属するものとして理解できる。一般に「社会における少数派としての教会」への志向は何らかの厳格さを含意する。原初修道制の場合、それは世俗の放棄の徹底としての清貧による離脱の追求という方向で現れた。ペラギウスの場合、その厳格さは「愛の実践」への要求や「無罪の可能性」の主張などに窺われる。そして山田は、こうした教会観がペラギウス排斥の主要な要因の一つであった、と指摘している[57]。

ペラギウスにおいて「愛の実践」への「期待」が実質的に「要求」となっていること、それゆえにペラギウスの立場は厳格なものとなっていることは認めないわけにはゆかない。「信仰のみによる義認」と並んで「愛の実践」を説くことにより、ペラギウスは、「信仰の真実性」を問題とした。ペラギウスは、信仰のみによる義認と過去に犯した罪の赦しとを真に体験した者であるならば、自ずとキリストに倣って愛の実践を行わずにはいられない「筈だ」、と考える。自発的な愛の業をもたらすことのない信仰は形だけのものであり、キリストの模範に根ざした生きた信仰とは言えないことになる。『ローマ書簡』第三章二八節に対する注釈の中でペラギウスは、「信仰のみによる義認を逆手にとって、信仰の真実性を裏付ける愛の実践を侮っていた人々」を批判している(58)。

また、アウグスティヌスとペラギウスとの立場は、当時「罪」と「悔い改め」とに関して展開していた寛容主義と厳格主義との論争の中に位置づけて理解することができる。寛容主義の立場を取る聖職者たちは、オリゲネスの万有帰神説を根拠として、永遠の罰は存在せず、信仰を告白しさえすれば救いに与ることができるとする、いささか安易な救済観を説いていた。これに対して、ノヴァティアアーヌス派などの厳格主義者たちは、信徒が洗礼を受けた後に犯した罪は、たとえ悔い改めを表明しようとも絶対に赦されない、とする極端に峻厳な立場をとっていた。アウグスティヌスもペラギウスもこれら両極端の立場からは距離をとっていた。しかし、洗礼を受けた後に罪を犯すならば罰せられることを強調し、「無罪の可能性」を説いたペラギウスはどちらかと言えばノヴァティアアーヌス派などの厳格主義者寄りに、アウグスティヌスは寛容主義者寄りに位置していた、と言ってよい(59)。

山田は、ペラギウスの思想に見られる「愛の実践」への要求や「無罪の可能性」の主張などに窺われるこうした厳格な傾向の意味は、ペラギウスが置かれた時代的状況の中で理解されるべきだとする。先述したとおり、当時ローマ帝国では、中産階級の実質的解体をもたらした経済的変動の結果、極端な格差社会が出現していた。そうした状況のもと、社会の上層にいた人々は、同胞たちの苦境になんら顧慮することなく不正行為に走り、しかも、皇帝による国教化政策の結果であるにすぎない自分たちの形式的な「キリスト教信仰」を自らの不正に対する自己正当化の口実としていた、と言われている。

「罪」および「無罪の可能性」に関するペラギウスのやや厳格な立場はここから理解すべきであろう。「ペラギウスは、国教化政策によって何ら内的回心を伴わず、受洗後も受洗前と変わらない悪徳に満ちた生活を送り、むしろ罪の赦しを自らの特権とのみ見なす「非自覚的キリスト者」が急増したこと[60]」を憂え、「これに伴っていかなる罪も赦されると主張し、形だけの回心を煽りたてる寛容主義者を「偽使徒たち」として警戒した[61]」。ペラギウスがキリスト者に対して「隣人愛」を実質的には「要求」として期待していたことも、格差社会の中で社会的不正が蔓延していた当時の背景のもとで理解すべきであろう。

ペラギウスらが登場した背景には、そうした社会全体の傾向に対する反省もしくは反動の動きがあった。その一つの現れが、当時主にローマの上流貴族たちの間に広まった禁欲主義の運動である。第一章で見てきたとおり、修道生活は迫害が止んだ後、教会の世俗化に危機感を抱いた人々によって東方から始められた運動と考えられている。四世紀半ば以降、そうした東方修道制の展開の中で禁欲的訓練を身につけた修道士や聖職者たちがローマ市に移住してきたことがきっかけとなって、ローマ貴族の間にもキリスト教的な禁欲主義を志向する運動が広まった。そうした人々による、聖書に関する知識と禁欲的な訓練にも通じた指導者に対するニーズに応えるべく登場したのがペラギウスやヒエロニュムスであった。ペラギウスとヒエロニュムスとは互いに立場を異にして対立もしていたが、総じて厳格な態度という点では共通していた。彼らはその厳格な姿勢にもかかわらず、というよりはむしろその厳格さゆえにこそ、ローマの人士たちの支持を得ていたのである。

以上、「愛の実践」への要求や「無罪の可能性」の主張などに窺われるペラギウスの厳格さは、概ね今日のキリスト教における左派（ないしは「社会派」）的な人々の一部と共通する性格のものと言える。たとえば、金子晴勇は、ペラギウスを当時の社会的不正に対する「急進的改革派」（アウグスティヌスら「穏健派」に対して）と称している。[62]「清い者」と「清くない者」との両者を含む混成共同体として社会の多数派となりうる教会観を示したとされる「穏健派」のアウグスティヌスは、ペラギウスがドナトゥス派と同じ[63]「しみもしわもない教会」という標語を掲げるのを見て、ドナトゥス派同様の狭量な教会観を看取して警戒したものと思われる。無論、「穏健派」であるアウグスティヌスが「社会の多数派となりうる教会観」にもとづいてペラギウスおよびペラギウス派を批判したと言っても、彼の立場はペラギウスの批判の対象となった人々に見られるような安易なものではなかった。

まず、アウグスティヌスが提示した「原罪論」は、自らの罪の自覚を出発点として、人間の罪責性についての深い洞察にもとづくものであった。そして、ドナトゥス派と同様にペラギウスが用いた「しみもしわもない教会」という標語のうちに、アウグスティヌスは自らを「清い者」としていわば「自己義認」し、「清くない者」を裁く、という傲慢を見て取ったのであろう。「清い者」と「清くない者」との両者を含む混成共同体としての彼の教会観も、けっしてキリスト者たる資格を安易なものとすることによって教会を「社会の多数派となりうる」ものとしようとしたわけではない。彼の教会観は、共に弱い人間同士でありながら「他の人間を裁く」ということを差し控え、「裁き」はあくまでも神にゆだねようとした姿勢の帰結であるに過ぎない。

また、ペラギウスにおける「愛の思想」の鍵となるのは「模範」という概念であった。「模範」という言葉だけを見ると、そこには内側から働く力の源泉というよりは、外側からの強制というイメージを抱かせるものがある。[64]それは、たとえば戦前日本の修身科教育のようなものから連想されるところであり、それが「模範」という概念装置に義務論的な印象を与え、結局そのイメージがいわゆる「ペラギウス派」に対する固定観念と符合してしまう感がある。他方、「愛」に関して言えば、アウグスティヌスはパウロ神学を深い次元において吸収することにより、「神の愛」は神の恩恵によって内面的な力として「注がれる」という思想を展開している。以上のような考え方が相俟って、結果としてアウグスティヌスの思想を「穏健な」ものとし、「社会の多数派となりうる教会観」を提示するものとしていったのである。

しかし、ペラギウスをも含め、「少数者の教会」としての方向は、キリスト教思想史において一定の支持、憧憬を集めるだけの影響力を持っていた。それは原初修道制、特に隠修士の伝統における方向性と共通するものであり、東方的な修道生活は無論のこと、西方においてもあらゆる隠修士的な伝統の底流に流れるものであった。そしてそれは、第二部第五章において後述する一一・一二世紀における宗教運動にまで通底するものであった。

五　結　語

本書は修道制の歴史を扱うものであるが、ここで一章を割いてアウグスティヌスとペラギウスとの論争とその意味とを取り上げて検討した。近年の研究の結果、ペラギウス自身の立場は必ずしもいわゆる「ペラギウス主義」とは異なるものであったことが明らかにされてきている。にもかかわらず、結局ペラギウスが「異端者」として排斥されねばならなかったことの背景として、我々は「東西の神学的パラダイムの相違」および「社会における少数派としての教会観」という二点について注目し、これを検討した。

「東西の神学的パラダイムの相違」に関して言えば、伝統的にパウロ神学、特にその義認論に重点を置く方向で発展してきた西方神学では、ペラギウス論争を機に、アウグスティヌスがパウロの贖罪論を恩恵論と原罪論の形で発展させ、人間の自然本性が決定的に損なわれたことが強調されたのに対して、ヨハネの受肉思想を基盤に展開した東方神学は、人間の自然本性そのものが損なわれたとは考えず、恩恵の働きを、むしろ人間の自然本性を高めること、すなわち「神化 theôsis = deificatio」のうちに見ようとしていた。この「神化」のプロセスを具体的に示すものとして、古典ギリシア哲学以来のパイデイア思想が、「神による人間の教育」として捉え直されて機能していた。修道制との関係について言えば、東方に見られる哲学と修道的修行とを連続的に捉える考え方、あるいは修道的生活に段階を見る理論などにおいて、そうした神学的枠組みが反映されているように思われる。

また、ペラギウスの思想に見られる「愛の実践」への要求や「無罪の可能性」の主張などに窺われるのは「社会における少数派としての教会観」であった。「社会における少数派としての教会観」は初代教会以来のものであり、第一章で検討した原初修道制、特に隠修士の伝統はキリスト教におけるこうした方向性と系譜をともにするものであった。初期修道制における隠修士たちの生活は、「清貧」と「離脱」との徹底に対する強い要求をその特徴としていた。ペラギウスの場合には、社会的正義の実現という意味での「愛の実践」に対する強い要求と、その前提としての離脱・自己放棄への志向という形で、「社会における少数派としての教会観」が表現されていた。ペラギウスをも含めた「少数者の教会」としての方向が示す厳格主義的な傾向は、キリスト教思想史において一定の支持、憧憬を集めるだけの影響力を持っており、東方的な修道生活は無論のこと、西方においてもあらゆる隠修士的な伝統の底流に流れるものであった。そしてそれは、第二部第五章において後述する一一、一二世紀における宗教運動の高まりにまで通底するものであった、と言える。

（1） Pelagius, *Expositiones in epistulas Pauli*. A. Souter (ed.), *Pelagius's Expositions of Thirteen Epistles of St. Paul* (Cambridge 1926) = (PLS I, 1110–1181).

ペラギウスの『パウロ書簡註解』への参照は以下の略号を用いる。
例　Expositio in Rom (Gal, 1Cor, etc.) 1：1
→『ローマ（ガラテア、コリント第一……）書簡第一章第一節註解』

（2）山田望『キリストの模範　ペラギウス神学における神の義とパイデイア』教文館、一九九七（以下、山田とのみ略記）。本章の論述は同書に多くを負っている。

（3）山田一七頁。

（4）ペラギウスの略歴とペラギウス論争の経緯とについては、山田二八―三三頁、小高毅編『原典古代キリスト教思想史一　初期キリスト教思想家』教文館、一九九九年、第一六章、P. Brown, *Augustine of Hippo A Biography A New Edition with an Epilogue*,（P・ブラウン著／出村和彦訳『アウグスティヌス伝』下巻、教文館、二〇〇四年、六六―七八頁）などを参照。

（5）「アンブロシアステル」とは、近代に至るまでミラノの司教アンブロシウスの作と信じられていた『パウロ書簡註解』の無名の作者に対してエラスムスが与えた呼称である。

（6）山田一二四―一二五頁。

（7）山田一二八頁。

（8）Pelagius, *Expositio in Rom* 6：23=54., Rom 3：24=33., Rom 10：3=81. Gal 3：56=318., Eph 2：15=355., 山田一四三―四六頁。

（9）Pelagius, *Expositio in Gal* 3：5-6=318., Rom 5：17=47., 山田一四五―四六頁。

（10）Origenes, *Expositio in Rom* 3：9=PG14, 953., Rom 7：10=PG14, 1130.

（11）T. Bohlin, *Die Theologie des Pelagius und ihre Genesis* (Uppsala/Wiesbaden 1957), p. 67.

（12）Pelagius, *Expositio in Rom* 4：5=36., 山田一四七頁。

（13）Pelagius, *Expositio in Rom* 6：1-2=49., 山田一四八頁。

（14）山田一五一頁。

（15）W. Jaeger, *Paideia: the Ideals of Greek Culture*, 3vol. (Oxford 1939-1944).

（16）W. Jaeger, *Early Christianity and Greek Paideia* (Harvard 1961)（W・イェーガー著／野町啓訳『初期キリスト教とパイデイア』筑摩書房、一九六四年）。

(17) 山田一五二頁。
(18) Pelagius, *Expositio in Rom* 5：12=45., 山田一五二—五三頁。
(19) G. Aulen, *Christus Victor, An Historical Study of the Three Main Types of the Idea of the Atonement* (London 1965) p. 35–55.
(20) Pelagius, *Expositio in Rom* 8：6=61., 山田一三四—三五頁。
(21) 山田一五四頁。
(22) *ibid.*
(23) Pelagius, *Expositio in Rom* 14：17=110., 山田一五七頁。
(24) 山田一五六頁。
(25) Pelagius, *Expositio in Gal* 5：14=334-335., 山田一六三頁。
(26) 山田一六四頁。
(27) 山田一六六頁。
(28) Pelagius, *Expositio in 1Cor* 6：11=156., Tit 3：5=533., Rom 6：22=53., Rom 8：9, 11=1146, 1:47.
(29) Pelagius, *Expositio in 2Cor* 4：7=252., Rom 8：26=67., 2Cor 3：33=244., 2Cor 3：18=250.
(30) Pelagius, *Expositio in 1 Cor* 2：10=139., Rom 5：5=43., 1Cor 2：16=140.
(31) オリゲネスは、プラトン主義の影響で人間の魂は天使（プラトン的文脈では神々）と同一本性のものとして永遠このかた先在していた、とするいわゆる霊魂先在説をとっており、この見解に関する限り異端的とされている。
(32) 山田は、第一章前半の一九—二七頁を割いて社会的、教会論的状況の紹介に、また第四章一八四—二四六頁の全体をペラギウス自身が直接直面した司牧的状況の紹介に宛てている。
(33) A. H. M. Jones, *The Later Roman Empire*, Vol. 2 (Oxford 1986) p. 1045.
(34) 山田二〇頁。
(35) 山田一四〇頁。
(36) 山田二二—二五頁。
(37) Pelagius, *Epistola de possibilitate non peccandi* 3, 1=PLS I, 1460.

(38) 山田八〇頁。

(39) 山田一九頁。

(40) 山田二五九頁。

(41) セミペラギウス派論争に関しては、小高編前掲書において関連する主要テキストの翻訳とともに概観することができる。

(42) 小高編前掲書、第一七章参照。

(43) 小高編前掲書、第一八章参照。

(44) 小高編前掲書、第二〇章参照。

(45) 小高編前掲書、第一九章参照。

(46) 小高編前掲書、第二三章参照。

(47) 小高編前掲書、第二四章参照。

(48) 山田二四九頁。

(49) 山田七四頁。

(50) H. I. Marrou, S. *Augustin et la fin de la culture antique*, Paris, 1958, p. 327–349.

(51) 山田三二―三三頁。

(52) Irenaeus, *Adversus haereses* V, 24, 6, ed. W. W. Harvey, vol. 2, p. 216–217.

(53) Clemens Alexandrinus, *Protrepticus* I, 9, XI.

(54) 山田九一頁。

(55) *ibid.*

(56) 山田二四―二五頁。

(57) 山田二六五―八四頁。

(58) Pelagius, *Expositio in Rom* 3：28=34., 山田一五八頁。

(59) 山田一九五頁。

(60) 山田一九六頁。

(61)　*ibid.*
(62)　金子晴勇『アウグスティヌスの恩恵論』知泉書館、二〇〇六年、一三—一四頁。
(63)　アフリカで展開したドナトゥス派はローマによる迫害期に一旦棄教した聖職者による秘跡の無効を主張した一派であり、「しみもしわもない」「清い者」のみからなる教会という教会観を有していた点でペラギウスと共通していた。アウグスティヌスがペラギウス論争に関わるのは、このドナトゥス派との対決が一段落した直後であった。
(64)　現代によみがえらせたペラギウス的「模範」理論と、アウグスティヌス以来の西方キリスト教の伝統が神学的に対話するとすれば、「模範」という概念装置がどこまで人間の内部において働く力の源泉として機能しうるのか、という点が要点であるように思われる。筆者は「東方キリスト教学会」のシンポジウムにおいて、すでにそうした角度からの対話を山田氏と試みている。山田望「東西キリスト教のパラダイム—ペラギウス派におけるパイデイア思想と神学的パラダイム転換—」(東方キリスト教学会編『エイコーン』第三四号、二〇〇六年、八—二四頁)
拙稿「トマス・アクィナスと東西キリスト教のパラダイム」(東方キリスト教学会編『エイコーン』第三四号、二〇〇六年、二五—四三頁)

第三章　東方的修道霊性の風景

一　はじめに

前章において、東方的な霊性の伝統をなすものは「神化 theôsis」の思想であり、そこでは霊的な修練と「哲学 philosophia」とが連続的に捉えられていたことが指摘された。本章では、そうした東方的な修道霊性の系譜を、代表的人物を枚挙する形で概観する。特に、東方的な霊性の伝統の特色として、一つには霊的進歩に明確な「段階」を認めていること、そして第二には、人間の「自然本性」をそのまま霊的進歩の基準としていることが目を引く。まず、東方的修道制におけるこれら二つの特色を、そのそれぞれについて特に代表的な人物としてエヴァグリオス及び擬ディオニュシオスとマクシモスとを取り上げて概観する。

その上で、こうした東方的霊性の特色を、筆者が『フィロカリア』の翻訳事業に参加してその翻訳を担当した一一世紀の東方神学者にしてストゥディオス修道院の修道士であるニケタス・ステタトスの霊性論を例にとって明らかにする。ニケタスは、ほとんど師新神学者シメオンの伝記作家としてのみ知られる無名に近い存在であるが、そこには先行する東方的な霊的伝統の特色を窺うことができるからである。

二　東方的修道霊性の系譜と特徴

まず、東方的な修道霊性の系譜を、代表的と思しき人名を枚挙する形でごく大まかに概観し、その上で西方と比較した場合の特徴を指摘しておこう(1)。

まず、修道制の起源に位置づけられるコプト人である「砂漠の師父」たちとして、独住の隠修士としての理想像を示したアントニオス（二五一頃―三五六年）、共住修道制を創始したパコミオス（二九二／二九四―三四六年）の名が挙げられ、次いで小アジアの地にあって、共住修道院はバシレイオス（三三〇頃―三七九年）によって教養ある知識人の共同体としての発展を遂げたことは第一章で述べた。ここに修道院はバシレイオス自身をはじめとするカッパドキア教父、特にニュッサのグレゴリオス（三三五頃―九四年）の知的活躍の場となるが、そこにはクレメンス（一五〇頃―二一五年以前）やオリゲネス（一八五頃―二五三／四年）など、特にアレクサンドリア学派を通じて伝えられたギリシア的なパイデイアの理念が生きていた。第二章で触れたようにペラギウス論争を契機に西方的なキリスト教霊性は東方とは異なった方向を辿るが、東方的な霊性は、そうしたパイデイアの伝統を受け継ぐものであった。

カッパドキア教父たちが範を示した学究的霊性を、改めて修道生活の発祥地であるエジプトの砂漠に持ち込んだエウァグリオス・ポンティコス（三四五頃―九九年）の存在は、東方的な修道霊性の歴史において無視し得ないものである。彼は霊的生活についての体系的な理論を展開し、後述するように、霊的生活の進歩に明確な段階の区別を導入した。なお、カッパドキア教父とエウァグリオスによる東方的な修道霊性の影響は、カッシアヌス

（三六〇頃―四三〇／三五年）によって西方に伝えられることになる。擬ディオニュシオス・アレオパギテースは東方的霊性、おそらくはニュッサのグレゴリオスの伝統のもとにあるものと考えられる。彼はギリシア教父の中に展開していた「神化」の神秘思想に最終的な形を与えた、とされている。彼も、神化の霊的な発展段階について独自の表現を与えている。彼らが定式化した霊的生活の段階理論についても後述する。

単意説に反対してカトリック信仰を守った結果、流謫にあっておそらく拷問によって世を去ったため、「証聖者」と称されるマクシモス（五八〇―六六二年）は、独創的な仕方でエウァグリオスとカッパドキアの伝統の最も総合し、「ギリシア教父の系譜における最後の偉大な神学者」「アレクサンドレイアとカッパドキアの伝統の最も完全な結実」として知られる。彼の神化論における自然本性に関する理論については後述する。

マクシモスと並び、ヨアンネス・クリマクス（五七九以前―六四九年頃）は、ビザンツ霊性に固有な霊的伝統の源泉と考えられている。クリマクスは、修徳修行についての集大成として『楽園の梯子』を著している。

マクシモスおよびクリマクス以降のビザンツ霊性は、第一章において、アントニオスとバシレイオスとを例にとって論じた修道制における二つの方向性、すなわち隠修士的な方向と共住修道制との緊張関係において展開している、と見ることができる。それはシナイ山の修道制とストゥディオスの修道制とにそれぞれ代表される。

シナイ山にある聖カタリナ修道院（かつては聖マリア修道院）は、ヨアンネス・クリマクスの活動の場であったが、隠修士的な方向を示していた、とされる。「ヘーシュキア」〔静寂〕のうちに、短い言葉の祈りに集中するいわゆる「ヘシュカスモス」の伝統は、このシナイの伝統の中から生まれる。九世紀に成立したアトス山の修道院は、やがて「ヘシュカスモス」の中心地となる。特に一四世紀はアトス山におけるヘシュカスモスは大いに盛んになり、人々の注目を集めることになる。しかし一四世紀前半に、南イタリアの出身で西方神学の教育を受けた修道士バルラアムは、ヘシュカスモスの技法的な性格に疑問をもち、ヘシュカスモスには異端の疑いがあるとして激しく攻撃した。これに対して、テサロニケ大主教にも選ばれた高名な神学者グレゴリオス・パラマス（一二九六頃―一三五九年）はヘシュカスモスを擁護し、大きな論争となった。このいわゆる「ヘシュカスモス論争」は、再三の主教会議を舞台に展開したが、最終的にはパラマスの立場が勝利を得て、東方教会ではヘシュカスモスは公式に認められることとなる。

他方コンスタンティノポリスは、「厳格に共住修道制的かつ活動的で、また社会に開かれた新バシレイオス主義的な型の修道制を広めていく中心」となった。その中心地は、五世紀中頃の執政官ストゥディオスによって開かれ、その名をとったストゥディオス修道院である。ストゥディオス修道院は、さまざまな福祉的活動と壮麗な典礼とによって知られる。この修道院の九世紀の院長テオドロスは修道士たちに、バシレイオスの精神を忠実に敷衍した『テュピコン typikon（修道規則）』を与えた。この規則は以降何世紀にもわたって、ビザンツ帝国を経てスラヴ諸国に至るまで、東方の大きな共住修道院の標準的規則とも言うべきものとなった。

しかし、上述の「シナイ」対「ストゥディオス」という図式は、必ずしもそれぞれの地理的・人脈的な系譜と一致するわけではない。典礼と教会主義とで知られるストゥディオスの修道制の伝統の中に、神秘体験の人として知られる「新神学者」シメオン（九四九―一〇二二年）が出現する。

以上の概観の中で、筆者は東方的な霊性の伝統に共通する特色として、二つの点が目を引くと考える。それは、一つには霊的進歩に明確な「段階」を認めていること、そして第二には、人間の「自然本性」をそのまま霊的進歩の基準としていることである。この二つの特色を、特に代表的な人物の中に概観してみよう。

三　東方的霊性における霊的生活の段階理論
――エウァグリオス・ポンティコスと擬ディオニュシオス

エウァグリオス・ポンティコスによる霊的生活の段階理論は、その著作に対応する形で二つもしくは三つに区分される。三区分に分ける、という場合、それは二区分における第二項がさらに二分される、ということを意味する。[2]

まず、彼にとって最も基本的な区分は、『修行論 *Practicus*』で扱われる「実践的修行 praktikē もしくは praktikē methodos」と、『覚知者〔認識者〕*Gnosticus*』および『認識の摘要』で扱われる「神智（普通には gnôsis あるいは gnôstikē, theôrētikē, theôria）」との区別である。この「神智」はさらに二段階に分けられている。第一段階の「神智」は、「自然学的観想」と呼ばれる。この知によって人間は有形無形すべての被造物の本性を観想する。ただし、その認識は情念によるのではなく、理性、すなわちすべてを創造した神の理性に合致した認識である。第二の神智は、「神学 theologia」と呼ばれる。この段階では、人間は第一段階の神智において獲得した多様な思考のすべてから超越し、これらを捨て去る。エウァグリオスは、この「神学」を「三位一体の神智」と呼ぶ。したがって、エウァグリオスにおける霊的生活は、「実践的修行」「自然学的観想」「神学」という三つの段階から成る、と言うことも出来る。

エウァグリオスの修徳論によれば、霊的生活を歩むものは以上の段階を経て「愛（愛徳 agapē）」に至るのであるが、その際、その「愛」が成立する条件と考えられているのが、実践的修行による魂の浄化の結実としての「不動心 apatheia」である。「不動心」の用語はストア派を思わせるが、クレメンス以降のアレクサンドリア学にしてそれ自体として、東方的な霊性において大きな役割を担う概念である。エウァグリオスの修徳論は、信仰から出発して、節制、忍耐、希望の諸徳へと展開するが、そうした徳の連鎖全体の結実が不動心であり、さらにそのようにして成立した不動心そのものが愛徳、愛 agapē を生むものとされている。

エウァグリオスは霊的生活の継起する諸段階について初めて明確な定義を与えたが、それは必ずしも固定的な図式ではなかった。エウァグリオスは不動心の成立を示すさまざまな指標を示し、また不動心そのものが多くの段階を含むものである、と考えている。しかし、注意すべきなのは、人はこの不動心を失うこともありうるとエウァグリオスは明言している点である。それは、人はいかなる段階に達しても、誘惑から自由になることはないからである。他方彼は、実践的修行の結実である不動心は、それを前提としそれに後続する段階において実現するものとして位置づけられていた「知識」によって初めて愛徳の中で開花するものである、とも考えていた。つまり、彼の段階理論によれば、実践的修行による魂の情動的部分の「浄化」は、「観想」に先立つものである。しかし、同時に彼は、「浄化」と「観想」とは相互浸透すべきものであり、浄化の完成としての神の掟を実現する力は、「知識」による観想の中において、観想によってしか実現されない、と考えていた。

擬ディオニュシオスは、『天上位階論』において天上界における天使たちの、『教会位階論』において地上における教会の、それぞれ「位階 hierarchia」について論じている。「位階とは、できるだけ神に似たものになるところの、また神から自分に与えられた照明に応じ自分の能力に従って神を模倣すべく上昇するところの聖なる秩序であり、知識であり、活動である」(3)。つまり、ディオニュシオスにとって位階とは、知性的被造物（天使や人間）に神化をもたらすために存在するものであった。ディオニュシオスによれば、位階とは上位の者が下位の者を「浄化」し「照明」し「完成」する秩序である。そしてこの「浄化」「照明」「完成」という三つの概念

(trias) は常に組になってさまざまなレベルにおいて語られる。『教会位階論』においては、「浄化」「照明」「完成」は助祭、司祭、司教という教会の三つの位階に対応づけられる。また、被造的世界の全体を「天上の位階」、「教会の位階」、「律法の位階」の三つの位階に区別する文脈では、律法の位階から教会の位階への上昇を「浄化」、教会の位階から天上の位階への上昇を「照明」、天上の位階から神性の根源への上昇を「完成」として意味づけている。このようにしてディオニュシオスは、「浄化」「照明」「完成」の三者を、位階と関連づけながら霊的な生活、魂の「神化」の段階的過程として提示している。そしてその最後の段階を論じているのが『神秘神学』である、とされる(4)。このように、ディオニュシオスは「浄化的」「照明的」「神秘的（＝完成）」という形で、霊的生活についての独自の段階区分を提示しているものと理解されている。

四　東方的霊性における「自然本性」の捉え方——証聖者マクシモスの場合

東方的な霊性の特徴と言える「神化」とこれに直結する人間の自然本性についての理論の典型を、証聖者マクシモスを例にとって概観したい(5)。

マクシモスは、人間が神の「似姿 eikôn」の段階から、自らの根拠である神へと聴従し、神へと己れを明け渡すことによって、神との「類似 homoiôsis」へと開花してゆく人間の「神化」のプロセスを、人間の自然本性そのもののダイナミズムとして理解している。マクシモスにあって「神化」とは、むろん人間が実体 ousia として神と化するという意味ではなく、神的な生命、神の現実態 energeia に参与してゆくということを意味している。

マクシモスによれば、あらゆる有限な被造的事物の自然本性は、その本質として「動き kinēsis」のうちにある。確かに、諸事物は、それぞれに固有の形相を担ってはいる。しかし、それらは自己完結した静止的なものではない。まず、被造的な自然本性は、自らの十全な現実態に向かう。そしてさらに無限なる終極目的としての現実態、すなわち神的な存在へと向けて開かれている。[6] ただし、被造物が「存在（在ること to einai）」へと参与することには多様な段階がある。単なる物体（無生物）は、存在を単に外から与えられているだけで、自らそのことを知ることはない。生物は、「生きる」という仕方で無生物より一層存在の度合いが高まっているが、その営為は種の保存という目的に一義的に規定されている。これに対して、人間のみが自らの自然本性、すなわち本質としての形相を存立させた根拠としての神に向かって、自らの知性的能力によって、自由に還帰することができる。このことが、人間が神の「エイコーン（似像）」である、ということの意味であり、その内実は、人間が自由意思をもつ知性的存在者として、自らの根拠である神からの呼びかけに対して自由に応答し得るということに存する。[7] このように神化には、自由意思の働き、すなわち善悪両方向に開かれた選択の自由が不可欠な媒介として働いている。

マクシモスによれば、この神化のプロセスは、「在ること to einai」から、「善く在ること to eu einai」を経て、さらには「つねに（永遠に）善く在ること to aei eu einai」を目指すという上昇の道として示される。ただし、最後の「つねに善く在ること」は、現世の時間的生にあっては到達され得ない究極目的への志向の指標としてのみ語られる。[8] 従って、我々にとって特に問題であるのは、上述の階梯における中間段階、すなわち「善く在ること」である。これは徳 aretē の発動ということとほぼ同義である。かくして、マクシモスによれば、人間の自然・本性が神の「エイコーン」から「ホモイオーシス」へと開かれている、ということの意味は、人間が単に「在る、存在すること」を超え出て「善く在ること」、つまり「徳」の成立に向かうことである。

マクシモスによれば、「人間が神の似像に即して創られた」ということは、人間が自由意思を持つということ、つまり自らの存立根拠たる神の働きに対して、自由に応答し得るということであり、そのことが知性的存在者の本質的な意味をなしている。しかし、当然のことながら、自由意思は悪を犯しうる、という意味での自由をも意味する。マクシモスにあって、人間の自然本性そのものは、善と悪との双方に向かう両義性を帯びたものとして理解されていた。しかしマクシモスによれば、「悪」は決して実体ではなく、「自然本性に反して para physin もの」や人に関わること」に過ぎなかった(9)。かくして「自然本性に即する」「自然本性に反する」ということは、善悪の基準となる。

マクシモスによれば、善く意志し、善く応答するという人間の側からの能動的なわざも、その根底において受動性に貫かれている。つまり、「善く応答する」ということは、神性へと「聴従」することによって、人間が己れ自身を神性を受容する器とすることを意味している。そして、このことが人間の「自然本性に即する」ことなのである。かくして、マクシモスの霊的倫理学においては、「自然本性に即する」「自然本性に反する」ということは、そのまま神化の基準ともなっている。

五　ニケタス・ステタトスの霊性観について

以上に触れたような東方的霊性の特色を、筆者が『フィロカリア』の翻訳事業に参加してその翻訳を担当した一一世紀の神学者にしてストゥディオス修道院の修道士であるニケタス・ステタトスの霊性観を例にとって明らかにしたい。ニケタスは、新神学者シメオンの弟子であり、師の伝記の著者として知られているが、彼自身については多くは知られておらず、正確な生没年すら不詳である。一〇二〇年頃に若くしてストゥディオス修道院に入り、生涯ストゥディオスに留まったと伝えられている。最晩年には院長になった可能性も示唆されている。ラテン教会に対する論争的著作、師シメオンの伝記の他に、魂、楽園について論じた神学的著作、さらには擬ディオニュシオス・アレオパギテースの『天上位階論』と『教会位階論』との関係について論じた著作がある。『フィロカリア』には、それぞれ「徳の実践について」（「第一部」）、「事物の内的本性および知性の浄化について」（「第二部」）、「霊的な知識、愛、生の完全性について」（「第三部」）と題する三つの「百断章 hekatontas」が収められている。[10]本節では、これらの断章群から知られる限りでのニケタスの霊性観について、紙面の許す範囲内で概観を試みることとする。

百を単位とする断章群という著述のスタイルとともに、その主題の構成という点でも、ニケタスは東方キリスト教における霊的著作家たちの伝統を忠実に踏まえている、と、取りあえずは指摘することができる。前述の「徳の実践について」「事物の内的本性および知性の浄化について」「霊的な知識、愛、生の完全性について」というテーマは、「修行的 praktikē」「自然的 physikē」「神智的 gnôtikē」というエウァグリオス・ポンティコス、[11]あるいは証聖者マクシモスが用いた段階区分に従ったものである。[12]しかしながら、それらの断章の内容は、必ずしもそれぞれの段階に厳密に対応するわけではなく、むしろニケタスは、いずれの「部」の断章においても、霊的な旅路における三つの段階すべてに関連する題材を包括的に論じている。さらに英訳の編者は、[13]ニケタスが、エウァグリオス—マクシモスの図式に従いつつも、擬ディオニュシオスに由来する「浄化的 kathartikē」「照明的 photistikē」「神秘的 mystikē」という段階区分（Ⅲ・四一—四四）とこれを結びつけ、さらにはシリアのイサアクに見いだされる、と言われる「肉的 sarkikē 生活」「心的 psychikē 生活」「霊的 pneumakikē 生活」という生活様式の区分論（Ⅱ・三―七）も採用しており、事態を複雑にしている、と指摘している。

（1）霊的生活が成立する場

（a）「肉的生活」「心的生活」「霊的生活」

このうち、シリアのイサアクによる区分論の採用については、世俗的な生き方も含めて、人間の生活様式全般についての包括的な概観を与えた上で、その中で「霊的生活」そのものを位置づけようとしたものとして理解することができる。

「肉的な生活様式」とは、「快楽と現世の生活の享受にもっぱら専念する生活」（Ⅱ・四）であり、最低の品性を示すものであることは改めて言うまでもない。これに対して、「心的な生活様式」についてニケタスは、「邪悪と徳との境界線上」に位置づけている（Ⅱ・四）。「彼らは徳や神のおきての実践のために決して努力はしないが、単に他の人々の評価を得るために」、肉的な人間がするような「非難に値する行動を慎みもする」からである。これは大抵の世俗的な人間に共通する基本姿勢であろう。霊的な生活様式は、他の二つの生活様式と共通するものはない。「それは、愛と不動心の翼に包まれて、禁じられていることは何も行わず、悪による怠惰をも避けて、〔肉的・心的生活様式〕両者を越えて上昇する」（Ⅱ・四）とされる。

他方、上述の「修行的」「自然的」「神智的」というエウァグリオス―マクシモス的な段階図式、あるいはディオニュシオスに由来する「浄化的」「照明的」「神秘的」という段階区分は、「霊的生活」の内部において成立する段階区分として位置づけることができる。

（b）「孤独で世を越える生活形態」と共住修道院

ニケタスは、人間の生活形態について、さらに別の角度からも区分を与えている（Ⅲ・四五）。その一つは、「社会的で世の内にある」生活形態であり、他は「孤独で世を越える」生活形態である。ニケタスは、「霊的生活」が成立する「場」を、「社会的で世の内にある生活形態」と対比される意味での「孤独で世を越える生活形態」として位置づけようとしている、と言うことができよう。

しかしここで、我々は「孤独で世を越える生活形態」についてのニケタスに固有な思想を考慮しなければならない。ニケタスは、徳の達成のために、砂漠への隠棲、つまり物理的な文字通りの意味での孤独、すなわち隠修士としての生活に固執する人々に反対して、徳の状態の達成は砂漠への隠棲という外的条件に依存しない、と主張する（Ⅰ・七二）。そして、共住生活は、一人で生きることより安全である（Ⅰ・七七）、というバシレイオス以来の伝統的見解に従い、共住修道院の意義を強調する。ニケタスは、霊的な闘いは初心者が単独でなしうるものではなく、指導者が必要であることを強調する（Ⅰ・七三、Ⅱ・一〇）。魂の指導は医術以上の専門的知識と手練とを要する（Ⅱ・一一）からである。そして、ニケタスはその師父との霊的親子関係の意義を強調し（Ⅱ・五三）、霊的な父への従順（Ⅱ・五四）を求める。では、「孤独」はどこに成立するのであろうか。それは、内面的な意味における「孤独」である。ニケタスは言う。

「己れの欲望の放棄という砂漠に居を定め、世から離れなさい。どんな世からか？　それは目の肉欲の、あなたの肉〔的な自己〕（ヨハネ第一書簡二・一六参照）の、あなた自身の思念についての僭越の、可視的な事物の虚偽の世である。あなたがこの世から離れるならば、光があなたに見えはじめ、あなたは、神の中にある生命を見、あなたの魂の薬、すなわち涙がすみやかに湧き出るであろう。あなたは「いと高き神の右の御手」（詩篇七七・一〇）によってもたらされる変化を経験するだろう。そして、その時から、情念の「災難」

は「あなたの天幕に近づくことがない」（詩篇九一・一〇）。このようにして、世のうちにあって人々の間で生きても、あなたは砂漠に住み、誰とも会わない人間と同じように生きるだろう」（Ⅰ・七五）。

ここでは、次節で詳しく検討する霊的生活の各段階が鳥瞰されている、と言ってよい。つまり、ニケタスにとって、内面的にそうした霊的生活の諸段階へと立ち入ることが、そのまま「孤独で世を越える生活」を意味していたのである。たとえ霊的な師父の指導のもとに、修友との共同体的な生活の直中にあったとしても、である。

(2) ニケタス霊性論の基本構造——霊的生活における三つの段階

先述の「修行的」「自然的」「神智的」というエウァグリオス的な段階図式と、擬ディオニュシオスに由来する「浄化的」「照明的」「神秘的」という段階区分とは、「霊的生活」の内部において成立する段階区分であり、ニケタスにあって、両区分はほぼ同義のものとして対応している、と見てよい。そのいずれの区分においても、ニケタスはそのそれぞれを初歩者、中間的段階の者、完成段階の者に対応させているからである（Ⅰ・三八、三九、Ⅲ・四二）。

ただし、ディオニュシオス的な区分はそれ自体が第三部において展開されており、それぞれの段階を「神秘的」もしくは「神智的」な位相から捉えているのに対して、エウァグリオス的な段階図式は主として第一部で展開されており、各段階を修徳的な位相から、具体的に描写しているものと考えられる。ここで、第一部の修徳論の場面において、ニケタスは、霊的な道における三つの段階のそれぞれを、人間にとって「最も一般的な情念」である「肉欲 philēdonia」「金銭欲 philarguria」「名誉欲 philodoxia」との闘いに対応づけている点に予め注意を喚起しておきたい（Ⅰ・三八）。

ニケタスは、同じ一つの段階にある人間について、修徳的な位相からの記述と、神秘的もしくは神智的位相からの記述とを与えていることになる。無論、「我々にとって分明なことがら」は、修徳論における記述の方である。修徳論の記述においては、修道者にとっての具体的な課題や実践が描写されるのに対して、神智的位相からの叙述は、プラトン中期対話篇におけるミュートスにも比せられるような、霊的世界内部における魂の位置づけに関する隠喩的な表現形態が前面に出るからである。

ここで、我々は、各段階における両位相の記述を対応づけることにより、ある修徳的な位相における事柄が、神秘的、神智的位相において持つ意味を明らかにできるのではないか、との方法的見通しを持つことができる。以下、その見通しにもとづいて、霊的生活の各段階についてのニケタスの叙述を概観することとしたい。

(a) 初歩者

ニケタスは、修徳論の文脈における「修業」の段階にある者、つまり霊的生活の初歩者に対して、主として身体的な苦行による肉欲の克服を要求している（Ⅰ・四〇、四三）。具体的には「断食、地面で眠ること、徹夜、夜中の長い祈り」を通して肉を弱らせ、地獄の苦痛と死とを黙想することによって、「魂を打ち砕く」ことを求める（Ⅰ・四〇）。そして、「回心の涙」と自制とを通して肉欲を克服することにより、次の段階に進むものとされる（Ⅰ・四三）。この同じ霊的な闘いの初歩者は、ディオニュシオス的枠組みでは「浄化的な段階」に属するものとされる（Ⅲ・四二）。

この「初歩者」を特徴づける「修業」もしくは「浄化」の段階は、一見、いわば「行」としての修行者による自発的訓練の側面が前面に出ているように思われるかもしれない。しかし、ニケタスはこの「初歩者」においても、西方キリスト教の伝統において「聖霊の先行的恩恵 gratia praeveniens」と呼ばれているもの[14]を見ている点に注意を払う必要がある。つまり、彼はこの「浄化的段階」そのものを『コロサイ書簡』（三・一〇）で示唆されている「聖霊によって一新された自己の授与」として位置づけているからである。ニケタスにあっては、禁欲的実践に向けての修道者の自発的な意欲そのものが、先行する聖霊の恩恵に対する「応答」として位置づけられている、と言うことができよう。

またニケタスは、修行者に対してこの「初歩」の段階に留まり続けることのないように警告している。自己目的化した身体的禁欲、苦行は不毛だからである（Ⅱ・八三、八四）。修道者には、この初歩の「修道的な実践」、つまり「修行的」もしくは「浄化的」な段階にいつまでも留まるのではなく、これを踏み越えて、「創造された存在の本質の観想」、すなわち次の「自然的」もしくは「照明的」段階へ、さらには「神的なロゴスについての神秘的な神学」、すなわち「神智的」もしくは「神秘的」段階へと進歩する意欲が要求されている。ニケタスは、そうした進歩への志向を欠いた修道者に対しては、飽くことなき野心に駆り立てられている世俗的な人間にさえ劣る、と叱責している（Ⅱ・八五）。

（b）中間的な段階　ニケタスは、続く霊的生活の中間段階を、修徳論の位相からは、信仰によって金銭欲（貪欲）を克服し、事物の内的な本質についての観想に達する段階として特徴づけている（Ⅰ・四一、四四）。

「霊的な道の初期の中間点に踏み込んだ者は、第一の不動心 prōtē apatheia という海綿によって、肉欲の霊に対する汗を拭われる。今や目が開かれ、事物の内的な本性を認め始め、不信仰な金銭欲の霊に対して信仰の武器を取るようになる。神的な事物を学ぶことを通して知性を高め、創造された世界の内的な本質について理性を掻き立て、それらの真の本性を明確に解き明かす。信仰の中で、魂を可視的なものから不可視のものの高みへと導き、無からその業であるすべての事物に存在をもたらした神の配慮に信頼し、あらゆる希望を神における生命へと向ける」（Ⅰ・四一）。

ここで、解説を要するのは「第一の不動心 prōtē apatheia」という一句である。ニケタスは「不動心」に二つの段階の区別を設けている（Ⅰ・八九）。第一の種類の不動心は、修行者が「愛智」すなわち修業的実践に熟達したとき生じるものであり、おきてを実践する彼らの労苦の結果、「情念を抑制し、肉〔的な自己〕の衝動を不活性化する。同時に、魂の力を本性と一致するように動かし、知性を神的な事物についての意識的な瞑想へと回復させる」ものとされる。つまり「第一の不動心」とは、先行する「修行的」「浄化的」な段階の実践の結実として与えられ、修行者を情念から守り、後続する「自然的」もしくは「照明的」段階における事物の観想の支えとなるような「不動心」のことである。

これに対して、第二の種類のより完全な不動心は、修行者が、自然的な事物についての観想に着手するとき、彼らのうちに知恵とともに生じるものとされる。つまり、第二段階の不動心は、「自然的」「照明的」段階の結実として与えられ、さらに完全な段階の前提となる、より完全な「不動心」である。この不動心は、思念に英知的な静寂、知性的な平和の状態をもたらし、知性を最高度に「預言的」かつ「予知的」な状態にする、という。「預言的」というのは、神的な事柄、天上的な現実に対する洞察、神の神秘の啓示に関わることである。「予知的」というのは、遠い将来に起こるべく予定された人間的な事柄に関わる。「不動心」という語はストア派を連想させるが、古くから東方的霊性における伝統的な重要概念となっている。ここで指摘しておく必要があるのは、ニケタスは、パウロの『コリント第一書簡』（一二・一一）を典拠として、第一の不動心を通して、聖霊は制御し支え、第二のものを通して、永遠の生命の自由を分配する、として、これら不動心の両方の形態において同じ一つの聖霊が働いている、と指摘している点である。つまりこの「不動心」という概念は、ニケタスによれば、霊的生活における中間点へ、また、これを越えてより進んだ段階への進歩を特徴づけるものとされつつ、見かけ上のストア的イメージとは異なって、明確に聖霊の働きとされているのである。

この「第一の不動心へと進歩した人々」、つまり霊的生活における中間の段階にある人々は、ディオニュシオス的な枠組みにおいては「照明的な段階」に属する（Ⅲ・四三）。

(c)　完成に至る段階

ニケタスによれば、名誉欲との闘いは、完成に至る「神智的段階」にまで持ち越されている。つまり、名誉欲はこの段階に至るまで人間を支配しているのである。ニケタスは、「修行的」段階において一定の成果を収めた修行者が、自らの徳を誇る慢心を強く戒めている（Ⅰ・四八、四九）。ニケタスは、そうした慢心への戒めとして、神はしばしば摂理的に人を見放す、と指摘（Ⅰ・四七）し、「それを促すのが人間であるのか悪霊であるのかに関係なく、我々に不首尾をもたらすすべてのことは、我々の魂の虚しい自惚れを謙虚にさせるための摂理に従った、神の正しい判断を通して起こる」（Ⅰ・五五）と言う。他方、ニケタスは「邪悪の深みに落ち、たとえ地獄の最も深いところに手が届きそうなところにまで達したとしても、あなたは再起を絶望してはならない」（Ⅰ・五四）と励まし、神に見捨てられた体験から謙遜を学ぶよう促している（Ⅰ・五三）。その上で、ニケタスは「神智的段階」を次のように特徴づけている（Ⅰ・四二、四五）。

「観想と不動心を通して霊的な旅路の中間地点を通過し、地上の感覚的知覚の欺瞞を超越した者は、次に霊的な知識の意識と位格となられた神の知恵によって導かれ、神学の神的な暗闇に立ち入る。内的謙遜の力によって名誉欲に対抗する武器を帯びるのは、この地点においてである。魂は神聖な啓示によって打ち砕かれた心 katanyxis を受け、痛みもなく、涙を流し出す。魂は、その思いを人間的な弱点の追憶の中に投げ込み、神的な知識の思惟によって高められる」（Ⅰ・四二）。

「不動心と内的謙遜とによって翼を帯び、神の霊によって鼓吹されて、我々は神秘的な神学の領域、神の神秘についての知識の深淵に立ち入る。今や我々は、名誉欲の霊を神的な思念と教理の電光によって焼き尽くす。涙を流し、打ち砕かれた心で満たされ、我々は人間的な事物の最終目標を知覚し、自負心、虚栄、そして傲慢を通して我々を攻撃する、かの霊の手下どもを追い散らす」（Ⅰ・四五）。

ここで、我々はニケタスの「謙遜」についての思想を理解しなければならない。彼は、広義の謙遜に、「謙遜に話すこと tapeinologia」、「謙遜に行動すること tapeinōsis」、「内的に謙遜であること tapeinophrosynē」という区別を設ける（Ⅱ・二五）。無論、後のものほど、より完全な、優れたものである（Ⅱ・二七、二八）。前二者は、苦行と外的な徳の労苦とを通して達することができる、とされる。なぜならば、「これらの性質は身体上の努力と訓練以上のものを必要としないからである」。これに対して、「内的な謙遜は、高められた神的なものであって、霊的な道の中心点を通り過ぎた人々だけに、聖霊の内住を通して贈与される」という（Ⅱ・二五）。

また、ニケタスは、「外面的な外見と服装において、また、話し方において謙遜であるように見える人が、こころにおいても実際に謙遜である、と直ちに決め込んではならない」（Ⅱ・二九）と警告する。「表面上卑屈で謙遜な仕方で、会う人すべてと話しているが、内的には、人間の賞賛を追求し、自負心、狡猾さ、悪意、恨みで満たされている」（Ⅱ・三二）ような人がいるからである。

他方、ニケタスは、「ある人が表面的には知恵の尊大な言葉で正義のために戦っており、神の法についての誤りまたは違反に対して明確な態度を打ち出して、真理だけに目を向けているが、内面では、彼は全く穏やかで、謙遜で、隣人を愛しているのを見ることもある」（Ⅱ・三二）と指摘している。つまり、正義のための言論における一見尊大な攻撃性は、必ずしも真の謙遜と矛盾しない、というわけである。この点は、後述する霊的完成者における宣教的使命との関係で重要な意味をもつので、ここで予め注意を喚起しておく。

では、外見、言葉、行動によっては知ることのできない「真の謙遜」の基準はどこにあるのか。ニケタスは、その基準を、『ガラテヤ書簡』第五章に枚挙されている「聖霊の果実」にもとづいた霊の識別に求めている。

「聖霊の果実は、愛、喜び、平和、善意、寛容、親切、信仰、柔和、節制である（ガラテヤ書簡五・二二―二三）。反対の霊の果実は、憎悪、世俗的な失望、魂の落ち着きのなさ、煩わせられたこころ、狡猾さ、詮索好き、怠慢、怒り、不信仰、嫉妬、大食、酩酊、罵倒、あら捜し、目の欲（ヨハネ第一書簡二・一六）、高慢、魂の自惚れである。これらの果実によってあなたは木を知る（マタイ福音書一一・三三）。この方法によって、あなたは総じてあなたが扱わなければならない霊の種類を認識するだろう」（Ⅱ・三〇）。

つまり、ニケタスは、霊的生活の最終的完成を特徴づける真の謙遜は聖霊による賜物であるとし、その識別基準を、聖書に遡り、聖霊の臨在そのものに求めているのである。

霊的生活の最終段階についてのニケタスの記述において、もう一点注目すべきなのは、「涙」の意義である。ニケタスが、師シメオンに従い、その霊性論において涙に大きな意味を見いだしている点は、すでに指摘されている。[15] ニケタスは「涙」に「回心 metanoia の涙」と「打ち砕かれた心 katanyxis の涙」とを区別している（I・六九、七〇）。[16]

回心の涙とは、「こころの英知的な知覚において、刺すような感覚と苦痛とをもたらす」ような涙の流れである、と特徴づけられている。「回心を通して我々が罪の毒と汚れとから自らを浄化する過程にあり、神的な火によって燃えたって」「我々の良心がそれに襲われて、こころの苦悩にあるとき、我々は英知的にも、感覚的にも、この刺すような感覚と苦痛とを知覚する」（I・六九）。回心の涙は「罪のすべての要塞を一掃する洪水のときの川のようなもの」（I・七〇）、本性に反する肉の罪の業からの回復をもたらす涙（I・六四）であり、「浄化」の段階にある初歩者における霊的な闘いにおいて流されるものである。

これに対して、ニケタスは「打ち砕かれた心からの涙」を「喜びと歓喜との感覚を誘発する」ものとして特徴づける。すでに我々が回心の涙によって十分清められ、「我々が情念からの解放に達したとき、我々のこころは神的な聖霊によって一新されて純粋で穏やかとなり、我々は、喜びをもたらす打ち砕かれた心からの涙によって、名状しがたい喜悦と甘美さとで満たされる」（I・六九）という。その涙は、「魂にとって、畑の雨や雪のようなものであり、魂に霊的な知識の豊富な収穫を生み出させる」（I・七〇）とされる。

上述の、完成された段階に至った者が「痛みもなく」流す涙は、この後者の「打ち砕かれた心」からの涙である。この涙は「甘美な」ものであり、回心の涙とも、さらには、たとえば愛する人との死別の際に流されるような自然的な悲しみによる涙とも異質なものである（Ⅱ・四五）、とされている。ここで、「打ち砕かれた心」と訳した「katanyxis」は訳しにくい語であるが、単語そのものの意味としては、一定の「痛み」を含意している、と言える。[17] にもかかわらず、ニケタスは、この涙を「喜びと歓喜との感覚を誘発」し、「名状しがたい喜悦と甘美さとで満たす」ようなものとして特徴づけている点に逆説的な問題性がある。ここで、ニケタスにあって、「内的謙遜」と「打ち砕かれた心」とは密接不可分な関係にあるものとされている（Ⅱ・四六）点に注意を払うべきであろう。

これは、（Ⅱ・二四）でニケタスが引用する『詩篇』（五一・一九、七十人訳）の「神の求めるいけにえは打ち砕かれた霊 pneuma syntetrimmenon。打ち砕かれ謙遜にされた心 kardia syntetrimmenē kai tetapeinomenē を神よ、あなたは侮られません」という言葉に対応しているように思われる。筆者が敢えて「katanyxis」という語に「打ち砕かれた心」という訳語を与えるのはそのためである。「katanyxis」は、完全な内的謙遜、いわば「存在論的」レベルにおける「無化」を含意するとともに、それゆえにこそ逆説的に修道者に「慰めの涙」を与えるのである。

以上でその意味を解明したところの、聖霊の果実に伴われた真の内的謙遜と、打ち砕かれた心からの涙とによって、人間を支配する最後の情念である名誉欲から完全に解放された人が、ディオニュシオス的枠組みにおいて、「キリストの満ちあふれる豊かさになるまで、成長」（エフェソ書簡四・一三）した人として「神秘的な、完成に至る段階」に属するものとされる（Ⅲ・四四）。

（d）観想と宣教――霊的完成者の使命

そのような段階に達した者は、一方で、観想の高み、すなわち「神学の第三の天に捉えられ、感覚的世界によってまだ支配される者には聞くことが許されない言語に絶する事物を聞き（コリント第二書簡一二・四）、ことばに言い表せない祝福、「目が見もせず、耳が聞きもしなかったこと」（コリント第一書簡二・九）」を経験するものとされる。

しかし同時に彼については、「神の神秘の奉仕者となり（コリント第一書簡四・一）、神の口となって、言葉を通して、他の人々にこれらの神秘を分与する奉仕に努める。そして、このことのうちに、彼は祝福された完成を見いだす。彼は、今や完全な神において完成され、ケルビムとセラフィムの最高の天使の力と共に、他の神学者の一団と結びつけられる。そして彼らの内に知恵と霊的な知識のロゴスが住まう」（Ⅲ・四四）、とも言われている。つまり、ここでニケタスが「パウロの再来」と呼ぶ、霊的生活の最終段階に達した人は、最高度の観想の高みに達すると同時に、他者のための宣教的な使命を帯びるものとされ、ここにニケタスは霊的生活全体の「最終目的」を見ているのである。この点に関連して、ニケタスは次の詩篇を再三にわたり引用・参照している（Ⅰ・一、Ⅱ・七、六六、Ⅲ・五八）。

「わたしの神よ、御旨を行うことをわたしは望み、あなたの教えを胸に刻み、大いなる集会で正しく良い知らせを伝え、決して唇を閉じません。主よ、あなたはそれをご存じです」（詩篇四〇・九―一〇）。

ニケタスは、上述の修徳と神化の道とを極めた人間には、義務（Ⅰ・一、Ⅱ・六六、Ⅲ・五八）として教会における宣教の使命が与えられ、霊的生活全体の目的はそこにある、と考えていた。先に注意を喚起したごとく、ニケタスは、霊的な完成者がその宣教的使命を果たす際に示す、正義のための一見尊大で攻撃的な言辞は、必ずしも真の謙遜と矛盾しない、と指摘していた（Ⅱ・三二）。ニケタスは、そのような霊的権威にもとづく宣教的使命を果たす者は、反対者の嫉妬による抵抗を恐れてはならない（Ⅲ・五七、五八）、と主張する。その上で、「嫉妬に飲みつくされた人々」に対する批判に数断章を費やしている（Ⅲ・六三―六七）。

ニケタスのそうした姿勢の背後には、あるいは師シメオンと、その反対者のことが念頭にあったのかもしれない。しかしむしろ、「ステタトス sthethatos＝勇敢な」という綽名の由来と言われる、不義と見れば皇帝に対する批判も敢えて公言して憚らなかった彼自身の生き方の内に、その宣教的使命に対する証を見るべきであろう。(18)

六　結　語

以上概観してきたニケタスの霊性論を締めくくることにより、本章で展開してきた東方的修道霊性全体についての概観をも締めくくることができるように思われる。

ニケタスも、霊的生活の進歩に明確な「段階」を認める東方的な霊性の特色を示していたが、彼はそれまでの段階理論に関する伝統を総合していた。すなわち彼は、霊的な生活における、初歩者、中間的段階、完成段階という歩みにおいて、エウァグリオスおよびクリマクスによる段階図式のもとに描かれた「肉欲」「金銭欲」「名誉欲」の克服を意味する「修行的」「自然的」「神智的」という修徳的な位相における歩みと、擬ディオニュシオスによる「浄化」「照明」「神秘」というそれ自体「神智的」にして「神秘的」な意味をもつ歩みとが同時進行的に展開しているものと見ていることが明らかになった。

修徳的な位相における「肉欲」「金銭欲」「名誉欲」の克服は、人間の魂がその自然本性に従ったあり方へ、その内的統合性へと回復してゆく道程を意味する。それは、古典ギリシア以来の四元徳、プラトンの『国家』篇に遡る「魂の三部分」における調和的秩序の回復である（Ⅰ・一二、一三）。ここに第二章で触れた「パイデイア思想」の伝統が脈々と生き続けていることが見て取れる。と同時に、ニケタスはこの同じ道程を人間の「神化」の道程とも同一視している（Ⅲ・三二）。つまり、「哲学（愛智 philosophia）」と修道生活における修行とが連続的なものとして捉えられていた。

このように、ニケタスにあって、人間の自然本性の回復と、その霊的完成ないしは神化とが一体の関係をなすものと考えられていた点は、本章でマクシモスにおいて指摘した東方的霊性の特徴を示すものと言うことができる。

さらに我々はここで、そのそれぞれの段階場面において「聖霊」の働きが示唆されていた点にも注意を払うべきであろう。「初歩者」を特徴づける「修行」もしくは「浄化」の成立も「聖霊によって一新された自己の授与」として位置づけられていた。また、中間的段階、さらには完成された段階への進歩の基準とされていた「不動心」も聖霊の働きによるものとされていた。そして、完成された段階を特徴づける内的な謙遜は恩恵の賜物であり、聖霊の果実が基準とされていたのである。

以上から、ニケタスの霊性論、そしてそこから窺われる東方的修道霊性の伝統において、自然本性の回復と神化とが、段階的に区別をされることなく一体化されて理解されていながらも、その道程の全体は、聖霊の側からの先行的な恩恵に導かれている、という構造となっていたことが明らかになったと思われる。

（1）　この概観は、ブイエによるところが大きい。

Louis Bouyer, *Histoire de la spiritualité chrétienne* vol. 1.（L・ブイエ著『キリスト教神秘思想史一』上智大学中世思想研究所訳・監修）

（2）エウァグリオスの重要性についての注目と本格的研究は、二〇世紀後半に緒に着いたばかりである。以下の概観はブイエ前掲書三四三頁以下による。

（3）Pseudo-Dyonysius Areopagita, *De coelesti hierarchia* III, 1, PG. 3 164D.（擬ディオニュシオス・アレオパギテース『天上位階論』、今義博訳『中世思想原典集成』第三巻「後期ギリシア教父・ビザンティン思想」所収、三八七頁）

（4）今義博『神秘神学』解説（『中世思想原典集成』第三巻「後期ギリシア教父・ビザンティン思想」所収、四四四頁）

（5）ここでのマクシモスの神化論についての概観は、以下の谷隆一郎氏による簡潔にして要を得た解説に負っている。谷隆一郎「エイコーンとホモイオーシス——証聖者マクシモスにおける神への道行き」（東方キリスト教学会編『エイコーン』第三二号、一五—三一頁、二〇〇五年）

（6）Maximus Confessor, *Ambigua*, 1072B.

（7）*ibid*. 1361A.

（8）*ibid*. 1116B.

（9）*ibid*. 1164D.

（10）*Philokalia tôn ierôn neptikôn*, Tom. 3 (p. 271-355).

以下、『フィロカリア』におけるニケタスの断章からの引証は本文中において行う。また、それぞれの断章については以下の表記法をもって参照することとする。例「第一部第一断章」→「I・一」

（11）エウァグリオス・ポンティコス『修行論』第一章（『中世思想原典集成』第三巻所収。三八頁）。

（12）『フィロカリア』原典、Tom. 2, p. 68, p. 98、英訳、vol. 2, p. 64, 90.

（13）『フィロカリア』英訳、*The Philokalia: the complete text*/ compiled by St. Nikodimos of the Holy Mountain and St. Makarios of Corinth; translated from the Greek and edited by G. E. H. Palmer, Philip Sherrard, Kallistos Ware; with the assistance of the Holy Transfiguration Monastery (Brookline)...[et al.]. vol. 4, p. 76-78 における Introductory Note.
G. E. H. Palmer, Philip Sherrard, Kallistos Ware の三名のうちのいずれが執筆したかは、不詳。

(14) Augustinus, *De natura et gratia*, ch. 31, PL44, 264, Thomas Aquinas, *Summa Theologiae* I-II q. 111 a. 3 参照。

(15) 『フィロカリア』英訳、vol. 4, Introductory Note. p. 77-78.

新神学者シメオンにおける涙（水）の意義については、大森正樹「新神学者シメオンとその神秘体験」（『エイコーン』第二八号所収、二〇〇三年）参照。

(16) この区別は、ヨアンネス・クリマクスに倣ったもの、という。『楽園の梯子』第七講話以下。『フィロカリア』英訳、vol. 4 Introductory Note p. 77. 参照。

(17) 『フィロカリア』の英訳では「compunction」と訳されている。Liddell & Scott は、「一」として「stupefaction/bewilderment」、「二」として「contrition」という訳語を与えており、もととなる動詞形の「katanyssō」には、「to be sorely pricked」という訳語を与えている。

(18) 一〇四〇年代前半頃、ニケタスは皇帝コンスタンティノス九世の許されざる女性関係に対して、公けに批判した、と言われている。

『フィロカリア』英訳、vol. 4, Introductory Note. p. 76.

第二部　西方キリスト教世界における修道生活の展開

第二部においては、托鉢修道会の成立に至るまでの西方キリスト教世界における修道生活の展開を概観する。まず、第四章においては、西方キリスト教世界における修道生活の展開を、アウグスティヌスから律修参事会にまで及ぶ「聖職者による修道生活」の伝統と「ベネディクト型の修道院」の伝統という二つの系譜に整理してその通史的概観を試みる。

次いで第五章においては、視点を托鉢修道会成立の前夜である一一、一二世紀に起こった宗教的運動に絞り、そこで展開された「隠修士」への志向の意味を、特にこれを支配した「使徒的生活」の理念の意味を中心に明らかにする。

さらに第六章においては、托鉢修道会そのものの成立およびその意義について概観する。

第四章　西方修道制における二つの伝統

一　はじめに

修道生活は東方キリスト教世界に成立し、その当初においては一般信徒の運動であった。東方ではおそらくそうした起源における修道制のあり方についての記憶を引き継いで、修道者と教会との間には一定の断絶を見る傾向があったと言われている。具体的には修道士は宣教活動などを行うべきではないという思想があり、そうした考え方はヒエロニュムスらによって西方にも伝えられ、一定の影響力を示してはいた[1]。これに対して西方の修道制を特徴づけるものは「聖職者の修道生活」という方向である。中世盛期における托鉢修道会の成立までに至る西方修道制の歴史は二つの伝統が相互に絡み合いながら発展した、と見ることができる。すなわち、アウグスティヌスらによって創始され、後に「律修参事会」という形態へと発展する「聖職者による修道生活」の伝統と、東方から伝えられ、ヌルシアのベネディクトゥスにおいてその西欧的な形態が確立する古典的な意味での修道院の伝統という二つの方向がそれである。ただし、西欧においてはこれら二つの伝統は相互に絡み合い、融合しながら発展している。

ところで上述二つの伝統、すなわち、アウグスティヌス以来の「聖職者による修道生活」も「ベネディクト型の修道院」も、共に兄弟たちの共同生活を基本としているという点で基本的には共住修道制の枠内にある、と言ってよい。しかし、修道制成立の端緒は「砂漠の師父」アントニオスに見られるような独住の隠修士であった(2)。そして西方世界においても、修道制はその出発点にある隠修士の伝統を決して忘れることはなかった。

アンブロシウスらの証言によれば、彼の時代にはイタリア沿岸の島々に隠修士の集落があったと言う(3)。東方の隠修士が生活した場である「砂漠」は西方世界には存在しなかったが、彼らは砂漠の代わりに孤独な島に隠棲することにより、隠遁生活のための新たな場を求めたのである。こうした中世初期における隠修士の存在は散発的な現象と言える。しかし、特にヨハンネス・カッシアヌスの著作(4)を通して、隠修士の生活は修道制の最高形態であるとみなす伝統が伝えられてきた。すなわち、隠修生活はより一層の孤独、より一層の祈り、より一層の離脱を追求する生活様式と考えられていた。このようにして東方以来の「隠修士」への志向は、西方修道制においても伏流のように流れ続けていた。やがて後世、特に一一世紀になって西欧全土で本格的な隠修士への志向が沸き起こり、それが「聖職者による修道生活」の伝統、ベネディクト型の修道院の伝統の両者に大きな影響を与え、これに続く時代における托鉢修道会への動きを準備することとなる。

本章では、「聖職者による修道生活」とベネディクト型の修道院という西方修道制における二つの伝統が中世盛期までに辿った展開について通史的概観を与えるとともに、そのそれぞれの流れに対する隠修士的志向の影響を指摘することを目的とする。

二　「聖職者による修道生活」とアウグスティヌス

(1)　先駆者たち

「聖職者による修道生活」の伝統を確立した人物としては、誰をおいてもアウグスティヌス（三五四―四三〇年）の名を挙げなければならない。しかし、彼の事績には先例がなかったわけではない。この時代、少なくとも西方教会においては司祭に対して修徳的な禁欲と独身生活とを期待する傾向が生じていた。無論当時は、後世のローマ・カトリック教会におけるように、これを義務として司祭に課するような法的な規定は存在しなかったが、そうした傾向を先駆的に実行に移した人々は存在した。教会史上初めて聖職者修道院を形成した人物としては、ヴェルチェリの司教エウセビウス（三〇〇頃―七一年）が知られている。彼は、自分の司教座教会の聖職者たちとともに修徳的な共同生活を営むことにより、司祭としての生き方と修道士的生き方とを結びつけた。さらにミラノおよびその周辺には司教アンブロシウス（三三九頃―九七年）の影響下に複数の修道院が建てられ、修道制の重要な中心地の一つとなったと言う。さらには、ノラのパウリヌス（三五三／五四―四三一年）、ルーアンのウィクトリキウス（三三〇頃―四〇九年以前）も類似の試みをなしている。[5] しかし、後世への影響という点で、アウグスティヌスこそが「聖職者の修道生活」という新しい修道スタイルの確立者と呼ばれるにふさわしい。そして、以後の西方キリスト教世界における修道制の歴史は、このアウグスティヌスが示した路線、すなわち「修道的聖職者」と、東方以来の「修道士」との伝統とが相互に絡み合う形で発展した、と見ることができる。

(2) アウグスティヌスの修道的実践

アウグスティヌスが『アントニオス伝』から強い感銘を受け、回心の当初から修道生活に深い憧憬を抱いていたことはよく知られている。[6] アントニオスについては第一章で紹介したが、彼は三世紀後半のエジプトに出現した独住の隠修士を代表する人物であり、砂漠に退いて厳しい禁欲生活を行ったことで知られている。一般にアントニオスをはじめとする東方的隠修士の生き方は、「社会における少数派としてのキリスト教」の厳格な伝統に属するものとして理解されている。これに対して、西方的な神学の枠組みを決定的に方向づけたアウグスティヌスの神学思想は、司教として教会における共同体的な一致を強調する方向を示すべく、ドナトゥス派やペラギウス派のような「社会における少数派としてのキリスト教」のあり方を固守しようとする異端との対決を通して形成されたものであったことは第一部第二章で見たとおりである。しかし、一個人としてのアウグスティヌスは、終始修道生活への——ただし、おそらくは東方的伝統とは異なった形での——深い傾倒を示していたのである。

まず、彼は回心(三八六年)の直後から受洗の時(三八七年)までカッシキアクムの地において親しい同志とともに共同生活を営んだ。この共同生活は厳密な意味での修道生活ではなかったが、アウグスティヌスの修道生活への志向の現れであり、また、アウグスティヌス的な修道生活の方向——学問研究と祈りとの結びつき——を示すものであった。

三八七年秋から九か月間滞在したローマで、アウグスティヌスは男女修道院を訪れ、その生活の実態に触れている。その後彼はタガステの地で自ら修道的な共同生活を試みるに至る。そこでの生活はパコミオスとバシレイオスによる東方的な修道霊性を模範としていたが、聖書および神学の研究と修道霊性とを一致させようとする点で、アウグスティヌスのオリジナルな構想への志向が見られる。タガステにおいてアウグスティヌスと共に修道的生活を体験した兄弟たちは一般信徒であったが、後に彼らの中から多くの司教、司祭を輩出することとなる。こうした点から、タガステにおける修道的共同体は現代的な感覚からは「神学院」に近い性格のものであった、と見ることも出来よう。

アウグスティヌス自身の修道生活への強い思いにも関わらず、彼はヒッポ司教ヴァレリウスと信徒たちからとの強い要請によってヒッポに移り、三九一年には司祭に、さらに三九六年にはヒッポの補佐司教に叙階され、教会行政と司牧とに責任を負うことになる。これは彼自身が望んだことではなかったが、彼は従順にそれを受けた。このことはアウグスティヌスの人生計画に根本的な変更をもたらすものであったが、それでも彼は修道的生活形態を追求し、自らの司教館に所属する聖職者たちと共に、福音的勧告に従った使徒的清貧・貞潔・従順にもとづく共同体的な生活を実践した。このようにしてアウグスティヌスは、司祭（さらには司教）としての生活と修道生活とを結びつける生き方、すなわち「聖職者の修道生活」という新しい修道スタイルを切り開いたのである。(7)

（3）『アウグスティヌスの修道規則』

『アウグスティヌスの修道規則』と呼ばれる一連の著作群は、彼が切り開いたこうした「聖職者の修道生活」の伝統において、後世になってから、すなわち後述する修道生活を送る聖職者集団である律修参事会や、ドミニコ会のような修道司祭の共同体によって修道規則として採用され、その指針を示すものとなる。しかし、この名で呼ばれる著作群は、文献学的には込み入った議論の的となっている。(8)

『第一の規則』と呼ばれるものは、アウグスティヌス的な精神を伝えるものとは言い得たとしても彼自身の作ではなく、おそらくは七世紀にスペインでまとめられたものである。『第二の規則（修道院の秩序について）』

(*Regula secunda*〔*De ordine monasterii*〕)と呼ばれるものは、アウグスティヌス当人ではないとしても少なくとも彼の同時代人――一説にはアリュピウス――の作と言われるが、それ自体は短いもので『第三の規則』(*Regula tertia* または『神の僕たちへの規則』〔*Regula ad servos Dei*〕)に付けられた序文的な文書である、とされている。『第三の規則』とは、アウグスティヌスが、女子修道院を創設した彼の妹の後継者となった院長宛てに書いた『書簡二一一』と内容的に重なり、一説にはこの書簡を男子修道院に応用したものと考えられている。この『第三の規則』の内容は、編集は施されているとしてもアウグスティヌス自身による言葉であると認められている。後述する律修参事会の発展の時期に特に流布し、その指針とされたのは多くの場合この『第三の規則』である。

(4) グレゴリウス時代における教会構成員の分化

西ローマ帝国はゲルマン民族大移動の結果崩壊し、新たに築かれたゲルマン諸族の国々では、六世紀末から八世紀中葉にかけての間にキリスト教化が進んでゆき、西方世界に「中世ヨーロッパ社会」が形成される。「大教皇」の呼称で呼ばれるグレゴリウス一世(在位五九〇―六〇四年)は、西方中世のキリスト教が進む方向を決定づけた人物として知られている。さまざまな身分の人々に接した経験をもち、その多様な境遇を理解することができたグレゴリウスは偉大な司牧者であり、彼の著作は生活形態の如何を問わずあらゆる人々に向けられているが、彼は、事実上キリスト教会の構成員を「一般信徒」「聖職者」「修道者」という三つの種類に区別している。その相違はもっぱら彼らの「職務」の違いにある、とされる。しかしそれらはどれも同一の愛のためにあるのであり、この愛が、教会を「一致する多様 concors diversitas」にしている、と考えられている。(9)

しかしながら、この時代においては未だ「一般信徒」「聖職者」「修道者」といった区別が「身分」として明確に区別されていたわけではない。特に、「聖職者」と「修道者」との区別は曖昧であった。この傾向は西方世界ではその後の時代にまで続く。「聖職者」と「修道者」との区別が不分明となる要因として「修道者の聖職者化」という事情が挙げられる。先述の通り、修道生活はその東方的起源においては信徒の運動として始まったが、特に西方世界において修道士たちは「聖職者化」の道を歩んだ。

その第一の理由として、いかなる教会的な共同体においても秘跡、とりわけ聖体の秘跡を授けるためには司祭が必要とされたことが挙げられる。初期修道制においては、東方でも西方でも悔悛に関しては教会の司祭によるよりはむしろ自らの「師父」、すなわち霊的に完全とみなされる修道士によって赦しを受けるべきものとされていた。しかし、聖体拝領を行うためには、司祭の存在は不可欠であった。そのため、当初の修道院は原則的には信徒だけから成っていたとしても、共同体に司祭を受け入れるか、あるいは内部の修道士が叙階されるかして、修道院内に一人ないしそれ以上の司祭が置かれるようになった、と言われる。

第二の理由として、特に西方世界では古代末期以降中世全般を通じて修道院は教会の宣教・司牧活動に組み込まれていたことが挙げられる。このことは後述するように、カロリング期のベネディクト型修道院の場合に特に当てはまる。そして、教会の宣教活動は司祭職を前提しているがゆえに、叙階を受ける修道者の数は増大していった、とされる。

特に聖職者たちは「司教座聖堂」や「大聖堂」といった都市の教会を拠点として活動していたが、こうした都市の大聖堂には、聖職者を中心に一つあるいは多数の共同体が所属しており、そこには修道者が加わることもあった。こうして、聖職者である「司教座聖堂参事会員」と「修道者」とは外延的に相互に乗り入れる関係になり、その結果、もともとは聖職者の任務である「典礼の執行」が修道者にとっても重要な任務とみなされるようになる傾向が生じた。この聖職者たちの生活は教会法によって規定され、そのため彼らは「canonici〔司教座聖堂参事会員〕」と呼ばれるようになったが、用語の上でも実状においても「参事会員」の共同体と修道者の共同体とのあいだには、かならずしも明確な区別はなかった、とされる。[10]こうした傾向は、後にベネディクトゥスの『戒律』が普及し、「聖職者」と「修道者」との区別が明確化した七世紀から八世紀になっても続いていた。

三　ベネディクト的修道制の確立と展開

(1)　ベネディクトゥスの『戒律』とベネディクト系修道院

修道院がその西欧的な形態を確立した、とされるのは、六世紀にヌルシアのベネディクトゥス（四八〇頃―五四七年頃）がモンテ・カッシノで創始した修道院、および五四〇年頃から彼が執筆したとされる『戒律』[11]（『聖ベネディクトゥス修道規則』）においてのことである。ただし、ベネディクトゥスの『戒律』が西欧社会全体に普及し、その支配的な修道パラダイムを構成するに至るまでにはかなりの時間がかかっている。

修道制が西方に導入された当初は、西方においても東方から直接移植された一般に厳格な修道制が支配的であった。東方的な修道霊性が西方社会に伝播する際に先駆的な役割を果たしたのは南フランスのレランス島であるが、これとともに見逃してはならないのはアイルランドの役割である。西欧社会が民族移動のさなかにあった頃、アイルランドとブリテン島西部はその影響を免れており、六世紀以降、イングランドの各地方、そして大陸へとキリスト教文化を逆輸出してゆく拠点が準備されていた。修道霊性に関して言えば、バシレイオスとカッシアヌスとの影響のもと、厳格な東方的修道制を確立したコルンバヌス（五四三頃―六一六年）が代表的人物として挙げられる。アイルランドの地でキリスト教的な修道院は独自の発展を遂げ、九世紀に至るまで他の多くの地域に影響を与えた。

西欧修道制においてベネディクトゥスの『戒律』が独占的地位を確立するのは、八世紀後半、アニアーヌのベネディクトゥス（七五〇頃―八二一年）が『戒律』に基づいて修道院を改革したことに始まり、修道院における『戒律』の支配的地位はルートヴィヒ敬虔王（在位八一四―四〇年）が八一七年に発した『修道院勅令』により決定的なものとなった。

アニアーヌのベネディクトゥス以前の時代は「混淆戒律の時代」と呼ばれている(12)。この時代においては、修道士にとって規範となるものは書かれた戒律そのものというよりは「修道院長の戒律」、すなわち院長の生きた言葉そのものであり、院長の役割は所有する多数の戒律から、彼にとって良いと思われるものを適宜選び出し、それを守るべき指針として修友に提示することにあった、と言われている。そうした中で、バシレイオス、パコミオス、レランス修道院の諸教父、カッシアヌス、あるいはコルンバヌスらの戒律が参照されていた。当初は、ヌルシアのベネディクトゥスによる『戒律』もそうした諸戒律の中の一つとして使用されていた。しかしやがてベネディクトゥスの『戒律』が他の諸戒律に優るものとして多く用いられるようになり、最終的には西欧修道院において独占的な地位を占めるようになったのである。

ベネディクトゥスの『戒律』も、バシレイオスをはじめとするそれまでの、特に東方起源の修道規則から多くの影響を受けているが、東方の修道制がしばしば過度に厳格な苦行を要求する傾向があったのに対して、修道生活に中庸をもたらしたとされている。ベネディクトゥスの『戒律』の特色は、修道士に「定住」を厳しく義務づけている点である。外部との接触を任務とする一部の者を除き、修道士たちは外部世界から隔絶した修道院の「禁域」の中で、「祈り」、「勉学」(読書および著作)、そして「労働」(写本制作などの手仕事および農作業)から成る日課を厳守する生活に明け暮れるべきものとされた。

歴史的研究は、そうしたベネディクトゥスの『戒律』の諸特徴についての具体的なイメージを我々に与えてくれる。[13]『戒律』は修道士に、贅沢ではないが充分な睡眠、衣服、食物を与えている。それはほぼ「当時のイタリアの貧しい農民の生活水準」に相当するものである。修道士の平均的な日課は、「聖務に三時間半ないし四時間、霊的読書と講話に約四時間、労働に六時間半、食事に一時間、睡眠に八時間半である。[14]」ベネディクトゥスは修道士に一日〇・三リットルのぶどう酒まで許可している。これは東方的な修道制では考えられないことであり、その具体的な量は現代の世俗人から見ても十分な適量と言える。

もっとも、我々は「労働」や「読書」といった観念についての時代的相違を考慮しなければならない。古代社会以来の文化伝統のもとでは、「貴族はもちろん資産に恵まれた自由人はすべて、労働を忌み嫌っただけでなく、軽蔑して」おり、「労働は奴隷か無産者のすることであった。[15]」このような当時の常識から見れば、「祈りかつ働けと提唱して、すべての修道士に肉体労働を課したことは、当時の人々に対して精神革命であった。[16]」また、「読書」といえば、修辞学のために、書物を自分で音読したり、朗読を聞いたりすることを意味していた当時の人たちにとって、「一日四時間も霊的読書のために黙読する」ということは、衝撃的なことであった。このように、ベネディクトゥスの『戒律』は修道生活から過度に厳格な苦行を排して中庸をもたらした、とは言われるものの、それなりに厳しいものであった。

（2） ベネディクト型修道制の展開

このようにして、ベネディクトゥスによる修道院は修道士たちに「定住」を厳しく義務づけ、肉体労働を重視することによって経済的な自立を果たし、農業社会に適応した修道生活の形態を確立することとなった。そのため、ベネディクト系修道院はヨーロッパ世界に徐々に普及していった。ベネディクト的修道パラダイムは、教会内部において「一般信徒」「修道者」「聖職者」という三つの「身分」の区別が明確化されるカロリング期には修道生活のあり方をほぼ独占的に規定するようになり、その後中世前半まで西方修道院のあり方を決定づけるものとなっていった。

フランクは、カロリング期に普及したベネディクト型修道院に二つのタイプを見ている。その一つは「バシリカ修道院」である。これはある特定の聖なる場所、具体的には「著名な司教の墓や、ローマから移転された有名な聖遺物の崇敬された場所[17]」などに建てられた修道院である。修道者の共同体は、そのような場所を恒常的に管理する任務のための適任者と考えられた。そうした聖なる場所は「教区の教会でも記念碑的性格を有する場所」であり、教会生活の中心地であった。それゆえ、「バシリカ修道院では、典礼への奉仕（より広く言えば聖所への奉仕）が当の修道士たちの主たる使命」とされるようになった。

こうした経緯は、一つには修道院が特定の「場所」と結びつく傾向を帰結する。この「場所との結びつき」という性格は、後の中世盛期に登場する托鉢修道会が「人的結合による共同体」として成立したこととの対比において重要である。さらにそうした性格を持った修道院においては、前述の通り、修道士たちの役割は聖職者、すなわち「聖堂参事会員」に近いものとなっていった。

フランクはカロリング期に成立した修道院のもう一つの型として、未開の地に建てられた大規模修道院を挙げている。こうした修道院は明らかに王国によって政策的に創建されたものである。「カール大帝は、未開拓の国有地に修道院を創建し、その修道院に植民者としての使命を割り当てることによって、自らの広大な王国の国土拡大のために、巧みに修道院を駆り出した。……中略……未開の地に修道院都市を成立させて、それを教会生活の新たな中心と位置づけることがなされたのは、宣教という明確な狙い、及び教会政治的な組織計画に基づいてのことだった。[18]」かくして修道院は、単に修道生活の場としてのみならず、周辺住民に対する宣教活動の基地、教会的・文化的活動の中心といった複合的な意図のもとに創建されたと言われている。

カロリング期において発達したこれら二つのタイプの修道院は、いずれも教会そのものとの密接な関係において成立しており、その点が「修道士の聖職者化」、もしくは修道士と聖堂参事会員との区別の曖昧さの原因となっていた。そして、ベネディクト型修道院がそのようにして発展した背景に、カロリング朝フランク王国の政策的意図との結びつきが指摘されている。そうした政策的意図の一つの現れが、七八九年にすべての修道院に学校を併設するよう命じたカール大帝による『一般的勧告 *Admonitio generalis*』である。その結果、修道院は学問的活動の場となり、修道士は過去の知的遺産を後世に伝え、教える役割を担うこととなった。そしてカロリング期の修道院はいわゆる「カロリング・ルネサンス」においてその支え手としての重要な使命を帯びるに至る。フランクは、こうして「宣教・植民・学校・事務室・芸術工房といった修道士たちの活動は俗世にまで」及んだとする一方で、国王などの世俗勢力の側も修道院内において一定の権利を手に入れたことを指摘している。[19]

(3) クリュニー修道院

一〇、一一世紀は、一方では教会がカロリング朝の衰退にともなう無政府状態の結果、分裂教皇の出現、聖職売買や聖職者の妻帯といった頽廃の危機にさらされた時代であった。この混乱の時代は同時に教会改革のエネルギーが燃え上がった時代でもあった。特に、一〇世紀初頭ブルゴーニュに出現したクリュニー修道院は、ベネディクト型修道制および教会全体の改革に数々の功績を示した修道院であった。

クリュニーはいくつかの点でベネディクト型修道制の転換点として位置づけることができる。まず、従来のベネディクト型修道院は個々の修道院が独立していたのに対して、複数の修道院がクリュニーを頂点とする修道院連合を形成した点が挙げられる。これは、いわば後世における「修道会」という共同体形式の草分けとなっている。また、クリュニーは修道院長の選挙における無制限の自由を保証した。他方、修道院に世俗権力からの自由を確保するために、私有修道院領主としての自らの権利を放棄するとともに、修道院の法的請求権を教皇に委ねた。そのため、特に教皇の地位が再び強化されて以降、教皇の保護が大きな力をもつことになった。そうした施策の成果として、クリュニー系修道院は貴族の支配及び司教の監督からの自由と完全な免属とを手にすることとなった。かくして、クリュニー系修道院は世俗権力からの影響力を排除することに成功した[20]。

また、クリュニーをはじめとする各地の大修道院の院長たちは教会そのものの改革を先導した。特に一一世紀後半には、修道士たちの中から教皇や枢機卿が輩出し、改革の成果を不動のものとした。その代表的人物は後に教皇グレゴリウス七世（在位一〇七三―八五年）となる修道士ヒルデブラント（一〇二〇頃―八五年）である。彼の名をとって「グレゴリウス改革」と呼ばれる改革は、それ以前の二世紀にわたる努力の結実であり、単に修道院のみならず、教会全体を頽廃から救い、また世俗権力の影響力から解放することに貢献した。

しかし、そうした功績にもかかわらず、クリュニー系の修道院が示した方向はしばしばベネディクトゥスの『戒律』の精神を歪めたものとして非難される。それは、クリュニーにおいて度を超して壮麗なものとされていった典礼の偏重である。その結果、ベネディクトゥスの『戒律』における日課が保っていたバランスが損なわれ、肉体労働や学問的活動などが閑却されるに至ったからである。そして、そうしたベネディクト型修道院のクリュニー的な変容は、次節で述べる「清貧」の空洞化の象徴として批判されることになる。

(4) 修道院の富裕化に対する批判としての隠修士運動

前述の如く、ベネディクトゥスによる『戒律』およびベネディクト型の修道院は農業社会に適応した修道制のあり方を示していた。しかし、多くの修道院は経済的に自活するため土地を開墾して耕作労働に勤しんだ結果、修道院には富がもたらされ、大規模農業経営、それも修道士たち自身の労働によるのではなく、従属する農民による労働に依存する形のものを帰結していった。結局、修道院(院長)は「領主」化してゆくことになる。こうした修道院の富裕化は「清貧」の理念の空洞化の危険に結びつく。その後のベネディクト系修道院はこの問題に直面するたびに改革を繰り返すことになる。上述のクリュニー修道院においても、典礼が壮麗なものとなってゆく中で、肉体労働は空洞化し、修道士たちは貴族化していった、と言われている。

一一世紀は一般に「共住修道制の危機」の時代と称される。この時期多くの修道者、それも院長となりうるような人々が大規模修道院から離脱していった。それは、これまで述べてきたような形で富裕化していったベネディクト的修道制のあり方に対する反動として理解することができる。修道院が置かれたそのような状況は、修道士たちを世俗的な政治・経済のシステムの中に巻き込むことになった。その結果、俗世からの分離という修道生活の基本的要求に、もはや大修道院は十全に応えることはできない、と感じられるようになっていった。そこで、多くの心ある修道士たちは、文字通りの「砂漠への退去」を実践した修道制の原点、すなわち隠修士の生活を憧れることとなる。かくして修道士たちは大修道院を去って小さな隠遁者集落において、より徹底した孤独と清貧とを追求することによって修道生活に革新をもたらそうとしたのである。

しかしながら、ベネディクト型の修道制の枠内においても隠修士運動の精神にもとづく改革運動が展開した。具体的にはカルトゥジア会とシトー会とがそれである。一〇八四年、ケルンのブルーノがグルノーブル司教フーゴーから与えられた人里離れた山地シャルトル（カルトゥジア）の地に六人の仲間とともに住みついた。当初その共同体は他にも多くみられたものと同様な隠修士集落の一つにすぎなかったが、これが後のカルトゥジア会の端緒となる。カルトゥジアの人々は共住制と隠修制との結合を目指した。具体的には、ミサその他の共同行事を最小限度まで切りつめることにより、修道士たちに隠修士的な孤独を保証する個室の集合体として修道院を構想した。(21)

一〇九八年に設立されたシトー修道院は「キリストの貧者」を標榜していたが、これも富裕化したクリュニー的修道院のあり方に対する隠修士運動にもとづく批判を意味していた。ただし、シトー会はベネディクトゥスの『戒律』をその純粋に本源的な意味において遵守するという方針をとった。シトー会が新たに提唱しようとしたのも、孤独と共同生活という二つの要素の統合であった。具体的には、共住制を堅持しつつ、修道院内外の静寂、共同体全体としての世俗からの離脱、集団としての聖務の削減など、修道士をして内面に沈潜させる環境整備につとめることによって、共住生活の中でも隠修生活の実感や手ごたえを保証することをめざした。(22)

これらカルトゥジア会、シトー会の生活様式は、ベネディクト型修道院の枠内において可能な限り隠修士的な生き方を実現しようとするものであった。

四　修道生活を志向する聖職者たち――律修参事会

(1) 司教座聖堂参事会の歩み

グレゴリウス一世の活躍した民族移動の時代から、聖職者たちは自分たちの権威、生活規範、そしてその目指すところを司教の指導に仰いでいた。司教たちの側も、聖職者たちを一つの団体に組織化しようと努力した。この時代には聖職者たちの独身制が一般化し、次第に法的に義務づけられつつあった。共同生活は、独身の聖職者が純潔を守ることを容易にするための方法として勧められ、これが後の司教座聖堂律修参事会制度へと発展する萌芽となった。また、この時期にミサと後世の聖務日課の一部とが徐々に確立されていった。こうした聖務には、司教と司教座教会の聖職者を中心として、その他の司祭や一般信徒たちも可能な限り参集していた。

先述の通り、カロリング期には教会内部において「一般信徒」「修道者」「聖職者」という三つの「身分」の区別がいっそう明確に定式化されるようになり、同時に「聖職者」身分の組織化は一定の進展をみた。九世紀前半には、ほぼ毎月地域ごとの司祭が集まって講話を聴き、共同で祈りを捧げるような教区が出現した。また都市には司祭や聖職者の団体が組織された。彼らは共同生活に踏み切りこそしなかったものの、霊的・物質的に援助し合うことを誓うことにより「兄弟会」を結成していた。

やがて、何段階かにわたり、以後の聖職者の生活を決定づけるような組織化の営みがなされていった。すなわち、司牧活動に携わる司祭たちが司教のもとで司教座聖堂において共同生活を営むようになり、そのために共同体の規則が発達していったのである。

フィルハウスは、その最初の段階として、おそらくは七世紀にスペインで成立した前述『アウグスティヌスの修道規則』（第一規則もしくは『修道院規則 *Ordo monasterii*』）が彼らの間に流布し、用いられるようになったことを挙げている(23)。

次いで、メッツの司教クロデガング（七一五頃―六六年）が、七五四年頃自らの司教座に属する聖職者たちに向けて作成した規則（『司教座聖堂参事会会則 *Regula Canonicorum*』(24)）が挙げられる。フィルハウスはこれを前述アウグスティヌスの第一規則を当時の司教座聖堂参事会の慣習に適合させたものとして位置づけている。ただしその際、ベネディクトゥスの『戒律』などからの着想を相当程度取り入れている。ともあれ、これはその後「司教座聖堂参事会の身分 ordo canonicus」と称される団体における最初の規則となった。この規則は聖職者のためのものであるので、基本的には典礼生活の促進を目的としている。しかし、注目すべきなのはこの規則を採用する聖職者に対して一定の共同生活を要求している点である。それぞれの聖職者は自分の家を所有し、また教会から一時的に得たものについての用益権を保持することもできる(25)。つまり、各自の私有財産をもつことが許されていた点で修道者とは異なっていた。しかし、彼らは寝食は共にしなければならない(26)、とされる。クロデガングは、彼らがさらに一歩を進め、一切の私的所有権を放棄し、使徒たちやエルサレムの最初の共同体のように「使徒的生活 vita apostolica」を送ることをも勧めている(27)。無論、この規則はすべての聖職者を拘束するものではなかったが、「司教座聖堂参事会の身分」に属する者の理想的なあり方とこれを実現するためにいかなる生活様式をとるべきか、という点についての方向性を示すものであった。

さらには、八一七年のアーヘン教会会議において「教会の規律に従った」生活と「参事会の職務 canonica professio」に義務づけられた人すべてを対象とする規則（『アーヘン聖職者規則 *Institutio Canonicorum*

Aquisgranensis』）が公布される。この規則は、内容的には先のクロデガングの規則をほぼ継承するものであったが、聖職者の生活に関する過去の教会会議における教令と、アウグスティヌスなど教父たちの著作にもとづいており、より明確で完備したものとなっている。ルートヴィヒ敬虔王は、この規則が法律と同等の拘束力をもって参事会の聖職者全員を律することを望んだ。

この規則の典拠の一つをなしているユリアヌス・ポメリウスによる『観想的生活について *De vita contemplativa*』においては、「司教座聖堂参事会員」と「修道者」との関係と区別とが明確に規定されている。「それによると、前者はより高い地位にある。彼らの生活は聖職者のそれであり、教会の権威によって規定されているからである。これに対し修道者はより厳格な生活を送る。両者は同じ福音的完徳を理想とするが、そこに至る方法を異にしている。修道者にはより厳格な生活と上長に対するより堅固な従順、徹底した清貧を実践する義務がある。彼らはただ「天上のことのみを望み」、地上のあらゆるものを放棄したのである。これに対して司教座聖堂参事会員は、共同生活と相容れる限りの自由と私有財産をもつが、その共同生活は彼らの生活を保証し、純潔を守りやすくし、聖務をふさわしく執行させるためのものである[28]。」

このように、概念的には司教座聖堂参事会員と修道者との区別は明確化されているが、実際の生活様式と職務の点ではきわめて似通っており、両者ともに典礼の執行を主な任務とするようになっていった。それは一つには、司教座聖堂参事会員の規則が、ベネディクトゥス以来の伝統的な修道制を模範にしていることによる。またもう一つには、三節（2）で指摘したように、西方においては伝統的な修道者の側も逆に司教座聖堂参事会員の伝統からの影響を受けて、典礼を重視する伝統があったためでもあった。

(2) 聖職者と「グレゴリウス改革」

混乱の時代である一〇、一一世紀には、三節（3）で述べた修道士による改革運動と併行して聖職者の再組織化がなされた。具体的には、聖職者を堕落させる「無知と貪欲と淫欲」から聖職者を守るために教会会議が開かれ、聖書を学ぶこと、離脱と純潔、そして祈りが強く勧められた。教会は聖職者の堕落を防ぐため、先述のアーヘン教会会議の精神に従い、聖職者の共同生活を促進することに努めた。しかし、聖堂参事会員には一人ひとりに聖職禄が与えられていた結果、聖堂参事会員の一部は世俗化し、規則にも、倫理的な責務にも司牧の義務にも従うことなく、世俗の人々と同じような「在俗」聖職者として生きる者が現れた。さらにその一部には独身制を犯す司祭も出現した。

こうした傾向を憂慮した教会はさらに厳しい改革運動を断行した。一一世紀中葉には、前述のヒルデブラント（後の教皇グレゴリウス七世）やペトルス・ダミアニ（一〇〇七―七二年）のように、アーヘン教会会議が示した路線のさらに先へと進もうとする熱心な改革派の人々が現れた。彼らには、アーヘン教会会議の規則が未だ個人的な住居と財産の私有とを認めていたことが不満であった。彼らは、聖職者が原始教会の使徒たちに倣って、いかなるものも私有することなく共有する「使徒的完徳」の生活を送ることを求め、聖職者たちに修道院での生活とまったく同様の世俗的な生活の放棄を求めた。ただし、「律修参事会員のための指針には修道士のためのものとは異なる点が一つあった。それは、修道生活においては常態とはなりえない活動的生活と観想的生活の結合が彼らにはできた点である。彼らには聖務日課の共誦のほかに司牧（cura animarum 魂への配慮）のためのさまざまな義務が加わった。」[29]

かくして、アーヘン教会会議の規則には従いつつも財物を私有して生活する「在俗司祭 saeculares」と、「参事会の生活 vita canonica」あるいは「律修生活 vita regularis」を送る聖職者とが分化していった。後者の厳格な共同生活は理想として奨励されるようにはなったが、すべての聖職者に共同生活が義務づけられたわけではなかった。

(3) 律修参事会における隠修士運動の影響

一一世紀後半に、律修参事会はその具体的な形態を確立し、世紀末期以降大躍進を遂げる。それは、修道院主導によるグレゴリウス改革が聖職者の世界にもたらした成果であると同時に、広範な形態のもとで展開した当時の時代精神としての宗教的高揚の表現でもあった。特に、律修参事会の躍進は、当時盛んであった「隠修士運動」と結びついていた。三節(4)において、カルトゥジア会やシトー会などがベネディクト型修道制の枠内において隠修士への志向を実現しようとした改革運動であったことを指摘した。同様に、これまでその成立経緯を紹介してきた律修参事会という共同体も、隠修士の伝統と共住修道制とを統合した一つの形態を示すものとして理解されるのである。

この時期には、きわめて多様な形態の律修参事会員の共同体が設立された。当然のことながら、その主要な起源は律修生活を採用した司教座聖堂参事会と聖職者の共同体である。他方、聖職者たちの共同体において律修生活の採用が妨げられた場合、熱心な聖職者のグループは独居の隠修士としての生活に入っていった。他方、一般信徒の側からの宗教運動も盛んであり、信徒出身の修行者たちが福祉的な奉仕活動に従事したりもしていた。隠修生活を送る聖職者たちの側でも、そうした信徒出身の修行者たちをも巻き込む形で共同体を形成していった。これらの共同体は、組織的にも、法的にも、規則や職分の点でも多様であったが、そのいずれもが二節(3)で触れたいわゆる『アウグスティヌスの修道規則』に準拠しようとしていた点で共通していた。

先に概観した通り、『アウグスティヌスの修道規則』とは何であるのか、という点については文献学的には複雑な問題があるが、そのいずれの文書を取ってみても、清貧、兄弟愛、謙遜、従順を教える一般的な訓話に過ぎなかった。したがって、これを実践場面に適用する際にはより具体的な「規約」によって補う必要があった。そうした規約は、結局修道院の伝統から、つまりベネディクトゥスの『戒律』や修道院の慣例集などから援用されてくることが多かった。たとえば、後述のプレモントレ会の『規約』は、アウグスティヌスの『第二の規則』をシトー会の規約を援用することによって具体化している。

このように、律修参事会員たちの精神は修道院の伝統から大きな影響を受けているため、彼らの目指す理想も修道士と共通してくる。すなわち、参事会員たちも修道士と同様に「使徒的生活」、すなわち、イエスとともにあった使徒たち、そして初期のエルサレム共同体によって与えられた模範に従い、私有財産を放棄した上での共住生活を目指した。このことは、当時の律修参事会の多くの規則や文書の中に謳われている。さらにそこでは、簡素な生活と謙遜とが強調され、すべての私有財産の放棄とともに、すべての個人的な意志の放棄が求められている。こうして、修道院長への従順と共住生活への参加が、むしろ彼らの隠修士的な精神の表現である「清貧」の帰結とみなされていた。

律修参事会の最初にして典型的な成功例とされるのはプレモントレ会である[30]。この修道会は、クサンテンのノルベルトゥス（一〇八〇頃―一一三四年）の創立による。聖職者出身のノルベルトゥスは、早くからすでに隠修士としての厳しい修徳実践で知られていた。そうした彼を自らの司教区のために役立てようと考えたランの司教バルテルミーが、ノルベルトゥスにラン近郊のプレモントレに修道院を建てさせたのが同会の起源である。

創立者ノルベルトゥス自身は、バルテルミーから委託された聖職者の本分としての宣教と司牧活動とに従事していたものの、当初のプレモントレ会の力点は肉体労働と禁欲的な修道的実践、すなわち厳しい清貧、粗衣粗食の中での観想生活に置かれていた。そこでは、聖職者も一般信徒出身の弟子たちも同様の生活を送っていた。つまり、ノルベルトゥスの共同体は当時多く存在していた隠修士集落の一つと言ってよいようなものであった。その後、一一二六年にノルベルトゥス自身がマクデブルクの大司教となり、自らの弟子たちを司教区の改革と北ドイツへの宣教活動に起用するようになってから、同会の宣教活動が大きな意味を持つようになる。ノルベルトゥスの後継者フォスのフーゴー（一〇九三―六一／六四年）の頃から、「聖堂参事会員の律修生活」、すなわち、俗世から切り離された修道院的な生活と、教会の聖職者としての職務の両立というノルベルトゥスの理想が現実のものとなる。彼らは、「修道修行によって聖職者としての完全性に至る」ことを目指し、発展を遂げた。

律修参事会には、こうしたプレモントレ会のような隠修生活を起源とする会が多かったようである。そこでは隠修士の生活と世俗からの離脱としての共住生活、さらには教会聖職者としての使命とが統合されていたのである。

五　結　語

本章では、「聖職者による修道生活」と「ベネディクト型の修道院」という西方修道制における二つの伝統が中世盛期まで辿った展開について通史的概観を試みた。その際、そのそれぞれの流れに対する隠修士的志向の影響についても注目した。

修道院がその西欧的な形態を確立したとされるのは、ベネディクトゥスが執筆したとされる『戒律』においてのことである。ベネディクトゥスの『戒律』とその修道パラダイムとは、かなりの時間をかけて西欧社会全体に普及していった。ベネディクトゥスによる修道院は、修道士たちに「定住」を厳しく義務づけ、肉体労働を重視することによって経済的な自立を果たし、農業社会に適応した修道生活の形態を確立した。ベネディクト系修道院は、典礼活動や宣教・司牧といった教会的使命を帯びて発展した結果、修道士たちの聖職者化が進んだ。その後ベネディクト系のクリュニー修道院は教会や修道院に対する俗権からの干渉の排除という形での改革に力を尽くした。しかし、土地を所有するベネディクト系修道院は富裕化し、「清貧」の修道理念の空洞化の危機に直面することになる。一一、一二世紀における隠修士運動はそうしたベネディクト型修道制のあり方に対する批判・改革として機能した。そしてカルトゥジア会やシトー会のように、あくまでもベネディクト型修道制の枠内に留まりながら、修道院の世俗化の危機に対して改革を志した修道会が出現した。

他方、アウグスティヌスらによって創始された「聖職者による修道生活」の伝統は後に「律修参事会」という形態へと発展する。それは司教を中心とする聖職者集団が共同生活を営むことにより成立する一種の修道的共同体であった。聖職者の集団に対しても、その世俗化の危機に対して、修道院の影響による「グレゴリウス改革」などの改革がなされた。しかし、聖職者集団の中に「律修参事会」という共同体のあり方が定着してゆくにあたっては、やはり一一、一二世紀における隠修士運動の影響力が大きかった。聖職者集団による律修生活の指針となる規則としては『アウグスティヌスの修道規則』と呼ばれる一群の規則が基本となっている。ただし、その際ベネディクトゥスの『戒律』やベネディクト系修道院の規則をも援用したため、律修参事会はベネディクト系修道院の影響も受けていた。そうした隠修士的な聖職者の共同体の中から、たとえば「律修参事会」の最初の成功例とされるプレモントレ会のような共同体が出現したのであった。

このように、西方修道制の歴史は「聖職者による修道生活」と「ベネディクト型の修道院」という二つの流れが相互に絡み合って展開したものとして概観することができるが、そのそれぞれに対して一一、一二世紀の隠修士運動が大きな影響を与えている。この運動は、次の時代に登場する托鉢修道会を準備するものとして注目に値する。続く第五章では一一、一二世紀の隠修士運動そのもの、特にそこで展開されている「使徒的生活」の理念の意味について検討し、第六章では托鉢修道会そのものの意義について検討してゆきたい。

（1）こうした考え方は、たとえば後世の代表的な聖職者による修道会であるドミニコ会などに対する反対者たちの論拠とされていた。この点をめぐる論争とその意味については第九章で扱う。この問題をめぐるテキストとしては Thomas Aquinas, *Summa Theologiae*. II-II q. 187 a. 1 arg. 1 などを参照。

（2）独住の隠修士と共住修道制との関係については、本書第一章を参照。

（3）K. S. Frank, *Geschichte des christlichen Monchtums*, Darmstadt: Wissenschaftliche Buchgesellschaft, 1993（K・S・フランク著／戸田聡訳『修道院の歴史　砂漠の隠者からテゼ共同体まで』教文館、二〇〇二年、五二頁）

（4）Johannes Cassianus, *Collationum XXIV* collectio, coll. XVIII, PL, c. 1094B-1100A.

（5）フランク前掲書、五二頁。

（6）Augustinus, *Confessiones*, VIII, 6, 15.

（7）アウグスティヌスによる修道的実践の試みの実際については以下を参照。
鈴木宣明「アウグスティヌスの修道霊性」（上智大学中世思想研究所編『中世の修道制』創文社、一九九一年所収、四一―四六頁）

（8）『アウグスティヌスの修道規則』をめぐる文献学的問題に関しては以下を参照。L. Verheijen, *La règle de s. Augustin*, Paris, 1967. 鈴木前掲論文四六頁、フランク前掲書五五頁、Jean Leclercq, *Histoire de la spiritualité chrétienne* vol. 2-1.（J・ルクレー

ル著『キリスト教神秘思想史二』上智大学中世思想研究所訳・監修、一九九九頁）
（9）ルクレール前掲書、一三頁以下。
（10）ルクレール前掲書、七四―七五頁。
（11）Benedictus de Nursia, *Regula* 1.（ベネディクトゥス著／古田暁訳『戒律』『中世思想原典集成』第五巻「後期ラテン教父」平凡社、一九九三年所収）
（12）「混淆戒律の時代」についての概観としては以下を参照。徳田直宏「混淆戒律時代におけるベネディクトゥスの『戒律』――中世前期のガリアにおけるベネディクトゥス修道制の伝播についての一考察――」（上智大学中世思想研究所編『聖ベネディクトゥスと修道院文化』創文社、一九九一年所収、四一―四六頁）
（13）坂口昂吉『聖ベネディクトゥス――危機に立つ教師』南窓社、二〇〇三年、一一三頁。
（14）坂口前掲書、一一六頁。
（15）坂口前掲書、一一六―一一七頁。
（16）坂口前掲書、一一八頁。
（17）フランク前掲書、六九頁。
（18）フランク前掲書、七〇頁。
（19）フランク前掲書、七二頁、また修道院と世俗世界との間の相互関係については以下を参照。H-W. Goetz, *Menschen im Schatten der Kathedrale-Neuigkeiten aus dem Mittelalter*: Wissenschaftliche Buchgesellschaf, 1998.（H-W・ゲッツ著／津山拓也訳『中世の聖と俗　信仰と日常の交錯する空間』八坂書房、二〇〇四年）第二章（六九頁以下）
（20）フランク前掲書、七四頁。
（21）カルトゥジア会、シトー会の生活様式をベネディクト型修道院の枠内において可能な限り隠修士的な生き方を実現しようとした試みとして位置づけた研究として下記を参照。岸ちづ子「シトー創立と「使徒的生活」」（上智大学中世思想研究所編『中世の修道制』創文社、一九九一年所収、一五八頁）
（22）*ibid.*
（23）J・フィルハウス「最初の律修修道会創立と「使徒的生活」――プレモントレ会の創立をめぐって」（上智大学中世思想研

究所編『中世の修道制』創文社、一九九一年所収、一五八頁）
（24）M・H・ヴィケール著／朝倉文市監訳『中世修道院の世界——使徒の模倣者たち』付録一七一頁以下に邦訳（梅津教孝訳）がある。
（25）『司教座聖堂参事会会則 *Regula Canonicorum*』第三一章。前掲邦訳二二八頁以下。
（26）同第三章。前掲邦訳、一八六頁。
（27）同第三一章。前掲邦訳、二二八頁以下。
（28）ルクレール前掲書、一〇八頁。
（29）ルクレール前掲書、一四六頁。
（30）プレモントレ会の詳細についてはフィルハウス前掲論文参照。

第五章　「使徒的生活」を求めて

——一一、一二世紀の隠修士運動——

一　はじめに

　前章では、西方キリスト教世界における修道制の展開について通史的展望を試みた。中世盛期における托鉢修道会の成立までに至る西方修道制の歴史は、アウグスティヌスらによって創始され「律修参事会」という形態へと発展する「聖職者による修道生活」の伝統と、東方から伝えられヌルシアのベネディクトゥスにおいてその西欧的な形態が確立する古典的な意味での修道院の伝統という二つの方向が相互に絡み合いながら発展したものとして見ることができた。これら二つの伝統はいずれも兄弟たちの共同生活を基本としているという点で基本的には共住修道制の枠内にあった。

　しかし、前章の概観でも触れたとおり、東方以来の「隠修士」への志向は西方修道制においても伏流のように流れ続けており、やがて一一世紀になってから、西欧全土で本格的な隠修士への志向が沸き起こり、それが「聖職者による修道生活」の伝統、ベネディクト型の修道院の伝統の両者に大きな影響を与えた。それは一二世紀における「托鉢修道会」という新しい修道パラダイムの出現を準備するものであった。近年（二〇世紀後半以降）の研究では特に、そうした一一、一二世紀に「イタリア・フランスを中心として西欧各地に現れた多数の隠修士たちの存在が注目されるようになった。ラ・グランド・シャルトルーズ修道院をはじめ、イタリアのカマルドリ修道院、ヴァロンブローサ修道院などはすでに代表的な隠修士修道院として知られていたが、シトー会やプレモントレ会、巡回説教を行う修道者や、異端、民衆宗教運動などが「隠修士運動」との関わりの中で理解されつつある[1]。隠修士運動が来るべきドミニコ会、フランシスコ会などの「托鉢修道会」の登場へとつながるものと考えられるのは、それが初代教会における「使徒的生活」に倣い、これに回帰することを指導理念とする動きであった点にある。

本章では、特に一一、一二世紀における「隠修士運動」およびその「使徒的生活」という理念の意味を取り上げて解明したい。すなわち、ベネディクト型の修道院、「聖職者による修道生活」を具現する律修参事会、そして一般民衆の宗教運動といった場における宗教的動向のそれぞれに「隠修士運動」への志向がいかに反映しており、またそこに「使徒的生活」という指導理念がどのように働いていたのかを明らかにすることを目指すこととする。

二　修道士と「使徒的生活」

(1)　ベネディクトゥスの『戒律』と隠修士

第一部、特に第一章で見たとおり、「隠修士」は東方キリスト教世界に出現し、修道制の歴史の原点を示す存在である。三世紀後半エジプトでキリスト教的修道制を創始したとされるパウロスやアントニオス（二五一頃―三五六年）が独居による修徳生活を営んだのがその端緒であった。やがて同じエジプトで修道生活を始めたパコミオス（二九二／二九四―三四六年）は、独居に伴う生活上の不便と精神的な危険とに対応すべく、修道士たちが共同生活を営む共住修道院という生活形態を創始した。その後共住修道院は小アジアの地で、カッパドキア教父の一人バシレイオス（三三〇頃―三七九年）によって教養ある知識人の共同体としてさらなる発展の歩みを開始する。しかし、バシレイオス以降も共住制が独居の隠修士を完全に駆逐したわけではなかった。むしろ共住生活を予備段階として、「より完全な修道生活」としての隠修士の生活を志向する、という伝統は、特に東方キリスト教世界において存続した。今日でも、修道院が少し離れた場所に隠修士の庵を擁するという形態を、たとえばアトスなどに見ることができる。

しかし、隠修士の伝統は東方キリスト教世界だけに限られたものではない。西方キリスト教世界にも古くから隠修士の伝統は存在していた。早くはアンブロシウス（三三九頃―九七年）が、イタリア沿岸に点在する島々に隠修士集落があったと証言している。[2]また、中世初期には、西欧の修道制の中でもさまざまな形での隠修士的な生活が試みられたことは諸家が指摘する通りである。

六世紀にヌルシアのベネディクトゥス（四八〇頃―五四七年頃）の筆になるとされる『戒律』において、修道生活の西欧的な形態が確立する。ベネディクトゥスの『戒律』は、基本的には共住修道生活を念頭に置いているが、隠修士の生活の可能性を認めているのみならず、これに高い価値を置いている。『戒律』の第一章では「修道士monachi」の四つの種類が枚挙されている。[3]

「第一に挙げられる共住修道士coenobitaeは修道院に住み、戒律と修道院長の下で仕える。

第二の分類に属する隠遁者、すなわち隠修士anachoritaeは、修道生活に入った当初の熱誠の段階を越え、修道院における長期の修練を経ている。多くの同僚の助けによって悪魔と戦うことを学び、鍛練を重ねた後に兄弟たちを後にし、砂漠での孤独な戦いに向かう彼らは、いまや神以外の誰からの助けもなく、独り、肉体と思念の悪徳と戦うことができる。

第三の分類に属す嫌悪すべき独修者 sarabitae は「竈の中で試された黄金」（箴言二七・二一）のようにではなく、戒律によって試されておらず、経験の教えを欠き、鉛のように軟弱である。彼らに牧者はなく、二人あるいは三人、ときに単独で、自分たちの群れのあいだで暮らし、主の群れと住むことをしない。彼らにとり欲望の充足こそ、その法である。そこでなにごとでも心に思い浮かびあるいは望むところは聖と称し、その意に適わないものは禁じられているとみなす。

第四の分類に属するものは放浪者 girovagum と呼ばれ、各地の放浪に生涯を過ごし、三日あるいは四日その地の修道院で客として滞在し、常に路上にあり、定住することを知らない。もろもろの我欲と飲食の誘惑の奴隷である彼らは、すべての点で独修者に劣る。」

以上から明らかなとおり、ベネディクトゥスによれば「隠修士」とは、修道院長と『戒律』とのもとでの共住生活による長年の修練を経た後に、より高度の修行段階に入る者を意味していた。つまりベネディクトゥスは、隠修士に対して東方修道制の伝統における意義づけと共通する高い評価を与えていたことを確認することができる。しかし、同時に彼は「独修者 sarabitae」を共住生活からの脱落者として非難し、さらには「放浪者 girovagum」に至ってはその「独修者」にすら劣る、と断じている点に注意しておこう。

（2）「使徒的生活」の継承としての修道生活とその最高形態としての隠修生活

上に引いた修道士の分類は、実はヨハンネス・カッシアヌス（三六〇頃―四三〇／三五年）の『師父たちの問答集』に従ったものである。ベネディクトゥスは、『戒律』末尾の第七三章で修道生活のさらなる完成を望む者のために『師父たちの問答集』を読むことを勧めている。この書物の中でカッシアヌスは、修道制の起源を使徒的生活に求めるとともに、隠修士の生活を修道生活の最高形態とみなす「古典的理論」を展開している。それは『師父たちの問答集』の第一八巻において[4]、東方修道制の指導者たちを歴訪したカッシアヌスと友人ゲルマヌスがピアモン修道院長から受けた講話として描かれている。ヴィケールの要約によれば[5]、それは概ね次のような展開をとる。

もともと、教会にいるすべての人々のために、『使徒言行録』が記述している共同生活、つまり「使徒的生活」を使徒たちが確立していた。そうした生活形態がアレクサンドリアを含めて教会全体に行き渡った。ところが使徒パウロはそのすべてを揺るがすような要素を導入した。彼は、アレクサンドリアのユダヤ人とは違い、キリスト教成立当時の深遠な生活を引き受けるだけの準備ができていない異教徒たちには、エルサレムの使徒会議（使徒言行録一五・五―二九）と呼ばれる有名な会議で決められた四つの禁則だけを課す、と認めさせた。そのため、その後、どんな信者も異教徒に認められたこの種の生活を送ってよい、と考えられるようになった。したがって、もはや初期のようにすべてを放棄する必要はなくなった。そこで、教会全体に初期教会における生活より堕落した生活形態が広がり、ついには共同生活が放棄されることになった。しかし、それを望まない者たちもいた。それが修道士となった。以下にそのようにして修道士が出現したくだりのみ引用しよう。

「ところが一方、使徒時代の熱情を宿しつづけた人々も少なくありませんでした。この人々は彼らの昔の完徳を忘れずに、自分の町からも、……中略……人々からも遠ざかり、市外の場所やもっと離れたところに赴いて、使徒たちによって、教会のすべての信者のために定められた事柄を個人的に実践しはじめました。この人々が、彼らの独身で孤独な厳しい生活から、独り住む人 monachi（修道士）と呼ばれるようになりました。ついで彼ら仲間の共同生活から、彼ら自身は共住修道士 coenobitae、彼らの小屋や住まいが共住修道院 coenobium と呼ばれたのです。ですからこの人々だけが唯一で最古の種類の修道士であって、時代的に最も古いのみならず、恩恵の点でも第一位を占め、パウロス師やアントニオス師の時代まで変わることなく続いてきたのでした。(6)」

「そして、これら豊饒な根ともいうべき完徳者たちのなかから、隠修士という花も実ものびてきたのです。私どもの知るところでは、この修道生活 professio（召命）の創始者は、先程名前をあげた聖パウロスと聖アントニオスでした。この人たちが孤独の地への隠遁を求めたのは、ある種の弱気とか忍耐不足によるのではなく、至高の完徳と神の観想を熱望したからだったのです。このように、あなたがたに先程お話した修道生活 disciplina からもう一つの完全な修道生活が出てきたのでした。(7)」

つまり、カッシアヌス—ベネディクトゥスの伝統において、「修道士」は『使徒言行録』が記述している「すべてを放棄した」、つまり私有財産を放棄した共同生活という意味における「使徒的生活」を継承するものであり、「隠修士」は一層の孤独、祈り、禁欲を通して「より高度の観想」を求める、という意味での「完全な修道生活」とされていたわけである。

ヴィケールが指摘する通り[8]、無論今日の我々から見ればこのカッシアヌスによる叙述は史実に反している[9]。しかし、『師父たちの問答集』を何度も読みかえしていた修道士たちは、修道生活が「使徒的生活」に連続する生き方であることを確信し、さらには修道生活の最高形態としての隠修士の生活に対する憧憬は彼らの意識の底に伏流のごとく流れ続けていたに違いない。

(3) ベネディクト型修道制の歴史的展開

ここでベネディクト型修道制について前章でも概観した展開を簡単に振り返っておきたい。ベネディクトゥスの『戒律』およびこれにもとづく修道パラダイムはカロリング朝の時代に西欧世界に定着する。ただし、その際ベネディクト型修道院は、王国の政策のもとで未開の地への宣教の拠点としての役割を担い、しばしば「王立修道院」などの形で、カロリング王国すなわち世俗世界と密接な関係を持って発展した。

続く一〇、一一世紀にはカロリング朝の衰退にともなう無政府状態の結果、教会は分裂教皇の出現、聖職売買と聖職者の妻帯といった頽廃の危機にさらされた。そうした中、九〇九／一〇年に創立されたクリュニー修道院は教会改革の担い手となる。クリュニーが改革的な修道院とされるのは、修道院が貴族の支配と司教の監督とからの完全な自由（免属）を手にする契機となったからである。まず、従来のベネディクト型修道制においては、各修道院はそれぞれの院長のもとに独立していたのであるが、クリュニー修道院の初代院長ベルノー（八五〇頃―九二七年、在任九一〇―二七年）が複数の修道院の院長を兼任したことがきっかけで修道院連合、すなわち史上最初の「修道会」という形態が成立した。「分院」体制にもとづいて中央集権的な組織を形成する一方で、修道院長選挙における無制限の自由を保証した。また、特に教皇の地位が再び強化されてからは、修道院の法的請求権を教皇に委ねることにより、聖俗の地方権力に対する上述の「免属」を手にすることに成功した。

しかしながら、クリュニーの人々は『戒律』が求める度合いを遥かに超えて典礼を偏重した。さらには、この時期には修道院自体が大土地を所有する「領主」となっていった。クリュニーでは、壮麗な典礼のもとで勉学などその他の活動、特に肉体労働が空洞化し、その豪奢で貴族化した生活様式は「清貧」の理想にもとるものとして、本章の主題である一一世紀の隠修士運動にとっての批判の的となる。

(4) 一一・一二世紀における隠修士の出現

(1) で指摘した中世初期の隠修制は散発的なものであったが、一一世紀の西欧には広範囲にわたって隠修士運動が展開することになる。一一世紀には、ベネディクトゥスの『戒律』とこれにもとづく修道制が最盛期を迎えていた。にもかかわらず、この時期に噴出した隠修士運動は、ベネディクト的な伝統的修道パラダイムではもはや満足せず、より高度の修徳修行を志向する人々が出現したことを意味している。一一世紀の中葉から一二世紀の中葉までの約一世紀は、しばしば「共住修道制の危機」の時代とさえ呼ばれてきた。この時代の隠修士たちの志向を特徴づけるものは、独居生活への回帰と清貧への憧れである。

そうした傾向の一つの表現形態は、修道士が大修道院長のような地位を避ける、という風潮である。当時の隠修士の中には、後述するノルベルトゥスやアルブリッセルのロベルトゥスのように、司教や大修道院長になりうるような人物が、地位と名声とを捨てて隠修士生活を模索し遍歴するようになった者がいた。そうした隠修士が司教となったり修道院を創立したりすることもあったが、なかには放浪修道者として遍歴生活のまま一生を送るものもあった。このような遍歴は従来の隠修士にはほとんど見られない新しい特徴であった。それは一つには、個人としての観想生活を追求することへの欲求によるものであり、また特に当時のベネディクト系修道院の「世俗性」、たとえばその有する広大な「領地」の管理の任務に対する忌避感によるものと考えられる。また、もう一つの表現形態としては、より俗世から離れた生活を求める傾向が出現した。ベネディクト系修道院の日課は、生活の細部に至るまで規定していたため、たとえば共同の祈りの時間を超えて一人で祈ったり、より厳しい苦行を自らに課したいと思う修道士たちの熱意にとって妨げである場合もあった。そうした傾向の延長線上に、一一世紀末に各地で、特にフランス西部で展開したいわゆる「隠修士運動」が位置づくことになる。この時期、多くの人々が独居生活の場を求め、未開拓の森林地帯に入っていった。

彼らに共通して言えることは、富裕化してゆくベネディクト系修道院の方向とは逆に、文字通りの清貧を実践し、労働によって自らの生活を支えつつ、さらに貧者への施しを行っていた点である。また、クリュニーなどで営まれていた壮麗な典礼とは異なり、きわめて簡素な祈りの生活を送っていた。

（5）ベネディクト型修道制の枠内における「隠修士運動」

かくして、一一世紀における「隠修士運動」は「共住修道制の危機」、すなわちベネディクト型の修道パラダイムの危機をもたらした。しかし、そうした「隠修士運動」の根本精神である「使徒的生活」の理念を、あくまでもベネディクト型修道制の枠内に踏みとどまりながら実現しようとしていた人々があったことに注目する必要がある。岸ちづ子は一一、一二世紀における宗教的諸現象に対する研究史を顧みて、「「使徒的生活」・「原始教会」は、専ら聖堂参事会員の各種改革運動や巡歴説教者また俗信徒の運動を鼓舞した理念として論じられはするものの」、シトー会(10)をはじめとする「共修型観想型修道院の枠内に落ち着くこととなった修道士の改革・刷新運動に関しては、あまり考察されてこなかった」と指摘する。(11) その上で、我々も先に参照した『師父たちの問答集』からベネディクト系修道士にとっての「使徒的生活」の意味を明らかにしようとしている。岸は、ベネディクト型共住修道制における「使徒的生活」ないし「隠修士」への志向が意味するところは「ベネディクトゥス戒律のより厳格な遵守によって、彼らが知っているかぎりでの修道制の原点、共住制をまもりつつ、修道制の目標である観想生活を」実現することにあったとし、その具体的な形態を三種類に分類している。(12) すなわち

（一）「共住修道院を中心にして、例外的に隠修士に必要な自由と孤独の場を保証する、ベネディクト修道院型」。これは『戒律』そのものが隠修士の可能性を認めていることの帰結である。

（二）「隠修士の孤独を保証する個室の集合体として修道院を構想し、ミサその他の共同行事をミニマムにするカルトゥジア型」。(13)

（三）「共住制に例外を認めず、共住団体内外の静寂・団体としての世俗からの離脱・集団聖務の削減など、修道士をして内面に沈潜させる仕掛けづくり、環境整備を通じて、隠修生活の実感や手ごたえを保証するシトー型」。

このような人々は、隠修士たることの本質を「独住」ということではなく、むしろ「ベネディクトゥス戒律の、より厳格・完全な遵守」に求め、しかもそのことを「戒律に規定されているあれこれの諸規定を厳守するということよりも、修道生活のゴールとしての隠修目標、すなわち観想生活へと修道士を導く装置」とすることによって、ベネディクト型の共住修道院という枠内での隠修士の生活の実現を目指したのであった。彼らに共通する点

は、ベネディクト型の修道制がクリュニーのような形で展開することに対する批判であり、孤独に祈る場を確保し、清貧の徹底を目指すことにあった。

三　律修参事会の成立と「使徒的生活」

(1) 聖堂参事会の歴史

「律修参事会 canonici regulares」とは、修道（律修）生活を送る聖職者の共同体（聖堂参事会）、すなわち「司牧活動と修道的霊性」とが結合した共同体を意味する。アウグスティヌスから律修参事会にいたるまでの「聖職者による修道生活」の伝統の展開についても前章で概観したが、ここで改めて振り返ることとしたい。

アウグスティヌス（三五四—四三〇年）やその先駆者たちに見られるように、四世紀には司教を中心に司牧活動に携わる司祭たちが営む司教座聖堂での共同生活が存在していた。これが（司教座）聖堂参事会の実質的な起源と言える。用語としての「聖堂参事会員 canonici」という言葉は、六世紀から使われはじめ、七世紀に頻繁に見られるようになる。当初この語は「教会法典に登録された聖職者、教会の聖職者リストに載っている聖職者」一般を意味していた。彼らは六世紀末から七世紀初頭にかけて、経済上ならびに宗教上の動機によって、大聖堂のそばに集まり、共同体をなすようになっていた[14]。その後の歴史において、聖堂参事会を組織化するため、何段階かの試みがなされた。

まず、メッツの司教クロデガング（七一五頃—六六年）が、七五四年頃自らの司教座に属する聖職者たちに向けて作成した規則が挙げられる[15]。この規則は「司教座聖堂参事会の身分 ordo canonicus」と称される団体における最初の規則となった。この規則は聖職者のためのものであるので、基本的には典礼生活の促進を目的としているが、注目すべきなのはこの規則を採用する聖職者に対して一定の共同生活を要求している点である。すなわち、それぞれの聖職者は自分の家を所有し、また教会から一時的に得た用益権を保持することもできるが[16]、寝食は共にしなければならない[17]、とされる。クロデガングは、彼らがさらに一歩を進め、一切の私的所有権を放棄し、使徒たちやエルサレムの最初の共同体のように「使徒的生活」を送ることを勧告している[18]。しかし、各自が私有財産をもつことを禁じることまではせず、これを許していた点で修道生活とは異なっており、またこの規則はすべての聖職者を拘束するものではなかった

次の段階に位置するのは、カロリング朝時代になって八一七年のアーヘン教会会議で公布された「教会の規律に従った」生活と「参事会の職務 canonica professio」に義務づけられた人すべてを対象とする規則である。この規則は、内容的には先のクロデガングの規則をほぼ継承するものであったが、より明確で完備したものとなっている。ルートヴィヒ敬虔王は、この規則が法律と同等の拘束力をもって参事会の聖職者全員を律することを望んだ。司教座聖堂参事会員共同体が多様であるため、アーヘンの会則も、それらの共同体に私有物の徹底的な放棄などの義務を課してはいないが、共同生活の豊かさと服従の厳格さとを推進しようと努めている。こうして司教座聖堂参事会員は、カロリング朝時代に、徐々に共同生活をするようになった。それは彼らが多少なりとも修道士の厳格さを模倣しようとする努力を意味していた。以上の伝統を踏まえた形で、一一世紀には、一部の聖堂参事会員たちは完全な共同生活を送るようになっていた。

しかしながら、元々聖職者の集団である聖堂参事会員には各自に聖職禄が与えられていた。そのため、上述のような形で「律修参事会」への方向を目指す人々がいた一方で、参事会員の一部は世俗化し、規則にも、倫理的

な責務にも、司牧の義務にすら従うことなく、世俗の人々と同様の「在俗」聖職者として生きるようになり、さらにはその一部には独身制を犯す司祭さえ出現した。こうした傾向を憂慮した教会は厳しい改革運動を断行した。一一世紀中葉には、ペトルス・ダミアニ（一〇〇七―七二年）や、後にかの改革教皇グレゴリウス七世（在位一〇七三―八五年）となる修道士ヒルデブラント（一〇二〇―八五年）のような熱心な改革派の人々が、アーヘン教会会議の路線のさらに先へと進もうとした。彼らには、アーヘン教会会議の規則が未だ個人的な住居と財産の私有を許容していたことが不満であった。彼らは、聖職者が原始教会の使徒たちに倣って、いかなるものも私有することなく共有する「使徒的完徳」の生活を送ること、すなわち聖職者たちが修道士と同様に完全な律修生活を送ることを求めた。

(2) 律修参事会の指導理念としての「使徒的生活」

そうした文脈の中で『私有財産保有の律修聖職者を駁す』と題して発せられたペトルス・ダミアニによるメッセージの中に、律修的な聖堂参事会の指導理念としての「使徒的生活」のイメージを窺い知ることができる。『使徒言行録』は、エルサレムの初期共同体の私利私欲を捨て兄弟愛に満ちた生活を描写したすぐ後に、「使徒たちは、大いなる力をもって主イエスの復活を証しし、皆、人々から非常に好意を持たれていた」（四・三三）と述べている。このことは、「個人的にはまったく物を所有しないがゆえに、すべてを共有し、一切の現世的富の恩恵も受けない使徒たちだけが、布教の任務に適している」ことをはっきりと示すためではなかったか、とペトルス・ダミアニは述べている[19]。さらに、ペトルス・ダミアニは以下のように述べる。

「旅には杖一本のほか何も持たず、パンも、袋も、また帯の中に金も持たず、ただ履物は履くように、そして「下着は二枚着てはならない」と命じられた。こう『マルコ福音書』は言う（六・八―九）。というのも、私有財産を持たない者だけが布教の任務にふさわしいからである。……中略……あらゆる邪魔物から自由になった軽装備の兵士 expediti のように、彼らは自らの美徳と聖霊の剣だけを武器にして、主のために、悪徳や悪魔と闘うのである[20]」。

ヴィケールはここに、「「魂の管理＝布教活動」を直接的に準備するものとして、使徒たちの質素で規律正しい共同生活を提示するという新しい事実[21]」を見て取る。つまり聖堂参事会員たちにとって「使徒的生活」が意味するところは、修道士たちにとってのそれとは異なっていた。二節（1）で見たように、修道士が自らの生活の起源として見ていた「使徒的生活」とは、単純に私有財産の放棄としての清貧にもとづく共同生活を意味していた。そして「隠修士」という標語のもとに、さらなる孤独、祈り、禁欲を求める「完全な修道生活」が理解されていた。しかし、グレゴリウス改革派の律修参事会員は、本来的に聖職者であるので、彼らにとって「使徒的生活」は、聖職者の任務としての司牧と宣教との基礎としての意味を帯び、彼らの説教活動に説得力を与えるための模範としての「清貧」の生活として位置づけられるのである。

（3） 律修参事会のモデルとしてのプレモントレ会

私有財産の放棄も含む形で、修道士の生活を完全に取り込んだ「律修参事会」のモデルとして、一二世紀に成立したプレモントレ会を挙げることができる。ここに上述の「使徒的生活」についての律修参事会的な解釈の具体化を見ることができる。

プレモントレ会の創立者クサンテンのノルベルトゥス（一〇八二頃―一一三四年）は身分の高い貴族の聡明な息子であり、若くしてクサンテンのザンクト・ヴィクトル聖堂参事会員となった。「ダマスクスを前にしたパウロの体験とも比較し得るような特別な」[22]回心の体験をした後、一一一五年四月一七日にケルン大司教から司祭に叙階された。ノルベルトゥスは、自らの回心の経験をもとに「福音的・使徒的生活」の理想をめざして参事会を改革しようと試みたが、同僚たちの無理解のため不成功に終わった。

そこでノルベルトゥスは隠修士となり、自らの回心の理想を巡回説教者としての生活を通して実現しようとした。その結果、一二世紀における巡回説教者特有の困難に出会うこととなる。それは、ほとんど後述するロベルトゥスと同じような困難であった。

ノルベルトゥスは、教会の最高権威である教皇ゲラシウス二世（一一一八―一九年在位）に指導と認可とを求めた。その後彼はランの司教バルテルミーの命により、ランにおいて再度司教座聖堂参事会の改革を試みたが再び不成功に終わる。結局、司教もノルベルトゥスも既存の参事会の改革は断念し、ノルベルトゥスはラン近郊の荒れ野プレモントレに隠遁し、一一二一年同地で同志とともに修道誓願を立て、新たな修道会プレモントレ会を創立した。この共同体は隠修士生活と参事会員の生活様式とを結合したものである。一一二六年二月一六日、ノルベルトゥスは教皇ホノリウス二世（一一二四―三〇年在位）からプレモントレ会を承認する大勅書を受けた。その後ノルベルトゥスがマクデブルク大司教に任命された結果、会はドイツ東部からポーランドに至るまでの広大な地域に新しい修道院を設立することが可能となった。また、この会の活発な宣教活動によって会の司牧的な面が特に強調された。

プレモントレ会は聖職者が志向する修道生活の指針である『アウグスティヌスの修道規則』を自らの規則としたが、この規則を具体化して時代の状況に適合させていくために編まれた「規約」を通して、ノルベルトゥスとその後継者は会の組織化を図っている。従来の「司教座聖堂参事会」は司教のもとに各司教座において独立していた。これに対して、ノルベルトゥスは「司教座聖堂参事会員によって形成された個々の共同体を統合し、そうした共同体に伝統的な修道会のような構造を付与しよう[23]」とした。その組織化に際してはシトー会がモデルとされていた。

フランクは「ノルベルトゥスの巡回説教者としての活動、彼がもともと参事会員だったこと、そして彼が隠修制的運動にかかわったことは、この新たな修道会共同体にも刻印を[24]」残したとしており、ほどなくして修道会の中には二つの傾向が見られるようになった。すなわち、「観想的・禁欲的傾向と禁欲的・司牧的傾向の二つである」。この二つの傾向を反映して、プレモントレ会は地域によって若干異なる歩みを辿った。すなわち、フランスではシトー会型の「修道会」的な方向を示して、司教の裁治権からの独立（免属）を志向したのに対して、現在のドイツやハンガリーにあたる東部地域では、司教のもとに「司教座聖堂参事会」的な方向を示した[25]。

（4）修道士、聖職者、律修参事会員――「使徒的生活」をめぐって

律修参事会の出現にともない、修道士、聖職者、律修参事会員の間で、「使徒的生活」としての資格におけるそれぞれの生活の優劣に関する論争が展開された。律修参事会員の生活様式は、実質的には伝統的な修道士とほとんど変わらぬものとなっていたがゆえに、それぞれの「独自性・特殊性の強調は、文学の上での問題だった[26]」とも言えるが、かなり熾烈な論争が展開した。ヴィケールによれば「こうした論争は、歴史的には、使徒の模倣

に関して、一方では、修道士たちが千年来与えてきた解釈を修正し、他方では、在俗聖職者たちによる解釈を排斥することを狙ったものであった。そして、この論争は最後には、真の使徒の模倣は規律の遵守を伴った共同生活にあるのか、「魂の管理＝布教活動」にあるのか、あるいはその両者の並立にあるのかという問いかけにいたる」[27]こととなった。

いわゆるグレゴリウス改革の機運のもとでの修道士および律修参事会員の進出は、在俗の聖職者にとっては一定の脅威であったことであろう。在俗聖職者たちは、修道士や律修参事会員に対して、「修道士の職務は人を教化することではなく、涙することである」というヒエロニュムスの言葉などを引き合いに出して、修道士であれ律修聖職者であれ、伝統的に修道会に所属する者には布教活動に従事することは禁じられていた、と主張する[28]。

これに対して、修道士および聖堂参事会員の側は、在俗聖職者が「使徒的生活」を自称するとすれば「説教し、洗礼を行うがゆえに、聖職者の中でもっとも不純な者が使徒の生活を実践していると言わなければならなくなる」といった論調で反論する。この「不純」という表現は、グレゴリウス改革の中で、世俗化した聖職者に対して向けられた非難に通じるものである。修道士と律修参事会員は、「使徒的生活」とは自分たちが目指すように、使徒たちの美徳を実践することにある、と主張する。あとは律修参事会員と修道士との関係であるが、律修参事会員は修道士に対して、自分たちが本来的に聖職者であるがゆえに「使徒性」という点でより優位にある、と主張した[29]。

四　民衆による宗教運動と「使徒的生活」

（１）民衆における隠修士運動

上述、一一世紀の「隠修士運動」が示した傾向は、一二世紀に至ってさらに顕著なものとなる。一二世紀は、一般信徒たちを中心とする民衆の宗教運動の高まりの時代として知られている。こうした運動は、基本的にはこれまで述べてきた一一世紀における修道士、律修参事会員の「隠修士運動」の延長線上にあり、これと並行するものであった。

しかしながら、こうした一一世紀以来の流れの延長としての理解に加えて、一二世紀は中世の社会全体が大きく変化する時代であったことにも留意する必要がある。それまでの社会は農業生産と土地とに基礎を置く封建社会であった。しかし、農業生産が安定して経済が発展した結果、都市を中心に商工業が発達した。その結果、社会全体が都市化し貨幣経済が農村にまで浸透する、という社会変革がおこったのである。かつては身分の上下差こそあったものの、農業と土地所有とに基盤を置いた安定した社会生活があった。これに対して新たに出現した都市的な社会においては、商工業の台頭に伴い、経済的に力を蓄え都市貴族へと上昇してゆく階層と、没落して極貧のうちに流浪の民となる人々とが分離した。

こうした社会変動の結果、人々の信仰生活も大きく変化する。従来のベネディクト型の修道院は農村を基盤としており、そこで農業労働と一部宣教活動とに従事していた。彼らの生活は、農業と封建的な社会構造とに結びついていた。これに対して都市は、古来のベネディクト型修道共同体にとっては把握の対象外である場であった。

しかし、この都市住民こそが新たな宗教的要求の担い手となった。特にイタリア中部とフランス南部において、貧富を問わず都市住民たちは自分たちの直面する状況に即した宗教的形態を求めた。

その結果、都市市民を中心とする民衆もまた、隠修士運動の新たな担い手となった。しかし、彼らの新しい宗教心を反映して、彼らの理解する「使徒的生活」の意味も従来とは異なったものとなる。従来の隠修士的改革運動における「使徒的生活」とは、修道生活の理念を徹底させることを意味していた。具体的には、たとえばベネディクトゥスの『戒律』の厳守であったり、聖堂参事会員が「律修」生活を送り、聖職者としての宣教的使命を修道生活に結びつける、という方向を意味していた。これに対して、民衆によるこの新しい宗教運動は、直接福音書を規範とするものであった。

都市出身の一般信徒で「隠修士運動」に身を投じた人々は、特に上述の階層分化の結果、成功して富裕となった層から現れた。「彼らは今こそ豊かな余裕ある生活の中にあるものの、かつての同胞でありながら現在みじめな状態に落ち込んでいる人々と、明日は同じ運命に陥るかもしれなかった。また中には、不正な手段で富を蓄え、良心の不安に耐えられないでいる者もあった。だが一部には、社会的な上昇気流に乗ってさらに世俗的栄達を望みつつも、その立身出世の虚しさを悟って、宗教的栄光に思いを致す者もあった[30]」。最終的には異端とされる巡回説教者ワルデス（一一四〇頃―一二一七年）も、「托鉢修道会」の草分けの一人となるアッシジのフランシスコ（一一八一／八二―一二二六年）も、共に社会的出自としてはそうしたタイプの人々に属していた。

つまり、彼らは決して無学文盲の徒ではなかったが、専門的に神学の教育を受けたわけではない、という層の人々であった。彼らには聖書、特に福音書を直接読んでこれに接するだけの知的素養があった。しかし、彼らは神学的な教育を受けたわけではなく、その点ではいわば「素人」であった。その「素人」の目をもって、彼らは福音書を直接自らの霊性の源泉としたのであった。

（2）巡回説教――正統と異端との狭間

（a）民衆的巡回説教者の場合

このような都市市民出身で「隠修士運動」に身を投じた人々の多くは巡回説教者となり、間もなく出現する「托鉢修道会」の先駆者となった。上述した社会的背景から考えると、彼らのうちには心情的には現代のいわゆる「社会派（左派）」的なキリスト者と通底するものがあった、と想像してもさほど誤り（時代錯誤）ではないように思われる。ともあれ、彼らは聖書、特に福音書にもとづいて、使徒的情熱をもって説教を試みた。彼らの厳格な真の清貧にもとづいた生活は、彼らの言葉に説得力を与え、民衆たちにも、また貴族たちの間にも支持者が現れた。

彼らの「福音書主義」には、「正統」とも「異端」ともなりうる両義性、すなわち「聖書とイエスの生涯とに、先入見なしに身一つで回帰[31]」し、伝統的枠組みによる制度や慣例に囚われることのない「純粋なキリスト教」をめざす霊性の体現者として描くことも、「聖書との媒介なしの邂逅は、得手勝手な釈義という帰結を、また自由でしばしば饒舌な素人説教という帰結を、もたらした[32]」と評することも可能な両義性が孕まれていた。

聖職者たちや伝統的な修道士たちにとっては、基本的に彼らの清貧に徹した生き方そのものが自分たちに対する批判として受け止められ得た。巡回説教者の側が実際に伝統的修道院や教会位階制度を敵視して、意図してこれを攻撃するならば、それは直ちに反教会的・異端的な運動となる。また、聖職者たちにとっては、巡回説教者の説教行為そのものが自分たちの職分を侵すものであった。聖職者たちは彼ら巡回説教者に対して、説教する権限は、聖職者、それも本来的には司教に限定されている、として彼らの行為を非難した。また、彼らの生活様式が、先に引用したように、「放浪修道者 girovagum」を非難し修道士に定住を義務づけるベネディクトゥスの『戒律』に対する明白な違反であったため、伝統的なベネディクト系の修道士たちは彼らを放浪乞食として非難した。

聖職者たちおよび伝統的な修道士側からのこうした敵意と警戒との環境のもとで、彼らは真正の霊性と異端の狭間の微妙なところを歩むことになる。ただし、そうした「民衆説教者」が実際に異端的な方向に向かったか否かについては、個人と地域によって差があり、複雑な様相を呈していた。

(b)　学識ある隠修士の場合

しかしながら、巡回説教者として遍歴する隠修士は、そのような都市の民衆出身の人々のみではなかった。隠修士たちの中には、前述のプレモントレ会の創始者ノルベルトゥスや、後述するフォントヴロー修道院の創始者アルブリッセルのロベルトゥスのように、司教や大修道院長になりうるような高い学識を備え、事実後に司教となったり修道院を創設するような人物もいた。このような人々はベネディクト型修道制のあり方に満ち足りず、敢えて地位と名誉とを捨て、大規模修道院から離脱して隠修士となり、巡回説教者としての生活を送ったのである。

修道院はけっして俗世から完全に切り離されていたわけではない[33]。多くの修道士、とりわけ修道院の上長は、俗世からのさまざまな要求に直面していた。その要求とは、具体的には寄進（創設）者の特権である。王、司教、貴族が自らの領地内に創設した修道院では、寄進（創設）者は修道院に多くのことを求める権利を有していた。創設者とその親戚を埋葬し、魂の救済を保証するために祈る、という本来の宗教的な役割の他にも、修道院で晩年を過ごしたり、死の直前に修道士となって修道院に入ることを受け入れた。九世紀までは、領主自身が院長になることも稀ではなく、親戚を院長に据えることは普通に行われていた。また長子以外の子供たちを受け入れる「扶養施設」としての機能も期待されていた。近代以降、こうした実態を示した修道院は「私有修道院」と呼ばれた。そうした「私有修道院」の実態とまではゆかぬまでも、修道院に寄進などの恩恵を施す世俗の者には当然一定の特権が認められていた。他方、修道院の側にも、そうした特権と引き替えに自分たちに対する保護を求めるため、進んで王をはじめとする世俗の有力者に接近しようとする傾向があった。

隠修士の生活は、そうした意味での俗世からの分離――自由――を意味していた。一一世紀の隠修士運動が叙任権闘争で知られるグレゴリウス改革と軌を一にする、とされるのはこの点にある、と言える。隠修士運動が修道院における寄進者の特権からの自由を求める「私有修道院」的体制との闘いであったのと同じく、グレゴリウス改革は教会における寄進者の特権からの自由を求める「私有教会」的体制との闘いを意味していたからである。

遍歴の説教活動とフォントヴロー修道院の創立とによって知られる隠修士、アルブリッセルのロベルトゥス（一一一六年没）の足跡が、当時のそうした事情を理解するための一例をなしている。杉崎泰一郎は、近年発見された伝記の一部を検討することによって、そうしたロベルトゥス像とその社会的背景とを明らかにしている(34)。

ロベルトゥスの青年期については不詳であるが、司祭に叙階された後パリで遊学していた一〇八八／八九年に、レンヌ司教シルヴェステル（一〇九三年没）の聘を受け、彼は司教のもとで司祭長 archipresbyter として四年間、グレゴリウス改革の推進に尽力した。シルヴェステル司教の死後、ロベルトゥスは隠修士としての生活を基本としながら、彼を慕って集まった弟子たちのために、ロエ（一〇九六年）とフォントヴロー（一一〇一年）に修道院を建てた。しかし彼自身は結局自らが築いた修道院を後にして隠修士として遍歴の生活を送った。

一〇九六年という年には、教皇ウルバヌス二世によってロエ修道院が正式に認可されるとともに、ロベルトゥスには説教する許可が与えられている。フランクは、放浪の巡回説教者として「使徒に倣う」ことは、「当時特に異端的サークルの中で広く見られた」とした上で、教皇から正式の認可を受けたロベルトゥスを、「教会への抗議を含んでいる異端者の説教に対する答え」としてこれに対抗すべく任命を受けた「正統教会側の巡回説教」者として位置づけている。(35)

しかし、ロベルトゥス自身をめぐる事情はそれほど単純ではなかった。杉崎によれば、「高位聖職者や保守的な修道士たちは、ロベルトゥスの司牧的熱意を認めつつも既存の修道規則の使用や司教の監督下に入ることを要求し、極端な清貧の生活や苦行と、聖職者の品位を損なう言動とを危険視して、警告を発した」(36)。他方、民衆の方では「定住の枠を打ち破って乞食のような姿で村や町を遍歴するロベルトゥスの姿を愛し、彼を慕って説教を聞き、その後を追いかけ、移葬の際には奇跡を願って柩に群がるほどの熱狂を示した」(37)と言う。

つまり、元々高い地位と名誉とに与りうる立場にあった隠修士にしても、彼らが放浪の巡回説教者として活動することによって、民衆からは多大な支持と尊敬とを集める一方で、高位聖職者たちからは警戒され、「穏健化路線を強いられていった」(38)のである。

フォントヴロー修道院は男女併存修道院であったが、多くの貴族の女性が修道女として入会するようになった。結局、ロベルトゥスはフォントヴロー修道院を二人の貴婦人、すなわち領主の未亡人エルザンドと、ロエ修道院寄進者の姪であるペトロニユに委ね、フォントヴローは貴族的な女子修道院となった。杉崎はロベルトゥスの『伝記』を、院長となったペトロニユが「創立者ロベルトゥスの「正統的」な側面のみを伝えるとともに、フォントヴロー修道院の保守化と権力委譲の正当性を知らしめようとした(39)」意図のもとに記させたものとして分析している。

その上で杉崎は、「遍歴説教を行いながら修道院の生計をたてることは当時としては困難であった。加えて托鉢をもとめて遍歴することに対する嫌悪感は当時の修道士たちの間できわめて強く、ロベルトゥスの時代の西欧の経済は遍歴説教者の托鉢活動を養うほどには十分に成熟しておらず、修道院の生計は貴族からの寄進に頼らざるをえなかった(40)」と記して、一一世紀末から一二世紀初頭の隠修士運動の背景と限界とを示している。

五　結　語――托鉢修道会出現の前夜

以上、一一世紀末から一二世紀初頭の隠修士運動における「使徒的生活」の意味について概観してきた。修道士たちは、カッシアヌス―ベネディクトゥスの伝統を踏まえて、自分たちの生活は『使徒言行録』が記述している「すべてを放棄した」、つまり私有財産を放棄した「清貧」にもとづく共同生活という意味での「使徒的生活」の継承である、との自己理解をもち、「隠修士の生活」は、一層の孤独、祈り、禁欲を通して「より高度の観想」を求める、という意味での「完全な修道生活」を意味していた。律修参事会の伝統においては、「使徒的生活」に聖職者の任務としての司牧と宣教の基礎としての意味を込め、彼らの説教活動に説得力を与えるための模範としての「清貧」の生活として位置づけている。最後に、都市市民出身の民衆的な宗教運動における説教者たちにおいては、「使徒的生活」とは、伝統的な修道制や神学に依存することなく、福音書の教えに直接に即した生活を意味していた。

これらの宗教的運動は、修道制の歴史における次の時代の一大エポック、すなわち「托鉢修道会の成立」の「前夜」の状況を示すものであった。托鉢修道会は、これまで述べてきたような「清貧」「観想」「宣教」そして

「福音的な生」という「使徒的生活」に対する解釈および要請をその土壌として、都市の発達がさらに進展することにより、「西欧の経済が遍歴説教者の托鉢活動を養うほどに十分に成熟」する条件が整ったとき、芽を吹くのである。托鉢修道会において、修道士、律修参事会員、そして民衆たちが考えていた『使徒的生活』が総合された形で展開される。そして、托鉢修道士たちは、中世キリスト教社会解体の危機――「正統」と「異端」との分裂傾向――を一身においてつなぎ止めることになる。この点の事情を明らかにするのが次章の課題である。

（１）杉崎泰一郎「隠修士とその時代――ラ・グランド・シャルトルーズ修道院を中心に」（上智大学中世思想研究所編『中世の修道制』創文社、一九九一年所収、一二一―一二二頁）

一一、一二世紀における宗教運動は、一般には「グレゴリウス改革」として知られ、聖職売買の禁止や司祭独身制の徹底などを通して聖職者の堕落を正す一方、いわゆる「叙任権闘争」を通して教会が世俗権力からの自由を獲得しようとした運動として理解されている。従来の理解では、この改革は教皇主導による教会聖職者のあり方についての改革とする見方が強かったので、隠修士運動に対する最近の注目は新しい研究動向を示すものである。

（２）K. S. Frank, *Geschichte des christlichen Monchtums*, Darmstadt: Wissenschaftliche Buchgesellschaft, 1993.（K・S・フランク著／戸田聡訳『修道院の歴史　砂漠の隠者からテゼ共同体まで』教文館、二〇〇二年、五二頁）

（３）Benedictus de Nursia, *Regula* 1.（ベネディクトゥス著／古田暁訳『戒律』『中世思想原典集成』第五巻「後期ラテン教父」平凡社、一九九三年所収）

（４）Johannes Cassianus, *Collationum* XXIV collectio, coll. XVIII, PL, c. 1094B–1100A.

（５）M.-H. Vicaire, *L'IMITATION DES APÔTRES. Moines, Chanoines et mendicantes IV–XIe siecles*, Les Editions Du Cerf, 1963（M・H・ヴィケール著／朝倉文市監訳『中世修道院の世界――使徒の模倣者たち』二〇〇四年、三五―三六頁）

（６）Johannes Cassianus, *op. cit.* coll. XVIII, 5 次註も含め訳文は岸ちづ子「シトー創立と「使徒的生活」」（上智大学中世思想研究所編『中世の修道制』、創文社、一九九一年所収、一五一―一二頁）をもとにした。

(7) Johannes Cassianus, *op. cit.* coll. XVIII, 6.

(8) ヴィケール前掲書、四〇頁。

(9) すなわち、我々も第一部で繰り返し概観してきた通説による「史実」である。もっとも、序章で検討した近年の研究が示す方向、すなわち、初代教会における使徒的共同体をユダヤ教の修道的共同体の影響のもとに捉え、修道制と連続的に捉えようとする視点は、むしろカッシアヌスの見方に近い、と言える。ただし、隠修士と共住修道士とが出現する順序の理解については、カッシアヌスの説は現代の通説とは逆転している。

(10) 一〇九八年にモレームの修道院長であったロベルトゥス(一〇二九頃―一一一一年)が、フランス東部の荒野シトーの地で、ベネディクトゥスの『戒律』の厳格な遵守、粗衣粗食による質素な生活、荒地の開墾などの肉体労働の重視により、ベネディクトゥス的な霊性の復興をめざして新たに創始した修道会。第三代修道院長ハルディングス(一一〇九―三三年)は会の組織化に力をつくし、会則『愛の憲章 *Carta caritatis*』の起草に着手している。また、シトーの娘修道院であるクレルヴォーの院長ベルナルドゥス(一〇九〇―一一五三年)は各方面で活躍しており、シトー会の霊性を代表する人物として知られている。

(11) 岸前掲論文、一四六頁。

(12) 岸前掲論文、一五八頁。

(13) カルトゥジア会は、ケルンのブルーノ(一〇三五―一一〇一年)が、グルノーブル郊外の人里離れた谷間シャルトル(カルトゥジア)の地を司教から与えられ、一〇八四年に六名の仲間とともに創始した修道院を基盤とする修道会。第五代院長グイゴ(一一〇九―一一三年在任)が『シャルトルーズ修道院慣習律』を編纂して共同体の基本精神を明文化し、一一七六年に教皇アレクサンデル三世はシャルトルおよびこれに倣う一群の諸修道院を、カルトゥジア会という名の修道会として認可した。本文にあるように、修道士に個室を与えて、孤独の中での観想を重視する点に特色がある。

(14) ヴィケール前掲書、七一―七三頁参照。

(15) Chrodegang de Metz, *Regula Canonicorum*, ヴィケール前掲書、付録一七一頁以下に邦訳(梅津教孝訳)が掲載されている。

(16) 同第三一章。前掲邦訳二二八頁以下。

(17) 同第三章。前掲邦訳一八六頁。

(18) 同第三一章。前掲邦訳二二八頁以下。

(19) Petrus Damiani, *Contra clericos regulares proprietarios*, Op. XXIV, PL, 145c. 488B, 490AB.
(20) Petrus Damiani, *op. cit.* c.490BC.
(21) ヴィケール前掲書、一〇三頁。
(22) J・フィルハウス「最初の律修参事会——プレモントレ会の創立をめぐって」（上智大学中世思想研究所編『中世の修道制』創文社、一九九一年所収、一九〇頁）
(23) フィルハウス前掲論文、一九八頁。
(24) フランク前掲書、九二—九三頁。
(25) フィルハウス前掲論文、一九九頁。
(26) フランク前掲書、九六頁。
(27) ヴィケール前掲書、一〇七頁。
(28) トマス・アクィナスの時代においてもこの論争は続いていた。*S. T.* II-II q. 187 a. 1 arg. 1、本書第九章四（1）参照。
(29) トマスも「修道司祭」の集団こそが司教に次ぐ「完全性の身分」であって、教区（在俗）司祭に優る、と主張している。本書第八章参照。
(30) 坂口昂吉「フランシスコ会の創立をめぐって」（上智大学中世思想研究所編『中世の修道制』創文社、一九九一年所収、二一四頁）
(31) フランク前掲書、九九—一〇〇頁。
(32) *ibid.* 前註と同じ著者によるコメントである点に注意。
(33) たとえば、H-W. Goetz, *Menschen im Schatten der Kathedrale-Neuigkeiten aus dem Mittelalter*: Wissenschaftliche Buchgesellschaft, 1998.〔H-W・ゲッツ著／津山拓也訳『中世の聖と俗　信仰と日常の交錯する空間』八坂書房、二〇〇四〕の第二章（六九頁—）においてそうした修道院と世俗世界との交渉関係の実態が紹介されている。
(34) 杉崎泰一郎『12世紀の修道院と社会』原書房、一九九九年、第三章（二二四頁—）。
(35) フランク前掲書、九一頁。

(36) 杉崎前掲書、二四五頁。
(37) *ibid.*
(38) 杉崎前掲書、二二四頁。
(39) 杉崎前掲書、二四五頁。
(40) *ibid.*

第六章　托鉢修道会の時代

一　はじめに

前章では、一一世紀末から一二世紀初頭にかけて修道士、律修参事会員、そして都市の民衆たちの中で展開した宗教的運動の意義について概観した。「托鉢修道会」の成立という修道制の歴史における一大転換は、そうした宗教的運動の延長線上に位置づけられる。托鉢修道会は「清貧」「観想」「宣教」そして「福音的な生」という一二世紀までの宗教的運動の指導理念としての「使徒的生活」に対する解釈および要請をその土壌としている。そして都市の発達がさらに進展することにより、「西欧の経済が遍歴説教者の托鉢活動を養うほどに十分に成熟」(1)する条件が整ったとき、托鉢修道会は芽を吹いた。しかし、托鉢修道会の土壌となった一二世紀の宗教運動には、純粋な福音的精神の発露ともなりうるが、ともすれば「異端」へと走りキリスト教社会の分裂をもたらすことにもなりかねないような両義性があった。托鉢修道士たちは、そうした中世キリスト教社会の解体の危機――「正統」と「異端」との分裂傾向――を一身においてつなぎ止めることになる。ドミニコ会の成立はそのような危機に対して教会聖職者の側から対応しようとした動きであった。他方、フランシスコ会は民衆の宗教運動の高まりから生まれた都市市民出身の巡回説教者が正統信仰の内に留まることにより、教会に霊的生命と活力とを与えるに至った存在である。本章では、ドミニコ会とフランシスコ会とを中心に托鉢修道会の成立事情とその社会的意義とについて検討する。

二　ドミニコ会

ドミニコ会については、後に第九章において有力なドミニコ会員でもあったトマス・アクィナス（一二二五―七四年）の倫理思想との関連でその修道会としての意味についても検討するので、本章では簡単にその成立について概観するにとどめる。

上述の通り、ドミニコ会は一二世紀の社会的状況に対して、教会聖職者の側から対応しようとした集団であった。その成立の契機となったのは、極端な禁欲生活を特徴として南フランスに発生した「カタリ派」（アルビジョア派）の異端である。カタリ派の教えの内容は、若き日のアウグスティヌス（三五四―四三〇年）が走ったマニ教に近いため、キリスト教の異端というよりは異教である、とする説もある。いずれにせよ、民衆が「福音の理想」と「使徒的生活」とを求めていた当時の社会状況を背景として、「カタリ派」が極端な禁欲生活を特徴としていたことが、彼らが人々の支持を集め、力を持った一因と考えられる。その意味で、カタリ派は一一、一二世紀における民衆的宗教運動に伏在する異端的傾向の一顕現形態と見ることができる。正統カトリック教会と敵対したカタリ派は他の異端的なセクトとは比較にならぬほど強力な影響力を示し、かつ南フランスの諸侯がこれを支持したために大きな政治的勢力となって、中世ヨーロッパ世界を支えてきた普遍的原理としてのキリスト教的一致の根底を脅かすほどの存在となっていった。

ドミニコ会の創立者であるドミニクス（一一七〇頃―一二二一年）は、若き律修参事会員であった頃、師事していたオスマ司教ディダクスに随行してローマへ赴く途上、南フランスに広がっていたカタリ派に遭遇した。ドミニクスは、師である司教や、教皇から派遣されたシトー会士たちとともにこれと対決することになる。「対決」と言っても、後に勃発する「アルビジョア十字軍」のような武力鎮圧や、ましてや中世末期の異端審問などのような暴力による対決ではない。対話や説教による平和的な説得によって正統キリスト教への還帰を促すのである。ここで、ドミニクスはシトー会士の仲間たちの挫折を目の当たりにした。前章で紹介したとおり、シトー会は、ベネディクトゥスが『戒律』で示した伝統的な修道制のパラダイムを厳守することのうちに「使徒的生活」の実現を追求した修道会であった。しかし、シトー会は土地を所有していたがために、民衆への説得力において、清貧を誇るカタリ派の禁欲行者の前に無力であった。シトー会は、カタリ派との対話的な対決の場からは撤退し、後にアルビジョア十字軍による武力鎮圧に荷担することとなる。

結局ドミニクス自身が、カタリ派の人々を正統カトリック教会に復帰させるべく説得することを自らの使命とし、同志を集めることとなった。こうした経緯で成立したのが「説教者兄弟会 Ordo Fratrum Praedicatorum」（通称ドミニコ会）だったのである。そしてドミニクスが設立した新しい修道会はカタリ派との対決において一定の成果を挙げた。カタリ派から正統カトリック教会に戻ってきた女性たちは、異端の司牧方法を巧みに組み込む形で共同生活を送っていたが、この共同体は回心した女性たちに正統信仰のもとでの教会生活と奉仕の場とを与える役割を果たしていた。ドミニクスのもとに集まってきたカトリックの巡回説教者たちは、カタリ派が強力であったラングドック地方にあって、当初彼女たちの家を活動の拠点としていた。ほどなくして、ドミニクスの説教者共同体は司教フルクの招きに応じてトゥールーズに移った。ドミニクスの仲間たちはトゥールーズにおいて、自分たちの出自である律修参事会員としての生活を送ったが、司教座聖堂の枠にとどまらず教区全体のために活動した。ここに彼らの生活様式の新しさがある。ドミニクスの共同体と同様、律修参事会も聖職者による修道的共同体であったが、それはあくまでも「聖堂参事会」であって、その活動は特定の聖堂（特に司教座）に結びついていた。ドミニクスの共同体はそうした場所的制限から自由な、より機動性をもった活動をめざしたのである。一二一五年ドミニクスは教皇にこの活動を新たな修道会として承認することを求めたが、新修道会（修道規則）の創立はラテラノ公会議において禁じられていたため、ドミニクスは聖職者の共同体に適した『アウグスティヌスの修道規則』、特にいわゆる『第三の規則』（*Regula tertia* または『神の僕たちへの規則 *Regula ad servos Dei*』）を自らの共同体の規則として採用した。さらに教皇ホノリウス三世が一二一六年および一二一七年の二回にわたって与えた認証によって、ドミニコ会の説教活動の範囲は南フランス教区における異端の教化にとどまらず、全教会にまで及ぶものとされた。

このように、本質的に教会聖職者の集団として出発したドミニコ会は、教会人の立場にあって可能な限りでの修道生活を志した律修参事会が伝統的によく採用した比較的自由度の高い戒律である『アウグスティヌスの修道規則』を採用している。しかし『アウグスティヌスの修道規則』はきわめて一般的な心得を書き記したものに過ぎなかった。そこでドミニコ会は、これを上述のように従来の律修参事会以上に機動的な自分たちの活動および生活様式へと具体的に適用するため、「会憲」を定めた。最初の会憲は一二二〇年、ボローニャでの総会で成立し、その後会の発展に対応して数次の総会において補完・拡張されていった。ドミニコ会士たちがめざしていたのは、キリスト教第一世代の「使徒」たちに倣い、異端に優る清貧のうちに托鉢し、説教によりキリストの福音を宣べ伝えることであった。そこで、その固有の使命を達成するために、ドミニコ会は、「定住」の原則の放棄など、いくつかの具体的な点でそれまで支配的であったベネディクト系の修道パラダイムに対して「パラダイム変換」を行うことになる。彼らは宣教活動のために修道院の禁域から外に出なければならず、祈りや手仕事などについての固定的な日課から自由な時間をもたなければならなかったからである。

三　アッシジのフランシスコとフランシスコ会

前章で詳述したとおり、一二世紀のキリスト教は、福音の純粋な理想への回帰、そして修道生活の原点としての隠修生活に回帰することへの志向を示していた。しかしながら、そうした時代的背景が生み出した民衆的宗教運動は、純粋な福音的霊性を示すものともなり得たが、ともすれば異端的なセクトへとも走りかねない両義性を孕んでいた。そうした中であくまでも正統教会の中に留まり、これに活力を与え、民衆の宗教運動のエネルギーを汲み上げるルートを開いた存在がフランシスコ会であった。前章でも簡単に触れたとおり、アッシジのフランシスコ自身、一般信徒である都市市民出身の巡回説教者のカテゴリーに属する人物であった。フランシスコ会は、ドミニコ会の場合よりも遥かに強く創立者フランシスコの生き方によって方向づけられており、彼の生涯はその時代的な課題に直面し、これに一身をもって答えようとするものであった。それゆえ、フランシスコ会については特にフランシスコの生涯とその意味とについて紙幅を割いて概観することとしたい。

ただし、フランシスコの人物像およびフランシスコ会の歴史に関する研究史(2)はそれ自体としてかなりの問題性を孕んでいる。プロテスタントの研究者ポール・サバティエによるフランシスコ研究は一般に高く評価されているが、彼はフランシスコ会内部の伝統による文書にはあまり意を用いず、フランシスコの自筆文書、中でも特にその『遺言』の書に破格の重みを置いたため、清貧理想による生活を教会に対する信仰と従順よりも重んずる聖者像に傾いた、とされる。これに対して、デンマークの詩人イェンス・ヨハンネス・ヨルゲンセン、イギリスのカプチン会士カスバートらによる伝記は「清貧のうちに神と被造物を讃える聖者である点でサバティエと何ら相違無いが、母なるカトリック教会に対する忠実な子という点で大きな修正がなされている」[3]という。そうした相違は史料の操作手続きによるものではあるが、結局は解釈者自身の立場が反映されている[4]と言うこともできる。そしてそうした研究史そのものに見られる困難も、フランシスコの運動自体をめぐる問題、また後述するフランシスコ以後のフランシスコ会の歴史の中で表面化していった問題そのものを反映している、と言うことができる。

そうした問題性を念頭に置きつつ、ここではなるべく諸家の最大公約数的な通説にもとづく概括的叙述を試みることとしたい[5]。

(1) アッシジのフランシスコとその生涯

フランシスコは、アッシジの富裕な織物商人ピエトロ・ベルナルドーネを父として、一一八一年あるいは八二年に生まれた。若き日のフランシスコは貴族(騎士)に憧れ、機会あれば騎士身分へと立身することを熱望していた。しかし戦争に参加したフランシスコは、一二〇二年九月一二日、テベレ河畔ポンテ・サン・ジョヴァンニでの戦いで捕虜となり、敵対都市ペルージアに連行された。彼は、休戦のため釈放されてアッシジへの帰還がかなう一二〇三年一一月までペルージアで捕囚生活を送った。アッシジに帰還したときには、彼は結核を患っており、捕虜としての生活による衰弱のため、病気の回復は思わしくなかった。彼は闘病生活の試練にあっても、なおも遊蕩と騎士身分への出世の野望を抱き続けていたが、この時期は彼が回心へと向かい始める転機となっている。おそらく、この回心のプロセスは長い時間をかけて徐々に進んだものと考えられる。この間の彼については、いくつかの伝説的なエピソードがある。『三人の伴侶の伝記 *Leggenda dei Tre Compagni*』[6]によれば、アッシジ帰還の数年後、フランシスコは、折から皇帝軍と対抗して教皇軍を率いる指揮官ブリエンヌ伯爵に騎士に取り立ててもらうことを望んで出陣しようとしたところ、自分が騎士身分を越えて王侯に列せられた夢を見た。しかし、出発直後に体の具合が悪くなり、スポレートの地で改めて預言的な幻を見て、自分が間違った主君を選んだこと、かの夢は別の意味で解釈されなければならないことを告げられる。その結果、彼は教皇軍に参加する計画を放棄した、という。無論、これはかの伯爵にではなく神に仕えなければならない、ということの暗示である。またある日、友人たちに「君たちが今まで逢ったこともないほど高貴で裕福で美しい貴婦人と結婚する」という思いを語った。これも、平民身分からの上昇をもたらしてくれる高い身分の女性との結婚への野心の表白であるが、『三人の伴侶の伝記』は、この「貴婦人」とは、イエスにつき随うためにすべてを棄てる「清貧」を暗示していた、と示唆する。

フランシスコの新たな生の開始となった体験、彼の回心を決定づける出来事は、ローマへの巡礼から帰郷した一二〇五／〇六年に、施療院でハンセン氏病患者に接吻したことである。フランシスコはその『遺言』の冒頭でその体験を振り返っている。

「主は、私、すなわち兄弟フランシスコに、このように悔悛の業を始めさせて下さった。私は罪の中にあったため、ハンセン氏病患者を見ることがあまりにも苦く思われた。そこで、主御自身が彼らのあいだに私を導かれ、私は彼らに慈しみを施した。そして彼らのもとから遠ざかるに従い、私にとって苦く思われたこと

が魂と身体に甘美なものへと変わった。そして、それから私は少しのあいだ留まった後、この世の外へ出た。」(7)

それまでの彼は、街頭で見かけるハンセン氏病患者、知的障害者、精神病患者をはじめとする不潔な乞食の群れに対して、憐憫を覚えつつも目を背けていた。しかし、根本からの変化を体験した彼は、憐れみと嫌悪との入り交じった彼らに対する「拒絶」の心から脱して、彼らを「抱擁」したのである。

その後、フランシスコは崩れ落ちたサン・ダミアーノ小聖堂の十字架から「廃墟と化した私の家を修復せよ」との呼びかけを受けた、と伝えられている。それから彼は、そのサン・ダミアーノ小聖堂を始めとして教会堂を再建する活動に打ち込んだ。フランシスコは当初この目的のために父親の金を用いようとして、そのことを父親に咎められ、アッシジ司教のもとで、父親に金と着衣とのすべてを返して裸になり、「もはや天にまします父の他に父は持たない」と述べて父親の息子としての資格を放棄した。その後、サン・ダミアーノの教会堂修復に改めて着手したが、今度は必要な経費を自分たちの労働と托鉢とによってまかなった。一二〇八／九年、修復なったサンタ・マリア・デリ・アンジェリ（後のポルティウンクラ）小聖堂でミサにあずかり、福音書の朗読で、弟子たちを無一物で派遣するイエスの言葉を聞いたフランシスコは、自分の召命は方々の教会堂を再建することではなく、教会そのものの再建であり、そのための方途は、福音そのものとその「清貧」の掟にほかならない、ということを理解した、と伝えられている。ここに彼の「回心」は完成した、とみることができる。

やがて、彼は説教活動を始め、何人かの弟子たちが彼の周りに集まった。フランシスコの弟子たちは、フランシスコ自身と同様の出身階層、すなわち都市貴族や富裕な平民たちが多く、基本的に社会の上層にいた人々であった。彼らはフランシスコと同様に豊富な財産を捨てて、徹底した清貧のうちに巡歴説教に明け暮れる使徒的生活に入った。また、フランシスコの共同体の初期構成員は聖職者をも含むにせよ、一般信徒が圧倒的に多かった。フランシスコに率いられた原始的集団は、福音書の二、三の章句に従って、まったくの清貧の生活を送り、日々の糧を得るために働きに出て、定まった住居をもたず、人びとに「償い」、すなわち道徳的回心を説き、兄弟愛によって一つに結ばれていた。

「この点は同じく使徒的清貧の生活を営むとはいえ、当初から学殖の深い聖職者集団であったドミニコ会との顕著な差異を示しているのである。そしてこれは、初期フランシスコ会の展開が、十二世紀に口火を切ったワルデス派や謙遜派の流れを汲む民衆宗教運動の性格を帯びていたことを示すと言ってよいであろう(8)」。

フランシスコを取り巻く「兄弟たち」の集団は、少なくともその当初は組織化された「修道会」ではなかったと考えられている。弟子が一一人を数えるに至った一二〇九／一〇年、フランシスコはごく簡潔な最初の会則を設けた。その内容は伝わっていないが、時の教皇インノケンティウス三世は、口頭でこれを認可した。一二一五年の第四ラテラノ公会議において、将来における新しい修道会の創立を禁じ、以後修道会に入るなり修道院を創設するなりする場合には、すでに認可済みの会と会則とを選択しなければならないことが決定された。その結果、先述のごとくドミニコ会は『アウグスティヌスの修道規則』を選択している。ここで、インノケンティウス三世自らが「フランシスコ会」に口頭で認可を与えたことを告知し、フランシスコ会の会則は「滑り込み」で最後の新しい修道会則となる。

教皇による認可は、教皇に対するフランシスコの従順の誓いをともなうものとして受け入れられた。また、フランシスコ自身を含む最初の兄弟たちに対しては、修道者の徴として剃髪がなされ、フランシスコ自身は助祭に叙階された。これらの事実は、フランシスコとその仲間たちが正統的に神に従う者たちであることの証しとなるものであった。

フランシスコは、カタリ派の影響下にある地域での説教についてはおそらく意識的にドミニクスらに譲り、自らはイスラームへの伝道、特にスルタンの改宗をめざすことを自己の使命と理解した。しかし、彼は幾度にもわたって伝道旅行を試みたが、船の難破や彼自身の病によってすべて失敗に終わっている。フランシスコが最終的に帰国を決意したのは、イスラーム宣教の失敗に加えて、イタリアでの彼の修道会に生じたさまざまな問題を解決する必要のためでもあった。

当初フランシスコは会を組織化する意図をもたなかったと言われている。しかし修道会の規模が拡大するにつれて、規則の制定と組織化への動きが生じ、これが共同体内に軋轢を呼び起こした。フランシスコが東方伝道旅行で不在中、代理の総会長がいわば伝統的な修道院のあり方への回帰を志向する改革を行った。具体的には、学問研究、頻繁な断食と節制、厳格な規律、教会堂と修道院との建立などである。これらの改革はフランシスコの意に沿うものではなかったと言われている。一二一七年に「管区長」をもつ「管区」が設立され、宣教団がアルプス山脈を越えて派遣されるようになった。またその後もフランシスコが不在中にあとを託された修道士たちは、一年間の修練期と形式的誓願と説教の監督とを課した公開勅書を教皇ホノリウス三世から得た。

その後おそらく一二二〇年の総会でフランシスコは総会長を辞任する。兄弟団を直接管理することから手を引いていたフランシスコは、規則の制定には消極的であったが、一二二一年にいわゆる『第一会則』を定めた。この会則は、彼の理想をほぼ表現しえたと言われているが、教育があり法律の訓練をつんだ人びとにとっては、あまりに厳しく、あまりに曖昧なものと受け止められた。一二二三年の総会では、今日にいたるまで使用されている『第二会則』が成立し、同年一一月二九日に教皇ホノリウス三世がこれに最終認可を与えている。そこにはフランシスコがたえず重視してきた、清貧、手仕事、説教、異教徒への宣教、活動と観想との均衡といったテーマが規定されている。『第二会則』の成立に際しては、教皇庁、とりわけ枢機卿オスティアのウゴリーノ（後の教皇グレゴリウス九世）の助力があった。

しかし、フランシスコが総会長を辞任する前後から、修道会は「緩和主義」もしくは「現実路線」派の主導のもとに置かれ、フランシスコ自身はしばしば冷淡な無理解の中での「祭り上げ」の仕打ちを受けていた、とも言われている。以後、フランシスコは苛酷な苦悩の日々を送ることになる。彼は四〇歳前後の頃健康を損ね、孤独のうちに説教と痛悔と祈りとに専念するようになった。そうした中で、一二二四年九月一七日、フランシスコはモンテ・アルヴェルナの隠棲所で「聖痕」、すなわち磔刑を受けたキリストの手足の傷と同じ傷を身に受ける。この奇跡は教会において前例を見ないものであり、聖人をキリスト自身と重ね合わせるものとして、当時の人々にとってはむしろ反感を招きかねないものであった。しかしこの奇跡は、フランシスコが人知れぬ苦しみの中でキリストと深く結ばれたことを示すものであった、と理解されている。

やがてフランシスコの病は重くなり、視力は弱まり、しばしば喀血した。サン・ダミアーノの修道女の看護も著名な医師による治療も彼の苦しみを和らげることはできなかった。病魔と孤立とによる苛酷な苦悩のさなかにあって、フランシスコは一二二五年、サン・ダミアーノで、彼の霊的遺言とも言うべき『太陽の讃歌』を書き記す。それは一二二六年四月の『遺言』と最晩年の遺言とに先立つ「もう一つの遺言」とされる。一二二六年一〇月三日夕方、フランシスコは修友による『ヨハネ福音書』第一三章の朗読を聞きながら息を引き取った。四六歳であった。民衆はすでに生前から彼を聖人とみなしていたが、フランシスコはその死から二年後の一二二八年七月一六日、教皇グレゴリウス九世によって正式に列聖された。

(2) フランシスコ会の歩みとその困難

聖人の死後、フランシスコ会の展開はやや紛糾した経過を辿る。この経緯は、フランシスコ自身の卓越した境地の高みにおいてこそ統合を保ち得ていたフランシスコ会の運動そのものに伏在する内的困難を物語っているため、簡単に触れておくこととする。(9)

フランシスコの存命中にすでに表面化したことであったが、共同生活を実際に営む修道院を運営する上で、清貧の理想を厳密に実行することには大変な困難がともなった。その結果、フランシスコによる清貧への志向は、修道会の中では徐々に緩和され、厳密な清貧への忠実さを要求することに対する反動が起こった。まず上述の通り、フランシスコ存命中から、伝統的な修道院への回帰を志向する改革がなされた。これはかならずしも非難されるべきものではなく、放浪と夢想とへの傾向があった数千人もの修道者を結束させるために必要な面もあった。聖人の死後さらに明らかになってゆく変化として「聖職者化」、そして「学僧化」すなわち大学への進出が挙げられる。これらの変化は、フランシスコ会の活動形態をドミニコ会のそれと近いものとすることになった。

こうした動きに対して、あくまでもフランシスコ的清貧に忠実であろうとした「遵守主義派」と呼ばれる一部の人々は異議を唱え、修道院を出て隠棲所で暮らすようになり、「修院居住派」と分離することとなった。後に「遵守主義派」の中でもさらにラディカルな人々から「聖霊派」と呼ばれる一派が生じ、遂には清貧を従順や愛よりも重視して、修道会に対する批判を展開するまでになった。聖霊派はフランシスコの理想を追求しようとしたものではあったが、その一部はフィオーレのヨアキム（一二〇二年没）の影響のもとに明確な異端の特徴を示すに至る。聖霊派は、歴史の中でフランシスコに特別な意味を与え、彼とともに「聖霊の時代」が始まったと考え、その結果清貧の緩和には断固として妥協せず、修道会の上長やローマ教皇の権威に対する不服従さえも正当化する結果となった。

もっとも、その後、フランシスコ会の修道院共同体と聖霊派とは数度の分裂と統合とを繰り返し、聖霊派系の「清貧兄弟団」は一五世紀まで存続した。一四四六年、教皇エウゲニウス四世は両派を仲介して聖霊派に独自の総会長代理（vicarius）を持つことにより、修院派の総会長から実質的に分離することを認め、さらに一五一七年、教皇レオ一〇世は、聖霊派と修院派とをそれぞれ独立した修道会とすることによって両派の対立に終止符を打った。

フランシスコ会の歴史におけるこうした紛糾の中で、一方では修道院としての共同体を維持するために清貧が後退し、他方では聖霊派がラディカルな方向に走った結果、従順と愛とが後退する危機に直面した。こうした「禁欲性」特に清貧と「従順」との緊張関係については、第一部第一章でアントニオスとバシレイオスとにおいて検討した関係と通ずるものがあるかもしれない。修道制そのものの根底にあるとも言えるそうした緊張関係が、中世ヨーロッパの時代的・社会的背景のもとで改めて再燃した、と考えることもできよう。

（３）フランシスコの基本思想

フランシスコ会の歴史における「遵守主義派」と「修院居住派」との対立は、フランシスコの運動そのものが置かれていた困難を反映している。それはフランシスコという希有な資質を備えた「聖人」において、きわめて困難な総合が成し遂げられていた「清貧」の徹底と「従順」および「愛」との間の緊張関係である。

教皇の認可とフランシスコ自身の助祭への叙階にもかかわらず、フランシスコとその仲間たちは異端的なセクトではないか、との疑いのまなざしのもとに置かれていた。フランシスコの活動は、前章で紹介した一一世紀から一二世紀にかけての民衆的宗教運動が示した方向性と酷似している。というよりは、彼自身そうした民衆運動家の一人と見なすべきである。前章で検討したとおり、フランシスコの、そして同時代の民衆的な宗教運動の担い手たちが示した方向は初期修道制における「隠修士」を志向している。フランシスコらは「貧しき人と共にある」ために「自己放棄」、すなわち隠修士たちのように徹底した禁欲としての「清貧」を実践した。また、当初フランシスコとその弟子たちがあくまでも一般信徒の身分に留まろうとした点も、初期修道制における隠修士たちの精神に近いものであった。しかし、彼らが説教活動を行うことに対しては、彼らが一般信徒と似ていたが故に教会当局の不快感と警戒とを招いた。一般信徒と変わらぬと見られる者が説教権を要求することは、直ちに異端の表明とみなされても仕方のない程に危険きわまりない所行であった。当初フランシスコとその仲間たちが異端的なセクトではないか、との嫌疑を受けたのはそうした背景による。フランシスコは外面的に見る限り、彼の先行者たちと同様に異端との間の狭間を歩んでいた、とも言える。

しかし、フランシスコと異端的民衆運動家との間には、決定的な相違がある。この相違を理解することは、フランシスコの運動が当時の時代状況において有していた意義を理解するためのみならず、たとえば現代における「解放の神学」のような運動が真にキリスト教的でありうるための条件を考える上でも重要と思われる。

民衆運動家たちは、「貧しい人と共にある」イエスに従うべく、社会的正義への要求と結びつける形で「福音に従った使徒的生活」を希求した。しかしそうした人々の一部は教会を批判し、反聖職者主義を主張するようになった。そして彼らが自らの「正義」に固執して他の者、特に富裕な聖職者たちに対して、彼らが福音を裏切っている、と非難するならば、結局自らを神の座に置いて相手を裁く傲慢に陥ることになる。こうして、批判する側自身も福音を裏切ることとなる。さらにまた批判された側の聖職者たちも、弁明のために反批判の口を開かざるを得なくなる。その結果、そのような道を歩んだ民衆運動家たちは、自ら望むと望まざるとに関わらず否応なく実際に反逆分子や異端的な分派の方へと自らを押しやることになった。

これに対して、フランシスコは福音の教え通り、一切「裁く」ということをしなかった。教会や伝統的な修道院の堕落を批判したり非難したりすることも決してなかった。ここにフランシスコがそうした異端的な道を辿る危険を避けることができた最大の理由があった。多くの研究は、フランシスコと異端的民衆運動家との相違点として、フランシスコがあくまでも教会に対する従順を説いた、という点を強調している。フランシスコの会則は兄弟たちに、教会を愛し、その権威に対して厳格に服従することを求めていた。特に彼は、司祭など教会の聖職者に対しては、仮に無能で不道徳な者であったとしても相手の人物の是非を論じることなく、無条件に従順を示すように説いた(10)。それは特に、彼が聖体拝領を深く希求していたことによる。フランシスコは助祭に叙階され説教者として認められたが、彼も他の一般信徒と同じく、司祭を介さずに聖体拝領を受けることは不可能だった。聖体拝領を通してキリストと交わり、自らをキリストの神秘的身体の一部としてその生命に参与することを、フランシスコは何よりも大切にした。

フランシスコがそうした賢明な態度をとり得たのはなぜなのか。この点を理解するためには、彼の内面に目を向けるべきであろう。坂口昂吉は、後にワルド派と呼ばれるようになる異端的なグループの創始者ワルデス（一一四〇頃―一二二七年）を挙げて、フランシスコとの共通点と相違点とに論及している。[11] 坂口は、両者の外面的な行動の軌跡はきわめてよく似通っていることを指摘するが、その相違点について、たとえばその「回心」の意味について以下のように指摘している。

「注目すべきは、聖フランシスコの回心が、世俗世界で商人として事業に失敗したからでも、騎士になれず絶望したからでもないことである。また商業の進展により流動化した社会の中にあって富を失って没落する可能性に不安を抱いたためでもなく、不正な蓄財に対する良心の苛責にさいなまれたからでもないことである。彼の回心はより積極的な動機によるものであり、この意味でも前述のワルデスの回心とは大きな相違があるのである。[12]」

ここで我々も、フランシスコがハンセン氏病の患者を抱擁した、という逸話に関連して、そこでフランシスコ自身が「甘美」という表現を用いていることを想起しよう。これは、「彼の回心はより積極的な動機によるもの」であることの証拠と言える。もしそうでないのなら、つまり、坂口が上に挙げたような動機――それはおそらく坂口が引き合いに出したワルデスや当時の多くの異端的民衆運動家を動かしていた動機であったであろう――による「回心」によるものであったのならば、その動機に含まれる何らかのルサンチマンがその活動に攻撃的性格を与えることになったであろう。坂口は、フランシスコを動かしていた「より積極的な動機」とは「神でありながら真に人となったキリストの精神を観想しその生活に無条件に従うこと[13]」であったと指摘している。フランシスコが真実にそのハンセン氏病患者の中にキリストを見たからこそ、彼はその病者を「抱擁」した際に「甘美」

という表現を用い得たのである。

かくして、フランシスコは民衆の宗教運動が志向した「貧しい人と共にあること」としての「清貧」の理想を、ルサンチマンにもとづく攻撃性に汚染させることなく教会共同体への従順および愛と統合させることに成功した。それゆえ、彼の精神を受け継いだフランシスコ会は、（２）で述べた困難に遭遇しながらも、当時の宗教運動に突き動かされてともすれば異端的な分派に走りがちであった民衆に、正統信仰の中でその宗教的情熱を活かしてゆくためのモデルを提供することができた。その結果、時が経つとともに、フランシスコ会はそうした民衆を落ち着かせ、その宗教的エネルギーを正統キリスト教に取り込むための重要な役割を担うものとして、教会からも認められるようになる。それまでの教会は、当時の時代的・社会的背景が生み出したこうした人々を適切に取り込むことができずに、ただ彼らを脅威と感じ、その結果異端として断罪する他にすべがなかったのであった。かくしてフランシスコは、キリスト教世界分裂の危機を一身においてつなぎ止め、同時に教会に霊的な生命力を吹き込ませる、という使命を果たしたのである。

四　その他の托鉢修道会

以上のような経緯で成立したドミニコ会、フランシスコ会のような托鉢修道会は、時代に適応した新しい修道生活のモデルを提供し、中世盛期の修道制を支配することとなった。その結果、托鉢修道会をモデルとするいくつかの新しい修道会が成立した。

イスラム教徒によって捕えられたキリスト教徒を自身が身代わりとなって贖うという、明確に限定された目的をもって成立したいくつかの修道会は、やがて托鉢修道会をモデルとして展開することになる。マタのヨハネス（一二一三年没）が創立した「三位一体会」（一一九八年認可）はドミニコ会と同様、参事会員的生活様式を採っており、この修道会は托鉢修道会を手本として組織化された。ほぼ同時期、「メルセス会」も同様の目的で成立している。同じく捕えられたキリスト教徒の贖いを使命としてペトルス・ノラスクス（一二五六年没）が創立した「贖虜の聖母会」（一二二三年設立）の場合、当初は騎士修道会の形態をとっていたが、後になって托鉢修道会の形態へと変化した。

一二世紀の後半からカラブリアのベルトルドゥス（一一九五年没）のもとカルメル山に集まった隠修士のグループに対して、エルサレムの総大司教が一二〇七―〇九年ごろ規則を与え、この規則が教皇ホノリウス三世によって一二二六年に承認されることになったのが「カルメル会」の起源である。その後、隠修士たちはイスラームが支配したパレスチナから、安全なヨーロッパへと移住し、隠修制から共住制に移行して托鉢修道会化した。

『アウグスティヌスの修道規則』に従い、「聖母下僕会」（一二三三年）がフィレンツェで成立し一五世紀に公式に托鉢修道会として承認された。さらに「アウグスティヌス隠修士会」（アウグスチノ会）は、一三世紀中葉に教皇庁の指導のもとにイタリアのさまざまな隠修士集落が結集して成立した。体制と活動方針とを決めるに当たっては、やはり托鉢修道会、特にドミニコ会が手本となった。

ドミニコ会、フランシスコ会の他、カルメル会、アウグスティヌス隠修士会を合わせて、「四大托鉢修道会」と称され、中世都市における支配的修道パラダイムを示すこととなる。

五　托鉢修道会の意義

最後に、托鉢修道会の一般的特徴と歴史的意義とについて概観しておきたい[14]。

（１）人的団体としての修道会

ドミニコ会はその会憲によれば「人的団体」として規定されている。このような団体は、西欧修道制の歴史においてドミニコ会が最初だと言われている。律修参事会も含め伝統的な修道共同体にあっては、特定の「場所」に結びついた「修道院 monasterium」が生活単位であった。各修道院は特に、何らかの聖人にゆかりのある個別的な教会と結びついており、修道士は修道誓願によってその修道院と結びついた教会の聖堂への奉仕へと自動的に組み込まれるのが常であった。これに対して人的団体であるドミニコ会に加わる者は、特定の「修道院」にではなく「修道会」に入会することになる。

特定の場所に属することのない「人的団体」としての修道会に一致の根拠を提供するのは、各構成員に共通の義務を課する会憲である。会憲は修道会に、対外的には市民的生活様式からも他の修道共同体からも際立った団結をもたらしている。また会憲は、内部的には、各修道院における統一的で規則的な修道生活を確保し、広範囲に散らばった「家」を一つにつなぎ合わせる一体性をもたらしている。修道院長を選ぶのは個々の修道院である。各修道院は領域ごとにまとまって「管区」を形成する。管区長は各修道院の代表団によって構成される管区総会によって選ばれる。そして、諸々の管区の代表機関である総会が総会長を選出する。このような「君主制的要素と民主主義的な要素を器用に混ぜ合わせた厳格な組織が、修道会全体をまとめ上げている。[15]」

フランシスコ個人のカリスマに由来するフランシスコ会は、当初から「全フラテルニタスの奉仕者にして僕」である共通の長上としてのフランシスコに対する従順を誓う同志たちによる兄弟的共同体から出発している。その後、前述の経緯の中で「管区」を設置する等の組織化を果たしていった。しかし会の成員は、基本的にはフランシスコの後継者としての総会長に対する従順の誓願によって互いに結ばれていた。ともあれそれが「人的な結合」による共同体である、という点ではドミニコ会と同様であった。

（2）キリスト教社会を分裂から救った「清貧」

上述のとおり、ドミニコ会は聖職者側から、フランシスコ会は民衆側からキリスト教社会分断の危機をつなぎ止める役割を果たした。その決め手は「清貧」である。

ドミニコ会士たちにとって、「清貧」は異端との対抗手段としての意味を帯びていた。前章で概観した通り、「使徒的生活」という観念はあらゆる形態の修道生活の指導理念であったが、同時に異端的な諸セクトの旗印でもあった。そこでドミニコ会士たちは、「使徒的生活」を標榜するあらゆる形態の生活様式を凌駕するため、彼らに優る「清貧」を追求し、キリストおよび使徒たちの貧しさに倣おうとした。従来の修道制においては、個々の修道士は個人としては「清貧」を標榜しつつも、修道院としては共有財産、特に土地を所有することを前提としていた。このことは農業生産を基盤とする社会において修道者が自分たちの生存を支える上で不可欠のことであったが、ともすれば「清貧」の実質的空洞化を招く要因ともなっていた。ドミニコ会士たちは、個人のみならず共同体としても土地所有を放棄し、信徒からの喜捨に頼る「托鉢」修道士として生きた。

他方、フランシスコは自らが都市市民出身の民衆的宗教運動側の人間であった。フランシスコとフランシスコ会とは前述の困難を経験しながらも、それ以前はともすれば異端的セクトへと走りかねなかった人々の宗教的エネルギーを、正統信仰の枠の中に取り込むためのルートを示す存在となった。

（3）　都市的性格

托鉢修道会が成立するための社会的・経済的基盤を提供したのは、都市の市民であり、都市の文化であった。托鉢修道会は、キリスト教的清貧を特に強調することで一三世紀の教会の思潮を支配した福音主義の結実であった。しかし、托鉢修道士という生活形態を可能としたのは、一三世紀に進行しつつあった現物経済から貨幣経済への移行、農業を基調とする経済構造から都市的な「初期資本主義」への移行という社会的基盤の成立であったことが指摘されている(16)。都市市民は、財産や収入なしに生活する説教者たちの集団を托鉢によって養うだけの力を持った。そのため、説教する修道者が個人としてのみならず、共同体全体としても「貧しくある」ことが可能となるための経済的・社会的基盤が成立した。ただし、ドミニコ会などでも都市にある修道院では、都市住民に対する小教区における教会的司牧活動を最重要視していた。托鉢修道会は、そのさまざまな活動によってヨーロッパ、特に都市において、宗教的風土全体、そして大学、ローマ教皇庁、諸侯や諸王の宮廷にまで影響を及ぼしていった。

（4）　「学僧の修道会」

ドミニコ会士たちは、清貧の徹底をめざして「托鉢」修道士として生きたが、他方では自分たちの説教活動における教えの内容に正しさと説得力とを確保するために、学問研究を重んじた。ドミニコ会の規則によれば、会のすべての修道院に上長と教師とがいなければならなかった。学問的研究はドミニコ会の本質的使命であった。ドミニコ会内の神学院における学問研究は大学での研究を手本とした。また、アルベルトゥス・マグヌスやトマス・アクィナス等の例に見られるように、ドミニコ会士たちはパリ、ボローニャ、ケルン、オックスフォード等の大学そのものにまで進出してその教授陣の一員となった。かくして、ドミニコ会は「学僧の修道会」という性格を帯びることとなった。清貧の徹底と学問研究の重視という、現代人の目からは一見矛盾とも見えるようなドミニコ会の活動のすべては、異端との対決を契機として、キリスト教の宣教を真に普遍的な説得力を有するものとして提示する、という目的へと収斂していたのである。

また、三節（3）で触れたような経緯によってフランシスコ会も結局「学僧の修道会」への道を歩んだ。聖人の死後、フランシスコ会が直面した困難の中で会の基本的な方向を定めた総会長ボナヴェントゥラは、自身トマス・アクィナスと並んで代表的なスコラ学者として知られている。

このようにして、托鉢修道会は大学に進出していったが、従来の大学人は主として在俗聖職者であった。その結果、大学における新興勢力であった托鉢修道士たちは彼らと競合し、その競合は激しい対立を引き起こすこととなった。この問題については後に第九章でも触れることとする。

（5）　女性と托鉢修道会

上述したとおり、ドミニコ会はその草創期にカタリ派から改宗した女性たちを世話しており、その後もその伝統を引き継いで一三世紀の女性による宗教運動を教会の中に位置づけることに貢献した。ドミニクスは女性のために「第二の修道会」を創立し、これは後世まで女子修道会の手本となった。

フランシスコにも多くの女性たちが従った。最も有名なのは貴族の娘クララ（一一九四―一二五三年）であり、一二一二年にフランシスコがポルティウンクラ小聖堂で彼女に修道服を与え、これが「クララ会」または「貧しき婦人たち」修道会の端緒となる。クララ会はフランシスコ会と並んで発展した。男子によるフランシスコ会が托鉢をこととするのに対して、クララ会は伝統的な観想女子修道院の形態に従い、厳格な禁域の中で祈りの生活を営んだ。ただし一般の女子修道院からクララ会を区別した特徴は、完全な清貧という要求であり、この点でクララの生き方はフランシスコのそれと一致していた。

このように托鉢修道会は女性の宗教運動をも正統的な信仰の中に位置づけるために貢献した。当時の宗教運動の盛り上がりの中で、多くの一般信徒たちは至るところで共同体を成していた。そうした中で、特に女性たちの共同体は異端的グループではないかという嫌疑を受けやすかった。教会によって承認された規則に従うこと、承認された修道会によって保護されることがそうした嫌疑を晴らす道であった。その際どの規則を採用するかを決定づけたのは、結局近隣のどの男子修道院に彼女たちを受け入れる用意があるのか、ということであった。かくして、クララ会などのような托鉢修道会の「第二会」が、当時多数存在していた敬虔な女性たちの共同体を吸収して発展していった。

こうして、男子托鉢修道会が女子観想修道女たちを指導する、という形式が確立する。しかし、霊的生活の主役はむしろ観想生活を送る女性たちであって、男性の修道士たちは彼女たちをサポートする奉仕者であった、と見ることもできる。たとえば、エックハルトは（一二六〇頃―一三二七／二八年）ドミニコ会が輩出した偉大な神秘思想家であるが、その教えは自らの霊的な経験から、というよりは彼が指導した修道女たちの体験に負うところが大きい、と言われている。さらには後世カルメル会を改革したアヴィラのテレサ（一五一五―八二年）も女子修道院から出たのである

六　結　語

托鉢修道会は「清貧」「観想」「宣教」そして「福音的な生」という一一、一二世紀における宗教運動による「使徒的生活」に対する解釈および要請をその土壌としている。その底流には、修道制の始まり以来隠修士たちの伝統の中にみられた「清貧」と「離脱」とを貫徹させようとする理念があった。そして都市の発達がさらに進展することにより、「西欧の経済が遍歴説教者の托鉢活動を養うほどに十分に成熟」する条件が整ったとき、芽を吹いた。托鉢修道士たちは、中世キリスト教社会の解体の危機――「正統」と「異端」との分裂傾向――を一身においてつなぎ止めることになる。ドミニコ会の成立はそのような危機に対して教会聖職者の側から対応しようとした動きであった。ドミニコ会は極端な禁欲生活を特徴として南フランスに発生した「カタリ派」（アルビジョア派）の異端との対決を契機に、異端に対抗しうるだけの清貧の徹底と、自らの説教活動の基盤としての学問研究とに力を入れた修道会であった。他方、フランシスコ会は自ら都市市民出身の巡回説教者であったフランシスコが、あくまで謙遜に教会への従順を貫くことにより正統信仰に留まり、民衆の宗教運動のエネルギーを教会に吸収し、霊的生命と活力との源泉とする道を切り開いた。また一二、一三世紀には、フランシスコ会、ドミニコ会に倣って「三位一体会」「メルセス会」「贖虜の聖母会」「聖母下僕会」そして「カルメル会」および「アウグスティヌス隠修士会」といった托鉢修道会モデルの新しい修道会が成立した。托鉢修道会はいくつかの特徴

を有している。まず、律修参事会をも含め伝統的な修道院が特定の「場所」に結びついていたのに対して、托鉢修道会は「人的団体」として成立していた。また、清貧の徹底としての「托鉢」という生き方自体が、その社会的・経済的基盤として都市が成熟したことによって可能となった、ということも含め、托鉢修道会は都市的性格を有していた。托鉢修道会は学問を重んじて大学に進出し、「学僧の修道会」となっていった。そして、托鉢修道会は当時の宗教運動の高まりの中で共同体を形成していた敬虔な女性たちの支え手にもなったのである。このようにして、托鉢修道会は中世盛期における新しい支配的修道パラダイムを形成したのであった。

（1）杉崎泰一郎『12世紀の修道院と社会』原書房、一九九九年、二四五頁。

（2）フランシスコについての研究史に関しては以下を参照。坂口昂吉「フランシスコ会の創立をめぐって」（上智大学中世思想研究所編『中世の修道制』創文社、一九九一年所収、二一一―一三頁）

（3）坂口前掲論文、二一二頁。

（4）たとえば、サバティエは後述する「聖霊派」に近い文書を尊重しようとするが、それは同時に自らが「聖霊派」に近い立場に立ち、そのようなフランシスコ像を期待していることによる、とも言えよう。筆者自身は可能な限り最大公約数的通説に従いたい、と考えるが、どちらかといえば坂口に共感的な立場にある、と言ってよい。そうした筆者自身のスタンスの意味については本書終章二節を参照。

（5）本節での叙述にあたっては、前掲坂口論文の他、主として以下を参照した。François Vandenbroucke, *Histoire de la spiritualité chrétienne*, vol. 2-2（F・ヴァンダルブルーク著『キリスト教神秘思想史二』上智大学中世思想研究所訳・監修）Chiara Frugoni, *Vita di un uomo: Francesco d'Assisi*, 1995（C・フルゴーニ著／三森のぞみ訳『アッシジのフランチェスコ　ひとりの人間の生涯』白水社、二〇〇四年）

（6）フランシスコに最も親しかったとされるアンジェロ、ルフィノ、レオの三名による回想録が復元されたものであり、サバティエのような立場の研究者もその資料的価値を評価している、と言う。

（7）Fransiscus Assisiensis, *Testamentum*, 2-3.

（8）坂口前掲論文、二二六頁。

（9）この経緯についての叙述は、主としてヴァンダルブルーク前掲書による。

（10）サバティエもその資料的価値を重視する『遺言』において、フランシスコは「たとえ彼らが私を迫害したとしても」という感動的な言葉によって司祭に対する従順を説いている。

Fransiscus Assisiensis, *Testamentum*, 6-13, ヴァンダルブルーク前掲書、四三〇頁。

（11）坂口前掲論文、二一五頁以下。

（12）坂口前掲論文、二一七―一八頁。

（13）坂口前掲論文、二二〇頁。

（14）以下の概観は主としてS・フランクによっている。

K. S. Frank, *Geschichte des christlichen Monchtums*, Darmstadt: Wissenschaftliche Buchgesellschaft, 1993（K・S・フランク著／戸田聡訳『修道院の歴史　砂漠の隠者からテゼ共同体まで』教文館、二〇〇二年、一〇二頁以下）

（15）フランク前掲書、一〇三頁。

（16）フランク前掲書、一〇四頁。

第三部　トマス・アクィナスのカリタス理論にもとづく修道生活の意義

本書は修道生活がいかにして「愛」——特にキリスト教的な意味における愛——の成立基盤となっているのか、を明らかにすることを目的としている。ところで、第一部、第二部における修道生活についての歴史的展望からは、真の「使徒的生活」とは何か、すなわち「パウロ以来の使徒的共同体」ということの意味が問題性として浮かび上がってきた。この第三部では、キリスト教的な意味における愛の理論として、トマス・アクィナスの倫理学、特にそのカリタスの理論を取り上げることにより、その問いに答え、改めて修道生活の意味について理論的に概観することを試みる。

第七章においては、まず上述の目的に必要な限りでトマスによるカリタス理論の概要を提示し、トマスのカリタス概念がキリスト者の霊的生活の文脈全体の中で有する意義を明らかにする。

第八章においては、「カリタスの完全性」をめざす営為としての「修道生活」がキリスト教的生活全体の中で有する意義を解明する。

最後に第九章において、トマス自身が所属していたドミニコ会（正式には「説教者兄弟会」）に固有の学問研究、教授、そして説教という使命を意味づけていた「観想の充溢から発する活動」という理念の意味を明らかにする。

第七章　トマス・アクィナスのカリタス理論とキリスト者の霊的生活

一　はじめに

本書は修道生活がいかにして「愛」――特にキリスト教的な意味における愛――の成立基盤となっているのか、を明らかにすることを目的としている。ところで、第一部、第二部における修道生活についての歴史的展望からは、真の「使徒的生活」とは何か、すなわち「パウロ以来の使徒的共同体」ということの意味が問題性として浮かび上がってきた。この第三部では、キリスト教的な意味における愛の理論として、トマス・アクィナスの倫理学の理論を取り上げることにより、この問題に答えた上で、改めて修道生活の意味について理論的に概観することを試みたい。ところで、筆者は前著『トマス・アクィナスにおける「愛」と「正義」』[1]において、トマスの倫理学、特にその「カリタス（神愛）caritas」[2]の理論について包括的な形でその概要および意義を明らかにした。その際筆者は、特にトマスのカリタス理論をパウロの『ローマ書簡』の解釈史の中に位置づけて解明した。そのことはまさに、カリタスの意味を真の「使徒的生活」、「パウロ以来の使徒的共同体」の核心をなすものとして説き明かすことを意味していた。本章ではまず、同著の成果にもとづきつつ、トマスのカリタス理論の大枠を本書の企図のために必要な限りにおいて概観し、トマスのカリタス概念がキリスト者の霊的生活全体の文脈の中で有する意義を明らかにすることを課題とする。

二　パウロによる二つのテキスト——「使徒的生活」の原点

ここで、トマスにいたるまでの神学的伝統が「使徒的生活」の原点を示すものと理解してきたパウロによる二つのテキストを掲げておきたい。まずその第一は、『ローマ書簡』第五章冒頭の箇所である。

「(五・一) このように、わたしたちは信仰によって義とされたのだから、わたしたちの主イエス・キリストによって神との間に平和を得ており、(五・二) このキリストのお陰で、今の恵みに信仰によって導き入れられ、神の栄光にあずかる希望を誇りにしています。(五・三) そればかりでなく、苦難をも誇りとします。わたしたちは知っているのです、苦難は忍耐を、(五・四) 忍耐は練達を、練達は希望を生むということを。(五・五) 希望はわたしたちを欺くことがありません。わたしたちに与えられた聖霊によって、神の愛がわたしたちの心に注がれているからです。」

この箇所、特にその第五節は、「神の愛が注がれる」という思想の典拠として、トマスは無論のこと、これに先行するアウグスティヌス以来の神学者たちによって再三にわたって引用されたり参照されたりしてきたテキストである。上述のとおり、筆者の前著第三部はトマスをこのテキストの解釈史の中に位置づける試みであった、と言ってもよい。

第二のテキストは『コリント第一書簡』の第一三章である。

「（一三・四）愛は忍耐強い。愛は情け深い。ねたまない。愛は自慢せず、高ぶらない。（一三・五）礼を失せず、自分の利益を求めず、いらだたず、恨みを抱かない。（一三・六）不義を喜ばず、真実を喜ぶ。（一三・七）すべてを忍び、すべてを信じ、すべてを望み、すべてに耐える。……（中略）……（一三・一二）わたしたちは、今は、鏡におぼろに映ったものを見ている。だがそのときには、顔と顔とを合わせて見ることになる。わたしは、今は一部しか知らなくとも、そのときには、はっきり知られているようにはっきり知ることになる。（一三・一三）それゆえ、信仰と、希望と、愛、この三つは、いつまでも残る。その中で最も大いなるものは、愛である。」

この中で第四節から第七節までの部分は有名な「愛の賛歌」と呼ばれている箇所である。このテキストは、注がれた「愛」のエネルギーはあらゆる倫理的な美徳にまで展開する、という思想の典拠となっている。これに続く、第一二節では神と「顔と顔とを合わせて見る」場面、すなわちトマスが人生の究極目的としているいわゆる「至福直観」が示唆されている。そして第一三節において、その「至福直観」の場面、すなわち人間が永遠の位相に与る場面まで存続するのが「信仰・希望・愛」の三者である、とパウロは語っている。

これらのテキストは、「使徒的生活」の原点に立つパウロが「愛」について明示的に語っている言葉であり、トマスにいたるまでの神学的伝統におけるキリスト教的な意味での「愛」の思想の源泉となるものである。無論、トマスのカリタス論もその伝統の中に位置づけられる。ところで、西洋中世世界のキリスト教は基本的にはアウグスティヌスによって形成された神学的枠組みの下にあった。その限りで、トマスのカリタス論も基本的には、アウグスティヌス的な意味におけるカリタスの思想を継承している、と取りあえずは言うことが出来る。ただし、アウグスティヌスとトマスとの間には大きな差異もある。そしてその差異においてこそトマスに固有のカリタス論が特徴づけられることになる。

三　徳としてのカリタス

(1)　トマスのカリタス論の思想史的位置づけ

トマスのカリタス論の重要な特徴の一つとして、彼がカリタスを「徳 virtus」、それもアリストテレス的な意味での「性向 hexis = habitus」[3]の一種としての徳として規定しようとした点が挙げられる。現代カトリシズムでは当たり前のように「信仰」「希望」「愛（カリタス）」を三つの「対神徳 virtutes theologiae」と呼び慣わしているが、実はカリタスをはじめとする三者を「徳」として、さらには「対神徳」として位置づける伝統は古いものではない。

たとえば、アウグスティヌスの『エンキリディオン』は、まさに「信仰・希望・愛（カリタス）」について主題的に論じた著作であるが、そこでアウグスティヌスは、これら三者を「徳」とは呼んでいない。[4]他方、アウグスティヌスは『カトリック教会の道徳』において「徳とは神に対する最高の愛 summum amor Dei にほかならない」[5]と宣言している。ここでの「神に対する最高の愛」は「カリタス」と同義と考えることができよう。しかし、ここでの「徳」の内実は「節制、剛毅、正義、賢慮」というギリシア以来の「四元徳」（あるいは「枢要徳」）

のことであり、当該のテキストはこれらの諸徳を「愛」の諸様態として規定しようとしたものであった。そこでは「愛 amor, caritas」そのものの性格――愛それ自体が一個の徳であるのか否か――は不分明なままであった。

時代が下り、ペトルス・ロンバルドゥスは「信仰・希望・愛（カリタス）」の三者を「徳」と呼んではいるが、(6)この段階でもまだ「対神徳」という術語は用いられていない。トマスのカリタス論の歴史的意義はそうしたロンバルドゥスに対する批判に示されている。一般にトマスは、カリタスにもとづく行為があくまでも当の行為者自身に帰属する、ということ、つまりカリタスにもとづいて行為する人間は自由な人格であり、神の自動人形のような存在ではない、ということを確保するためにロンバルドゥスを批判したことで知られている。そのためトマスはカリタスを聖霊そのものと解するロンバルドゥスに対して、カリタスがアリストテレス的な意味における「性向」としての徳である、と主張した。(7)

以上の展開をまとめるならば、アウグスティヌスとトマスとの間には、まず第一段階として、カリタスが「徳」である、というテーゼ、そして第二段階として、カリタスが「性向」としての徳である、というテーゼという二段階の隔たりがある。そしてペトルス・ロンバルドゥスは両者の中間に位置づけられる。

すでにアウグスティヌスは、徳を「性質 qualitas」「性向 habitus」として規定するアリストテレス的な立場を知っていた。(8)アウグスティヌス自身はこうしたアリストテレス的な徳理論に対する自らの立場を留保していたが、おそらくアリストテレス的な立場に対しては消極的であったものと想像される。ここにトマスのカリタス論とアウグスティヌスのそれとの相違点が明らかになる。トマスのカリタス論の歴史的意義は、彼がカリタスを「徳」として、それも「性向」としての徳として規定した点にある。それは、彼がアリストテレスの徳倫理の枠組みをもってカリタスを規定しようとしたからである。

（2）「徳としてのカリタス」の意味

このように、カリタスを「徳」として、それも「性向」としての徳として規定したトマスの立場は、あたかもカリタスを人間的努力によりいわば自力的に獲得されるものである、と考えているかのように誤解されかねない。この点は、かつてカトリックとプロテスタントとの双方が、カリタスに対して「愛徳」の訳語のもとに肯定・否定の正反対のニュアンスを込めた際の想いにも見て取ることができる。しかし、このことはトマスが「性向」「徳」といったアリストテレス的な用語を用いながら、これに大きな変容を加えていることを理解しない事による誤解である点を指摘しなければならない。

今日、いわゆる「人格心理学者」たちによってよく用いられる「自己実現」という言葉は、人間が人間としてもつ可能性を完全に発揮すること、極限的・理想的に「人間らしく」生きることを意味している[9]。我々が哲学の世界で伝統的に「人間の自然本性 natura humana」と呼び慣わしているものは、この意味での「人間らしさ」のことである、と言ってよい。『ニコマコス倫理学』においてアリストテレスが展開しているのは、まさにその現代的な含みをも込めた意味で「自己実現の倫理学」である。アリストテレス的な意味での「徳 aretê」という概念は、そうした「自然本性の自己実現」を描くための装置であり、トマスもその意味での徳概念をアリストテレスから継承しようとしていた。アリストテレスにとってもトマスにとっても「徳 aretê = virtus」とは「善き性向」を意味している[10]。「性向 hexis = habitus」とはアリストテレスのいわゆる「性質 poion = qualitas」のカテゴリーの一種であり、特に何らかの自然本性に肯定的ないしは否定的に関与する持続的な性質を意味する[11]。性向の「善さ」の基準は自然本性の自己実現への関与のあり方に存する[12]。「善き性向」である「徳」とは、何らかの自然本性の自己実現を支え、その自然本性に固有な生命エネルギーの充溢の根拠をなすところの人格内部の構造的な秩序、ないしは「形相的完全性」を意味している。

トマスは、アリストテレスの「性向としての徳」の理論を概念的な枠組みとして取り入れるのみならず、内容的にもアリストテレスの倫理的徳を自らの倫理学の一部として取り入れている。トマスはこれを「獲得的な徳 virtus aquisita」と呼び、人間的活動を通じて獲得されることが可能な「人間の自然本件的な能力 facultas を超えない目的への秩序づけにおいて善い行為を生ぜしめるかぎりでの倫理的な徳」として位置づけている。ここでトマスは、人間的自然本性が自己実現してゆく場面の射程に内在的なアリストテレス的徳倫理の内容がそのまま成立する可能性をとりあえずは認めている。[13] 人間的努力により、いわば自力的に獲得される、と考えられているのは、こうした「獲得的な徳」である。

しかし、トマス本来の倫理学の中心をなすカリタスについては事情は異なる。なぜなら、トマスは二で掲げたパウロの言葉にもとづいて、カリタスそのもの、およびこれと結びついた諸々の性向は「神によって注がれる（注賦 infusio）」と考えていたからである。トマスは、真の意味での徳はすべてカリタスと結びついており、また、カリタスなしには存し得ない、と考えていた。トマスによれば、獲得的な徳は「限定的な意味における徳 virtus secundum quid」ではあるが、「端的・無条件的な意味における徳 virtus simpliciter」ではない。真の意味での徳、「端的・無条件的意味における徳」とは、人間を神へと秩序づけるものでなくてはならない。そのような倫理的な徳とは、「超自然的な――すなわち人間的自然本性を越えた――究極目的への秩序づけにおいて善い行為を生ぜしめるものとしての倫理的な徳」である。それは、人間の自然本性がいわば自己を超越し神的本性に参与する場面――後述するが、東方的伝統において「神化 theôsis」と呼ばれている事態に対応する――を導くものであった。こうしたレベルにおける倫理的な徳は人間的行為をもって獲得されることは不可能であって、それらは神によって注がれる、と言う[14]（「注賦的な徳 virtus infusa」）。このような倫理的な徳はカリタスなしには存在しえず、カリタスそのものとともに神から注がれる、とされる。こうした注賦的倫理的な徳は、カリタスの故に相互に結合している。このようにカリタスを核として結合した徳の構造は「カリタスによる諸徳の結合 connexio virtutum per caritatem」と呼ばれている。「カリタスによる諸徳の結合」のもとには、このような「神から注賦される倫理的徳」のみならず、「信仰 fides」「希望 spes」という他のいわゆる「対神徳[15]」も含まれる。さらには人間が自らを神へと明け渡すことを容易ならしめるような「性向」とされる「聖霊の賜物 donum[16]」、さらには「聖霊の恩恵 gratia」そのものも、それが神、人間理性、人間の感覚的諸能力の間における秩序、すなわち「義 iustitia」の回復であるかぎりにおいて一種の「性向」と考えられ[17]、これら一切の「注賦的な性向 habitutes infusae」もカリタスと結びつき、カリタスとともに神から注がれる、とされる。

この「カリタスによる諸徳の結合」の理論は、「神の愛 caritas」の中にすべての徳が一体となっている、と見る伝統にもとづく思想である。「徳とは神に対する最高の愛にほかならない」と述べ、「節制、剛毅、正義、賢慮」というギリシア以来の「四元徳」（「枢要徳」）をすべて「神への愛」の様態である、と解した上述アウグスティヌスの「愛の秩序 ordo amoris」としての徳論[18]もこの伝統の中に属する。この思想の原点をなすのは「愛 agapē = caritas」があらゆる倫理的な美徳へと展開することを示した前掲『コリント第一書簡』（一三・四―七）における「愛は忍耐強い……」以下のいわゆるパウロの「愛の賛歌」にあった。トマスはここに本来の意味における彼自身の倫理学を展開している。

トマスは、アリストテレスの「性向としての徳」の理論を取り入れ、その理論的な枠組みを自らのものとしている。しかもその「性向としての徳」という概念装置を、内容的にもアリストテレス倫理学を摂取した「獲得的な徳」の世界を越えて、これを人間的自然本性が自己を超越する場面においてまで用いようとしている。その際、トマスは「性向としての徳」の理論に対して大幅な拡張ないしは変容を加えている。トマスが、アリストテレス的な性向概念に対して加えている最大の変更点は、彼が前掲『ローマ書簡』に依拠して性向生成の原因として「神による注賦 infusio」ということを認めている点である。(19)

徳をはじめとする性向が「注賦」によって生成する、ということはアリストテレスの枠組みではほとんど形容矛盾に等しい。アリストテレスの枠組みでは、性向は人間的な努力の産物である。知的な性向（徳）は教育によって、倫理的な性向（徳）は当の性向と同種の行為の反復、すなわち訓練によって形成されるものであった。(20) その限りで、アリストテレス的な意味での「性向」の概念は、日本語で「習慣」と訳すことも可能とされるような意味あいをも有していた。トマスはそうしたアリストテレス的な意味での徳倫理の枠組みを「獲得的な徳」と呼んで自らの倫理学の中に位置づけているが、それは人間が「自ら努力して変わる」という事態を描く概念である。それは人間的自然本性の内在的・自律的な「自己実現」の原理を構造化したモデルを示すものであった。

これに対して、「性向が注賦される」ということは、その「性向」がその生成においては、当の人間にとってまったく受動的な事態であることを意味している。「注賦による」とされる性向は、「人間本性を超え出た目的」への秩序づけに属するとされる諸々の性向である。それは、恩恵にもとづく神との人格的な関係の中で成立する。つまり、「注賦的な性向」とはいわば他者としての神との出逢いと人格的な交流とを通して、人間が「変えられる」という事態を描いている。しかし、カリタスおよび「注賦」された徳は、その注賦による成立の後は「内的根源 principium intrinsecum」(21) となり、これにもとづく活動は神的な本性に与る者としての当人自身に帰属する。そうした活動は、他者としての神から受けた恩恵に対して、人間の側からなされるいわば応答である。トマスがロンバルドゥスに対して批判を加えた理由はこの点にあった。

「注賦的性向」の概念は、神との出逢いによるそうした人格的変容の場面をも描くために、その当初のアリストテレス的な概念に対して許容限度一杯まで拡張と変容とを加えながら、なおも「性向」という枠組みを何とか駆使しようとする、トマスの努力の産物であった。では、トマスがこれほどまでの拡張と変容とを加えながら、なぜ、アリストテレスの「性向としての徳」の理論を取り入れようとしたのであろうか。それは、「性向」という概念が何らかの「自然本性」の現実化に向けての一定の構造的秩序、形相的な完全性を意味しており、これがその自然本性が蔵する生命エネルギーの充溢の源泉となっている、という洞察をアリストテレスから受け継ぎたかったからだと思われる。ただし「注賦的徳」の場合、これが関与する「自然本性」の射程は人間的自然本性を越えて、人間が参与させられる神的本性という次元にまで拡張されているのである。トマスは徳としてのカリタス概念によって、パウロが前掲『ローマ書簡』で描いた「使徒的共同体」の現実の中で、「聖霊」に由来する高次の生命エネルギーによって人間性が変容し刷新される場面をも記述しようとしたのである。

四　友愛としてのカリタス

トマスのカリタス論において特徴的なもう一つの点は、彼がカリタスを神と人間との間に成り立つ一種の「友愛 amicitia」として定義していることである。[22] トマスによれば、神は自らの至福を我々に分かち与える communicat がゆえに、人間と神との間に何らかのコムニカティオ[23]（分かち合い communicatio）が成立している。ゆえに、このコムニカティオの基礎の上に何らかの友愛が成立する、とされ、これがカリタスである、という。

「友愛 philia＝amicitia」については、アリストテレスが『ニコマコス倫理学』第八・九巻において主題的に論じており、そこでアリストテレスが立てている「付随的な友愛」と「完全な友愛」との区別はよく知られている。トマスは、この区別を自らの体系内では、「友愛の愛 amor amicitiae」と「欲望の愛 amor concupiscentiae」との対比という形で継承している。*S. T.* I-II q. 26 a. 4 c. においてトマスは、アリストテレスが『弁論術』において提示した「愛するということは何者かのために善を欲することである amare est velle alicui bonum」という「愛の定義」についての定式を取り上げる。この定式にもとづいて、「何者かに欲する善」と「善を欲する相手」との二つの対象をもつ、という愛の基本構造が示される。そして前者（「何者かに欲する善」）は「欲望の愛」の対象とされ、後者（「善を欲する相手」）は「友愛の愛」の対象とされる。「友愛の愛」の対象は端的・自体的に愛されるのに対し、「欲望の愛」の対象は端的・自体的に愛されるのではなく、他のもののために愛される。故に、友愛の愛は端的な愛であるのに対し、欲望の愛は付随的な愛である。ここでトマスは、「愛」における目的的・人格的契機と、手段的契機とを区別している。と同時に、彼はアリストテレスが立てた「付随的な友愛」と「完全な友愛」との間の区別を受け継いでもいる。トマスは、最初から人格的な「友愛の愛」を「完全な友愛」に限って考えている。「付随的友愛」は、手段的な存在者に対する態度である「欲望の愛」と同一視されることになる。[24] 他方、人格をもたない非理性的披造物に対する「愛」は、「友のため希求される善」としての資格に基づく。つまり、それはもっぱら「欲望の愛」の対象である。非理性的被造物は友としては愛され得ない。

注目すべきなのは、トマスによる愛の原因としての「類似性」への言及である。[25] ここでトマスは、「友愛の愛」、「欲望の愛」という愛の種別に応じて、その原因となる「類似性」についても二種類を考えている。すなわち、両者ともに現実態において同一のものを有する事による類似性と、一方のものが可能態にあって、他方のものにおいて現実態にあるものに対する傾向性を有するような場合の類似性、ないし可能態が現実態に対して有するような類似性である。前者の類似性は、友愛の愛の原因となる。その具体的例として、「二人の人間が人間性という種における一致を有する」場合が挙げられている。後者の類似性は、欲望の愛、有用・快楽ゆえの愛の原因となる。トマスは、欲望の愛は実際は自己愛である、と考える。そして、ここから、たとえば商売仇となる同業者や傲慢な人同士の争いにおける場合のような、一見類似性が愛ではなく、憎しみの原因となるような場合について説明している。すなわち、自己愛は他者への愛より強いが故に、他者が自分の欲するものの獲得の障害になる場合、この相手は憎しみの対象となる、というわけである。ここで「友愛の愛」の成立条件として「現実態にあることを共有すること」、つまり形相的完全性の共有ということが求められていることがわかる。「可能態にあること」、すなわち自己の内部にある欠乏性・不完全性が、その者の愛を「欲望の愛」にする。すなわち、「利己性」はかかる不完全性に由来し、かかる不完全性を補おうとすることから生じる。従って、「友愛の愛」が成立するためには「現実態にあること」、すなわち完全性（徳）が要求される。また、「形相的な一致」、すなわち共に同じ形相において完全で（現実態に）あることが友愛の愛の成立根拠であることが示唆されている。

愛の原因としての類似性についての議論において、トマスが現実態と可能態という枠組みを導入したことにより、愛についての考察がいわば形而上学的レベルで語られることになる。これは、愛の根拠についてのトマスの形而上学的理論、すなわち完全性・現実態の充溢が愛をもたらす、という原理へとつながるものである。[26] 一般に、トマスの愛についての形而上学的理論は、アリストテレスの現実態・可能態の枠組みを取り入れつつ、『神名論』に見られる擬ディオニュシオスのキリスト教的新プラトン主義に基礎を置くものである、と理解されている。確かにアリストテレスの友愛論は完全性への要求と形相的一致の思想への示唆を含んでいた。トマスはアリストテレス友愛論のかかる側面を強調することにより、これを新プラトン主義的な愛の形而上学と統一的に理解している、とも言うことができる。このことにより、トマスは形相的完全性、生命エネルギーの充溢が「友愛の愛」の成立根拠である、との洞察をより明確に打ち出している。

トマスがカリタスを友愛の一種として規定したことにより、カリタスが神と人間との間に成立する相互的な人格的愛として確保され、また、友愛の根拠となる「コムニカティオ」として形相的完全性が共有されていることが明らかにされている。その「コムニカティオ」とは、Ｊ・ケラーが示唆するように[27]、神の自己贈与ともいうべき「永遠の至福」の分与、すなわち人間が神的本性に参与すること、すなわち「神化」をも意味していた。同時にそれは、『ローマ書簡』でパウロが描いていたような神と人間との人格的交流の場面をも意味していた、と言うことも出来る。

五　恩恵とカリタス

(1)　霊的生活と神化

以上、トマスのカリタス論の特徴的性格、すなわち彼がカリタスを「徳」として、また「友愛」として規定していることの意義について概観してきた。ところで、カリタスの倫理はあくまでもキリスト者の霊的生活の脈絡において成立するものである。ここで改めて「カリタス」そのものが人間の霊的生活においてどのように位置づけられているのか、を明らかにしたい。

人間の霊的生活についてのキリスト教的な意義づけの全体像をさぐるため、まずトマスが属する西方的伝統とはある意味で対比的な東方キリスト教の伝統を参照してみたい。東方的伝統においては、キリスト教的霊性は人間における神の「似姿・像 eikôn = imago」の完成を目的としている。その点に関する理論については、東方教父神学を集大成したとされる証聖者マクシモスを例にとって第三章において概観したが、ここで改めてこれを想起することとしよう[28]。

マクシモスは、人間が神の「似姿 eikôn」の段階から、自らの根拠である神へと聴従し、神へと己れを明け渡すことによって、神との「類似 homoiôsis」へと開花してゆく人間の「神化 theôsis」のプロセスを、人間の自然本性そのもののダイナミズムとして理解している。マクシモスにあって「神化」とは、むろん人間が実体 ousia として神と化するという意味ではなく、神的な生命、神の現実態 energeia に参与してゆくということを意味している。マクシモスによれば、この神化のプロセスは「在ること to einai」から、「善く在ること to eu einai」を経て、さらには「つねに（永遠に）善く在ること to aei eu einai」へという上昇の道として示される。ただし、最後の「つねに善く在ること」は、現世の時間的生にあっては到達され得ない究極目的の理念的指標としてのみ語られる。従って、我々にとって特に問題であるのは、上述の階梯における中間段階、すなわち「善く在ること」である。これは徳 aretê の発動ということとほぼ同義である。かくして、マクシモスによれば、人間の自然・本性が神の「エイコーン」から「ホモイオーシス」へと開かれている、ということの意味は、人間が単に「在る、存在すること」を超え出て「善く在ること」、つまり「徳」の成立に向かうことを意味する。

マクシモスによれば、「人間が神の似像に即して創られた」ということは、人間が自由意思を持つということ、つまり自らの存立根拠たる神の働きに対して、自由に応答し得るということであり、そのことが知性的存在者の本質的な意味をなしている。しかし、当然のことながら、自由意思は悪を犯しうる、という意味での自由をも意味する。マクシモスによれば、「悪」は決して実体ではなく、「自然本性に反して para physin ものや人に関わること」に過ぎなかった。かくしてマクシモスの霊的倫理学においては、「自然本性に即する」「自然本性に反する」ということは善悪の基準であり、同時にそのまま神化の基準ともなっている。

(2) 恩恵のもとでの神化

マクシモスのような東方の神学者がこのように「神化」と呼んでいる事態をも、トマスは自らの倫理学の中に含み込んでいる。ただし、ローマカトリック教会の神学者であるトマスは、「原罪」による人間自然本性の壊廃を説き、「恩恵 gratia」の働きを強調したアウグスティヌス以来の西方神学的枠組みの中にある。従ってトマスは、アウグスティヌス的な原罪論と恩恵論との射程内でその霊的倫理学を構想しているのであり、トマスにあっては「神の像」の完成への道程もまたそのような文脈において語られることになる。

「カリタスの倫理学」のめざすところもまた、東方神学者と同様にやはり人間が「神の像 imago Dei」として完成することにある。人間において「神の像」は、その知性と意志とのゆえに成立し、次のような段階をとる[29]。第一に、人間が神を知性認識し愛することへの自然本性的な適性を有するかぎりにおいて、「神の像」は精神の自然本性自体において成立する。この意味における「神の像」は万人に共通である。第二に、現実的もしくは性向的な神への認識と愛とにおいて成立する「神の像」は、「恩恵的同形性に基づく」像と呼ばれ、「義人 iusti」のみに認められる。この第二の段階における「神の像」が成立している人々にとっては、「御父 Pater」なる神は「恩恵の類似性に即して」「父」であり、「恩恵の賜物により永遠の栄光の世継ぎたる養嗣子」である、とされる。第三に、完全な仕方における現実的な神への認識と愛とにおいて成立する「神の像」は、「栄光的類似性に基づく」像と呼ばれ、「至福者 beati」のみに認められる、とされる。この第三の、「神の像」が究極的に完成した人々、すなわち至福者にとって、神は「栄光の類似性に基づいて御父」であり、彼らはすでに栄光の跡目を受け取っている、とされる。この第二から第三の段階に至る、人間が「神の像」として完成に至る道程こそが、トマスの考える「神化」のプロセスである。そして、その道程を一個の「徳倫理」として考えるとするならば、その導きとなるのはカリタスおよびこれとともに神から注がれるいわゆる「注賦的諸性向」なのであった。

トマスにとって、人間が「神化」のプロセス、すなわち「神の像」としての完成に向かって歩む道程へと入る出発点とされるのが、彼において第二の「恩恵的同形性に基づく神の像」が成立する場面である。それは神からカリタスをはじめとする「注賦的諸性向」が注がれ、同時に神から「義人 iusti とされる」こと、すなわち「義化（もしくは「義認」）iustificatio」と呼ばれる事態である。それは西方神学においては原罪によって損なわれた自然本性が恩恵により回復されることを意味している。神から離反していた人間が神と和解する場面である。二節で掲げたとおり、この「カリタスが注がれる」という事態が語られる原場面は、これまで何度も言及している『ローマ書簡』（五・五）でパウロが「わたしたちに与えられた聖霊によって、神の愛がわたしたちの心に注がれている」と語った場面であった。ここで改めて先に掲げた『ローマ書簡』第五章冒頭を見てみよう。

「（五・一）このように、わたしたちは信仰によって義とされたのだから、わたしたちの主イエス・キリストによって神との間に平和を得ており、（五・二）このキリストのお陰で、今の恵みに信仰によって導き入れられ、神の栄光にあずかる希望を誇りにしています。（五・三）そればかりでなく、苦難をも誇りとします。わたしたちは知っているのです、苦難は忍耐を、（五・四）忍耐は練達を、練達は希望を生むということとを。（五・五）希望はわたしたちを欺くことがありません。わたしたちに与えられた聖霊によって、神の愛がわたしたちの心に注がれているからです。」

この箇所でパウロは、「わたしたちは信仰によって義とされたのだから、……」（五・一）と述べ、「わたしたち」がすでに、いわゆる「信仰による義化（もしくは「義認」）iustificatio」にすでに与り、神と和解していることを宣言している[30]。パウロがそこで言及している「わたしたち」とは、古今東西を問わず修道生活の歴史全体が範として仰いできた「使徒的共同体」の現実を指している。つまり、問題の箇所『わたしたちに与えられた聖霊によって、神の愛がわたしたちの心に注がれている」（五・五）という場面、カリタスとこれに伴う一切の「注賦的性向」が注がれた場面のモデルは、まさにそうした「使徒的共同体」の現実にあった。そして、その場面に立ち至った人々において、トマスは第二段階における「神の像」、すなわち「恩恵的同形性に基づく神の像」が成立する、としたのである。ところで、パウロにとって「義化」は目的ではなく、むしろ新たな歩みに向けての出発点であった。

「（八・二八）神を愛する者たち、つまり、御計画に従って召された者たちには、万事が益となるように共に働くということを、わたしたちは知っています。（八・二九）神は前もって知っておられた者たちを、御子の姿に似たものにしようとあらかじめ定められました。それは、御子が多くの兄弟の中で長子となられるためです。（八・三〇）神はあらかじめ定められた者たちを召し出し、召し出した者たちを義とし、義とされた者たちに栄光をお与えになったのです。」

このテキストの示すところによれば、義化は「使命の授与」に向けられていた。その使命とは「栄光」への歩みである（八・三〇）。これは先に述べた「神の像」の段階で言えば、第二段階にある者が第三段階をめざして歩む道程にあたる。そして、その目指すところは、神によって「御子の姿に似たものに」されること、つまり「御子」と同型化することである。「御子」との同型化とは、人間が神の本性に参与することを意味する。それは人間が人間としての自然本性にとどまるのではなく、これを越えてゆくことを意味する。このことを、東方神学は「神化」と呼んでいたのであった。

「カリタス」が成立する場面、すなわち「わたしたちに与えられた聖霊によって、神の愛がわたしたちの心に注がれている」（五・五）という場面は、すでに与えられた「義化」もしくは「義認」を前提しつつ、「神化」に向かうことを課題とする場面なのである。その神化のプロセスは、カリタスから為された行為による。そしてカリタスからなされた行為こそが、神の前における「功績 meritum」となる、と考えられていた。[31] かくして、人間はカリタスの中で神的本性に与る、すなわち人間が自らの自然本性を超越し、「神化」にいたるものと考えられていたのである。

六　キリストの肢体

では、我々人間は——特にパウロたちキリスト教第一世代の人々による文字通りの「使徒的共同体」とは時間的にも隔たっているトマスや我々自身は——いかにして恩恵に与り、カリタスをはじめとする注賦的性向を受けるのであろうか。結局それはイエス・キリストに結ばれること、具体的には「キリストの肢体」である教会に参与することによる。

パウロ以来、キリスト教会は伝統的に「教会全体は一つの神秘体であり、キリストは頭である」とする自己洞察を保ってきた。トマスもまた「人間の自然的な身体と頭との類似に基づいて」キリストが「教会の頭」である、としている[32]。ここで、注意しておくべきなのは、「教会の頭」とされるのは人間イエス・キリスト、つまりその神性に即してではなくあくまでもその人間性に即して見られた限りにおけるキリストであることである。トマスは、「教会の頭」である人間キリストにおいて、我々がこれに参与する恩恵の源泉を見て取る。トマスによれば、キリストにおいては二つの観点からの「恩恵の充溢」が認められる。すなわち（一）キリストは、有しうる「最高の程度」まで恩恵を有し、また（二）恩恵のあらゆる働きないしは結果をもたらすべく、恩恵の「すべての能力」に関して、充溢した恩恵を有していた、という[33]。またトマスによれば、人間としてのキリストは、その受胎の瞬間から、真実の完全なる至福直観者であった[34]。キリストが教会の頭である根拠となる恩恵は、そのような人間イエス・キリストが個人として有していた恩恵と同一のものである[35]。

ただしトマスは、キリストとの結びつきに関しては、必ずしも現に目に見えている教会という閉鎖された集団にとどまらない可能性を見ていた。トマスによれば、イエス・キリストは単に「教会の頭」であるのみならず、「全人類の頭」とされていた。これは、神の普遍的救済意志を示しているもの、と言えよう。この点を主題的に論じているのが、「キリストはすべての人間の頭であるか」と題する S. *T*. III q. 8 a. 3 c. である。

ここでトマスは「頭」と「身体」というアナロジーを扱うに際して、自然的な人間の身体と教会の神秘的身体との相違点を指摘する。すなわち、人間の自然的身体においては、すべての肢体が同時的に存在するのに対して、教会の神秘的身体においては、すべての肢体が同時的には存在しない。教会の身体は世界の始まりから世界の終末までの人々からなるからである。また、彼らは恩恵という点においても同一ではない。つまり、ある時点で恩恵を持たず後に持つにいたる人もあれば、すでに恩恵を有する人もいる。それゆえ、トマスによれば、教会の神秘的身体の肢体であることは、現実態におけるのみならず、可能態においても有り得ることになる。

トマスは、人々が「教会の肢体」であることに関してのさまざまな可能性について考察する。まず、（一）実際には現実態に達することのない可能態にある人と、（二）実際に現実態に達する人とが区別される。（二）はさらに、（a）信仰によって現実態における教会の肢体となる人、（b）カリタスによって現実態における肢体となる人、（c）天国の享受によって現実態における肢体となる人、とに区別される。そして、「世界のすべての時間を見た場合」、キリストはすべての人間の頭であることが肯定されるのである。ただし、無論そこには段階の区別がある。カリタスの倫理に生きる人は（b）に属することになる。

キリストは、（二c）第一かつ主要的には、彼と栄光において合一している人々の頭である。（二b）第二に、彼とカリタスによって合一している人々の頭である。（二c）第三に、彼と信仰によって結ばれている人々の頭である。さらに、（一a）第四に、まだ彼と現実的に合一してはいないが、予定によって現実態にもたらされる人々の頭である。そして（一b）第五に、可能的には彼と合一しているが、現実態にもたらされることのない人々の頭である。しかし、これらの人々はつまりは「予定されていない人々」であって、現世を去ればキリストの肢体であることを完全に止める、というわけである。(36)

このように「キリストの神秘的身体」はすべての肢体が同時的に存在しない。その外延およびその段階は歴史的展開の中で変動する。つまり、その「身体」は歴史の、そして個人の生活史の中において、人がキリストと出会い、その恩恵に捉えられてゆく「ドラマ」によって形成されてゆくのである。(37)

具体的な個人は「秘跡 sacramentum」を通してイエス・キリストと結びつき、「キリストの肢体」に参与するものとされる。トマスの時代にはすでに「洗礼」「堅信」「聖体」「悔悛」「病者の塗油」「叙階」「婚姻」という現代にまでつながる七つの秘跡が確立していた(38)。これら秘跡とは、人間を聖化する限りにおける聖なる事物のしるしである(39)。

人間の救いにとって秘跡が必要とされる理由をトマスは三つ挙げている。一つには、人間本性は物体的、可感的なものによって霊的、可知的なものへと導かれるものなるがゆえに、神は人間に救いの助力を何らかの物体的、可感的しるし、即ち秘跡のもとに提供する。第二に、人間は罪を犯し、情動によって物体的事物に服従することになり、純粋に霊的なことがらを受けつけなくなっているがゆえに、神は物体的なしるしによって人間にいわば霊的な医薬として秘跡を施す。第三には、人間的活動は物体的ことがらに関わりがちであるため、人間が身体的活動から完全に引き離されることがあまりに辛いものとならないために、秘跡における身体的活動が与えられた、という(40)。

教会の秘跡は特にキリストの受難に由来して力を持っている(41)。そして秘跡そのものは「用具的能動因」として、つまり秘跡自体の形相によるのではなく、主要的能動者である神に動かされる運動によって働くかぎりにおいて、人間に恩恵をもたらす原因とされる(42)。トマスによれば、秘跡の救いの力は、キリストの神性から、彼の人間性を通して、秘跡のうちにもたらされる。そして秘跡を受け入れることを通して、キリストの力は何らかの仕方で我々と結びつけられるのである(43)。

七　結　語

本章では、真の「使徒的生活」とは何か、すなわち「パウロ以来の使徒的共同体」ということの意味を解明することを念頭に置きつつ、トマスのカリタス理論についての総論的な紹介を意図した。すなわちカリタスがキリスト教的な霊的生活全体の文脈の中で有する意義および位置づけを主題的に取り上げて明らかにすることを試みた。

まず、アウグスティヌスからトマスに至るまでの西方キリスト教倫理の伝統における「カリタス」の思想的源泉を、本書第一部、第二部において注目の対象となった「使徒的生活」の原点を示すパウロによる『ローマ書簡』および『コリント第一書簡』に求め、その解釈史上にトマスを位置づけることを試みた。そして、アウグスティヌスと比較した場合のトマスの独自性を特に、カリタスを「徳」として規定したこと、そして、カリタスを友愛として規定したことという二点に即して明らかにすることとした。

まずトマスがカリタスを「徳」、それもアリストテレス的な意味での「性向」の一種としての徳という形で規定したことの意義を明らかにした。彼がアリストテレス的な意味における「徳」の概念を採用したのは、そこに何らかの自然本性の自己実現を支える構造的秩序、形相的完全性としての「善き性向」の概念の内に、その本性に内在する生命エネルギーの充溢の根拠としての意義づけを見出したかったからであった。カリタスを「性向としての徳」として規定することは、あたかもカリタスを人間的努力により、いわば自力的に獲得されるものである、と考えているかのように誤解を招いてきたが、そうした誤解に対してはトマスは性向ないしは徳が「神によって注がれる」という、アリストテレス的な意味での徳論に対する根本的な変容を加えていた点に注意を喚起した。アリストテレス的な意味での「獲得的性向・徳」の概念が、人間が「自ら努力して変わる」事態を描く概念装置であったのに対して、トマスによる「注賦的性向・徳」の概念は、他者としての神との出会いと人格的な交流とを通して、人間が「変えられる」という事態を描く概念装置であった。トマスはカリタスを「徳」として位置づけることによって、パウロが『ローマ書簡』で描いた「使徒的共同体」の現実の中で、神的本性、すなわち「聖霊」に由来する高次の生命エネルギーによって人間性が変容し刷新されるという事態を記述しようとしたのである。

トマスのカリタス論において特徴的なもう一つの点は、彼がカリタスを神と人間との間に成り立つ一種の「友愛」として定義していることであった。トマスは「友愛の愛」と「欲望の愛」との区別の内に、アリストテレスの「付随的な友愛」と「完全な友愛」との間の区別を受け継いでいる。そして、「友愛の愛」もしくは「完全な友愛」には完全性における「形相的一致」、つまりは形相的完全性にもとづく生命エネルギーの充溢が共有されていることが含意されていた。したがって、トマスがカリタスを神と人間との間に成り立つ一種の友愛として定義することによって、カリタスにおいて人間が神との相互的・人格的な友愛が可能とされるレベルの生命エネルギーの充溢にまで高められることが示唆されていた。無論、その「形相的完全性」とは、聖霊を通して神から贈与された神性に人間が参与することによって成立する人間性の刷新を意味していた。

次いで、我々はトマス的な「カリタスの倫理」のキリスト者の霊的生活全体における位置づけを、「恩恵のもとでの神化」として明らかにした。すなわち、カリタスの倫理が成立するのは、パウロの『ローマ書簡』が前提する使徒的共同体の現実に相当する場面、すなわち、神との和解の体験を通して「信仰による義化」が成立していることを前提に、キリスト者が恩恵の中で神化に向かう場面においてのことであったことを明らかにした。そして最後に、「恩恵のもとでの神化」の根拠は、最終的には当の人間が「キリストの肢体」としてキリストと結ばれることにあったことを明らかにした。

（1） 拙著『トマス・アクィナスにおける「愛」と「正義」』知泉書館、二〇〇五年。特にその第三部。

（2） 「カリタス caritas」は、新約聖書におけるキリスト教的な愛の概念を示すギリシア語「アガペー agapê」に対応するラテン語である。邦訳聖書では単純に「愛」と訳されているが、ラテン語には amor（筆者は通常この語を単純に「愛」と訳す）、dilectio（「意志的愛」と訳す）、amicitia（「友愛」と訳す）など、広い意味での「愛」を意味する多くの語彙がある。トマスにおける caritas については、大抵の邦訳では「愛徳」の訳語が用いられている。この訳語は三（2）で触れる問題性などもあり、筆者は前著などでは「神愛」の訳語を用いてきた。しかし、この語もあまり一般的ではないので、本書ではあえて日本語として訳さずに片仮名「カリタス」の表記を用いることとする。

（3） アリストテレスなどのギリシア語の用語をトマスが用いた訳語（ラテン語）と対応させる場合、このように「ギリシア語＝ラテン語」の形で表記することとする。

（4） Augustinus, *Enchiridion*.

（5） Augustinus, *De moribus ecclesiae catholicae*, II, XV, 25, PL32, 1322.

（6） Petrus Lombardus, *Sententiae*, III, 23-32.

（7） *Quaestiones Disputatae De Caritate*. a. 1 c.

（8） Augustinus, *De moribus ecclesiae catholicae*, I, 2, PL32, 1314-1315.

（9） 「自己実現」について主題的に言及している「人格主義心理学 humanistic psychology」の代表的な人物としてはA・マスローの名が挙げられる。cf. A. H. Maslow, *Toward a psychology of being*.

（10） *S. T.*（『神学大全』*Summa Theologiae*）I-II q. 55 a. 3 c.『神学大全』に関する略号は慣用に従う。たとえば、「*S. T.* I q. 1 a. 1 c.」は「『神学大全』第Ⅰ部第一問題第一項主文」を意味する。「*S. T.* I-II q. 1 a. 1 ad. 1」は「『神学大全』第Ⅱ部の一第一問題

第一項第一異論回答」を意味する。

(11) S. *T.* I-II q. 49 a. 2 c.
(12) S. *T.* I-II q. 54 a. 3 c.
(13) S. *T.* I-II q. 65 a. 2 c.
(14) S. *T.* I-II q. 65 a. 2 c.
(15) S. *T.* I-II q. 65 a. 4 c., a. 5 c.
(16) S. *T.* I-II q. 68 a. 3 c., a. 5 c.
(17) S. *T.* I-II q. 50 a. 2 c.
(18) Augustinus, *De moribus ecclesiae catholicae*, II, XV, 25, PL32, 1322.
(19) S. *T.* I-II q. 51 a. 4 c.
(20) Aristoteles, *Ethica Nichomachea.* II, 1, 1103a 14-18.
(21) S. *T.* I-II q. 49 pr.
(22) S. *T.* II-II q. 23 a. 1 c.
(23) communicatio は「(人格的) 交流」とも「分かち合い・共有」とも訳しうるが、まさにその日本語におけるどちらの訳語の方向で解釈するか、という点をめぐって、M・ココニエルとJ・ケラーとの間に論争が展開していた。筆者の立場はどちらかと言えばケラー (「分かち合い」) に近いが、ココニエル的な「交流」の意味も認めている。それゆえにこの語も訳さずに片仮名表記を用いている。この点の詳細については拙著第九章を参照。
(24) S. *T.* II-II q. 25, a. 3 c.
(25) S. *T.* I-II q. 27, a. 3 c.
(26) こうした見通しについてはたとえば、R. Egenter, *Gottesfreundschaft*, 1928 参照。
(27) J. Keller, *De virtute caritatis ut amicitia quadam divina.* Xenia thom. II, 233 ff. Rom 1925.
(28) ここでのマクシモスの神化論についての概観は、本書第三章でも展開したが、以下の谷隆一郎氏による簡潔にして要を得た解説に負っている。谷隆一郎「エイコーンとホモイオーシス――証聖者マクシモスにおける神への道行き」(東方キリスト教学

会編『エイコーン』第二二号、一五―三二頁、二〇〇五年）

(29) S. *T.* I q. 33 a. 3 c., q. 93 a. 4 c.

(30) 「義化」そのものについてパウロは、この箇所に先立つ第三章――特に（三・二一―三一）――および第四章ですでに論じている。

(31) S. *T.* I-II q. 114 a. 4 c.

(32) S. *T.* III q. 8 a. 1 c.

(33) S. *T.* III q. 7 a. 9 c.

(34) S. *T.* III q. 7 a. 12 c.

(35) S. *T.* III q. 8 a. 5 c.

(36) ここにアウグスティヌス的な予定論にもとづいて「普遍的救済意志」の限界が示されているようにも見える。結局トマスの立場は「教会の外に救いなし」とするいわゆる「排他主義 exclusivism」を含意するのか、と問われる向きもあろう。この点に関しては、「当時においては」という留保をつけてそのことを認める、というのが常識的な見解と思われるので、ここでは差し当たりそうした通説的理解に従っておく。ただし、筆者自身としては、たとえば「旧約の父祖たち」などに対する扱いなどを敷衍する形で、トマスの中にいわゆる「包括主義 inclusivism」的な方向を読み込むことは可能ではないか、との見通しをもっているが、ここでは立ち入らない。

(37) S. *T.* III q. 8 a. 3 c.

(38) S. *T.* III q. 65 a. 1 c.

(39) S. *T.* III q. 60 a. 2 c.

(40) S. *T.* III q. 61 a. 1 c.

(41) S. *T.* III q. 62 a. 5 c.

(42) S. *T.* III q. 62 a. 1 c.

(43) S. *T.* III q. 62 a. 5 c.

第八章　「カリタスの完全性」

――「修道生活」の意味――

一　はじめに

カリタス caritas の理論はトマス・アクィナスの倫理学の中核をなしていた。前章では、拙著『トマス・アクィナスにおける「愛」と「正義」』におけるカリタスについての包括的研究(1)を下敷きに、カリタスの概念がキリスト教的な霊的生活全体の文脈の中で有する意義についていわば総論的に明らかにした。本章は、前章での考察を踏まえた上で、自身修道者であったトマスにとって、特に「修道生活」という生き方が「カリタスの倫理」との関係でいかなる意味を有していたのかを明らかにすることを目的とする。

第二部第五章で明らかにしたとおり、中世を通して、修道者はカッシアヌス以来の伝統にしたがって自らを優れた意味での「使徒の継承者」とみなす自己理解を有していた。修道生活はパウロ『ローマ書簡』における使徒的共同体の現実を模範としており、「カリタスの完全性」を目指すための営為と考えられていた。トマスも *S. T.*（『神学大全』*Summa Theologiae*）II-II q. 186 a. 1 c.において、「修道者の身分は完全性の身分 status perfectionis を含意する」と述べている。ここで「完全性」とは「キリスト教的生活の完全性」、すなわち「カリタスの完全性」を意味する(2)。したがってこのテーゼは、トマスが「カリタスの倫理」の中で修道生活を位置づけたものとして理解することが出来る。

本章では、この「修道者の身分は完全性の身分を含意する」というテーゼの意味を解明することを手がかりとして、トマスの修道生活論を概観することとしたい。この解明を通して、トマスによる「教会」――あるいはすべてのキリスト者――の中での修道者の位置づけ、トマス自身が所属していたドミニコ会などの「托鉢修道会」の歴史的意義についての自己理解、さらには当時論争の的となっており、我々も第五章二（4）で言及した聖職者と修道者との関係についての論争との関連におけるトマスの立場と言った諸点も同時に明らかになるように思われる。

二　キリスト教的生活の目的としてのカリタスの完全性

（1）「カリタスの完全性」

トマスにとってカリタスは彼の倫理学全体の中心概念であり、すべての人間にとっての課題である。ところで、トマスによればカリタスそのものを獲得することは人間自身の力によっては不可能であり、それは神から注賦される形で与えられるものであった。[3] このようにして一人の人間がカリタスの倫理へと参与することは、当の人間が恩恵 gratia のうちにあることを意味していた。[4] そしてある人が恩恵のうちにあるということは、その人が「キリストの体」へと参与することと同義であった。少なくともトマスの時代において、そのことは秘跡 sacramentum を通して教会と結びつくことによって可能とされていた。その限りにおいて、カリタスはすべてのキリスト者の生活の中核をなすものとして位置づけられる。

トマスは*S. T.* II-II q. 184 a. 1において、キリスト教的生活の完全性の本質は特にカリタスに存する、と規定している。その聖書的典拠としてトマスは、「これらすべてに加えて、愛（カリタス）を身に着けなさい。愛は、すべてを完成させるきずなです」（コロサイ書簡三・一四）というパウロの言葉を挙げる。そして、目的は事物の究極の完成であり、カリタスは人間精神の究極の目的である神に人間を直接に結びつけるがゆえに、キリスト教的生活の完全性は特に愛（カリタス）に即して認められる、とされる。これはトマスが展開してきた「カリタスの倫理」の帰結である。

しかしながら、人間にとっての「カリタスの完全性」の可能性には、一定の限界がある。「現世の生で人は完全者たり得るか」と題する続く*S. T.* II-II q. 184 a. 2において、トマスは「完全性」の意味を区分した上で、現世において成立しうる「カリタスの完全性」の意味と可能性とを明らかにしている。

第一の意味での「完全性」は、「絶対的完全性」である。この意味での「完全性」は、神自身が愛され得る限度一杯に愛されることを意味する。この意味での愛の完全性は、いかなる被造物にも不可能であり、ただ神自身による神自身に対する愛にのみ適合する

第二は、「愛する者の側の絶対的全体性に従って認められる完全性」である。それは、情意affectusがその可能な限りの全体性をもって常に現実活動的に神へ志向する場合に達成される。この意味における「完全性」は、「旅路via」すなわち現世では不可能だが、人間が至福に到達する「天国patria」において可能とされる。

第三は、「ただ神を愛する運動に背反するものが排除されている面で認められる完全性」である。人間が現世の生（「旅路」）においても有しうる、とされる「完全性」とは、この意味における完全性である。

トマスは、この意味における「完全性」にさらに二つの段階を区別する。

その第一は、(一)「人間の情意 affectus から、カリタスに背反する一切のもの、例えば、大罪 peccatum mortale が、排除される」という段階である。この段階における完全性が欠けた場合、カリタス自体の存在が不可能となるので、この意味における完全性は救済にとって不可欠なものとされる。このことは、キリスト者であること、キリストと一致したその肢体であることの最低条件と言える。

その第二は、(二)「人間の情意から、ただ単にカリタスに背反するものだけでなく、精神の情意の神への全面的志向を妨げるすべてのものも排除される」ような段階である。これは、より進んだ段階であり、現世において可能な完全性の極致を示すものである。従って、このような完全性は誰にでも見出されるものではない。後述するように、トマスはこのような段階に達した人間を「完全者 perfecti」と呼ぶ。他方、カリタスは保っているが未だこうした意味での完全性には達してはおらず、これを目指しているような人々は、段階に応じて「初歩者 incipientes」や「進歩者 proficientes」と呼ばれている。(5)

(2) 「掟」と「勧告」——「カリタスの完全性」追求義務の射程

以上のようにキリスト教的生活の完全性の本質とその可能性とを明らかにした後、トマスは *S. T.* II-II q. 184 a. 3 において、「旅路の完全性は掟に存するか、あるいは勧告にであるか」と問うことによって、実質的には、すべてのキリスト者にとっての完全性追求の義務の範囲を明らかにし、その中での修道者の位置づけについても論究している。

この項におけるトマスの議論を理解するのに先立って、「掟 praeceptum」と「勧告 consilium」との意味について明らかにしておく必要がある。「掟」と「勧告」との意味については、*S. T.* I-II q. 108 a. 4 において解説されている。トマスによれば、「掟」と「勧告」との間の相違は、掟が必ず守らなければならないという意味での必然性を含意するのにたいして、勧告はそれを受ける者の選択 optio に委ねられているという点にある。それゆえ、新法 lex nova（「法」としての新約の啓示）における諸々の「掟」は永遠の至福という目的に到達するために不可欠なことがらについて与えられているのにたいして、諸々の「勧告」はそれによって人がより優れた melius、より迅速な仕方で expeditius 永遠の至福という目的に到達しうるようなことがらにかかわるものとされる。

ところでトマスによれば、人間はこの世のものと霊的な善との間に位置しており、その一方に密着すればするほど、それだけ他のものからは遠ざかることになる。人間が、この世の事物を自らの目的として追求し、それらに全面的に密着するならば、彼は霊的な善から完全に脱落してしまう。人間からそのような無秩序 inordinatio を除去するのが「掟」である、とされる。ただし、人間は、永遠の至福という目的に到達するためにこの世に属する事物を全面的に斥ける必要はない。なぜなら、人は霊的善を離れてこの世の事物を自らの目的として追求するのでないかぎり、それらの事物を使用しつつ、永遠の至福に到達することができるからである。

しかし、かれはこの世の善きものを完全に放棄することによって、より迅速に永遠の至福に到達するであろう、ということにもとづいて「福音的勧告 consilium evangelii」が与えられている、という。トマスは『ヨハネ第一書簡』に依拠して、「この世の善きもの」として、「目の欲」に属する外的物財の富、「肉の欲」に属するところの肉体的快楽、そして「おごりたかぶった生活」に属する名誉という三つの事物を挙げ、それらを可能なかぎりにおいて完全に放棄することが福音的勧告に属する、という。

その上で、我々が問題としている「完全性の身分 status perfectionis」を宣言するものとしての「修道生活 religio」を、これらに関する三つの勧告にもとづくものとして位置づけている。「清貧 paupertas」によって富が、

「終生貞潔 perpetua castitas」によって肉の快楽が、「従順なる従属 obedientiae servitus」によって生活のおごり、たかぶりが拒否されるからである。

ここで *S. T.* II-II q. 184 a. 3 に戻ろう。トマスの結論は、「キリスト教的生活の完全性は本質的に掟に、副次的または道具的に勧告に存する」というものである。

「キリスト教的生活の完全性は本質的に掟に存する」ことは聖書の典拠が示すところである。トマスが sed contra で掲げる通り、『申命記』（六・五）に「あなたは心を尽くし、魂を尽くし、力を尽くして、あなたの神、主を愛しなさい」とあり、『レビ記』（一九・一八）に「自分自身を愛するように隣人を愛しなさい」とあるが、これらはキリスト自身が『マタイ福音書』（二二・四〇）において「律法全体と預言者は、この二つの掟にもとづいている」と述べて確証を与えた二つの掟である。「旅路の生」、つまり現世における愛の完全性は、「心を尽くして」神を、そして「わたしたち自身のように」隣人を愛することに従って認められる。これらは神と隣人とに対するカリタスの完全な様態を示している。ゆえに、完全性は掟の遵守に存する。

つまり、キリスト教的生活の完全性としてのカリタスの完全性は、救済のために不可欠なものとして要求される「掟」であり、単なる「勧告」ではない。ここから、キリスト教的生活の完全性、すなわちカリタスの完全性を達成することは、司祭、修道者、世俗の一般信徒の別を問わず、あらゆるキリスト者に課せられた義務であることが帰結する。

しかし、完全性は、副次的かつ道具的には勧告に存する、とされる。掟と同様に、勧告もすべてカリタスへと向けられているが、その仕方は両者において異なる。掟は、端的にカリタスに背反するものを排除するために設けられている。これに対して、勧告は、カリタスそのものには背反しないが、カリタスの諸行為を妨げるものの排除のために設けられている、という。トマスはその例として「結婚、俗務の従事、その他これに類することがら」を挙げる。それらの勧告は「カリタスの完全性において上昇する」ための手段である。そして、修道生活がそうした意味において「福音的勧告」を実践することを宣言する生き方であることは、S. *T.* I-II q. 108 a. 4 に関連して先に見たとおりである。

このように「福音的勧告」を実践することを宣言する修道者は「完全性の身分」にある、とされる。[6] トマスは「完全性の身分」にある者として特に修道者と司教とを挙げている。しかし後述するごとく、「キリスト教的生活の完全性」そのものと制度的な意味における「完全性の身分」とは同一ではない。「キリスト教的生活の完全性」は、本質的にカリタスの完全性に存する。カリタスの完全性を達成した者であれば、聖職者であるか、修道者であるか、あるいは一般信徒であるかを問わず、「完全者」と呼ばれることができる。これに対して後述する通り、「完全性の身分」には、一定の儀式のもとに、キリスト教的生活の完全性を志向することを終生の義務として誓うことが条件とされる。こうした者は実際にカリタスの完全性を達成しない場合も、「完全性の身分」に属する、とされる。それゆえ完全性の身分に属さない者で完全な者であったり、完全な者でない者で完全性の身分にあったりすることがあり得る。[7]

三 「完全性の身分」

(1) 「身分」の意味

ではここで、トマスが「完全性の身分 status perfectionis」ということで何を意味していたのかを検討することとしよう。まず、「身分」という概念の意味について明らかにしたい。「身分」と訳される status という語は、「立つ」という意味の動詞 stare の派生語であって、その限りで「立つこと」「直立」「停止」「状態」「地位」「身分」「境遇」「国家」などと訳しうるような種々の意味の拡がりを有している。しかし、「身分」と訳される意味での status の用法はローマ法に由来し、おそらくその最も基本的な用法は「自由の身分」と「奴隷の身分」との対比にある、と思われる。そうしたローマ法に由来する「身分」概念が類比的な意味においてキリスト教的生活と教会内における多様な「身分」に適用されているわけである。

S. T. II-II q. 183 a. 1 においてトマスも、「身分 status」は「立つ stare」に由来する、という語源論から出発し、身分とは「人がその自然本性の様式に従って置かれる不動性を伴う姿勢の特異性」を意味する、と解説している。その上で、「自由人」対「奴隷」という身分概念の最も基本的な場面に即して、身分概念のもつ二つの本質的特徴を指摘する。その第一は、変動し難い恒常的継続性である。「自由人」「奴隷」という「身分」に対して、富者や貧者であること、顕職者や平民であることなどは、変動しやすく外部的なことがらなので「身分」を構成しない。そして、第二の本質的特徴は自由と隷属とに見られるような「拘束」あるいは「自由(拘束からの解放)」という要因である。

結論として、トマスは「身分」一般の概念を、「自由」と「隷属」との場合に見られるように「拘束」あるいは「拘束からの解放」に由来する「恒常的な生活状態」を指すものとして規定している。

（2）「完全性の身分」

以上の「身分」一般についての理解にもとづいて、トマスは「完全性の身分」を語るのであるが、ここで「完全性の身分」という観念には、一種の二面性があることに注意を払う必要がある。すなわちそれは、霊的な修徳の実質にもとづく意味における「完全性の身分」と、いわば人間的な誓約、儀式にもとづく制度的な意味における「完全性の身分」である。

霊的な修徳の実質にもとづく意味において、トマスは先述の「初歩者 incipientes」「進歩者 proficientes」「完全者 perfecti」という、「カリタスの完全性」そのものにおける段階を一種の「身分」として認める。これは前述の通り、「身分」の観念は「自由」または「隷属」の条件を含むということにもとづいて、人間のあり方を「罪への隷属」「義からの自由」、および「義への隷属」「罪からの自由」とに区分することによる。「人間が義の奴隷や罪の奴隷となるのは、ひとえに人間自身の努力に関わっている」とした上で、『義への隷属』「罪からの自由」に向けての各人の努力の段階に応じて、「初歩者」「進歩者」「完全者」という区分を一種の「身分」として認めるのである。(8)

しかし、これは「身分」という語のより一層拡張された用法であるように思われる。一般には「身分」、特に「完全性の身分」という概念はより制度的な意味で理解される。トマスは、制度的な意味における「完全性の身分」の成立条件として、（一）完全性に属することがらに対する、（二）一定の儀式による終生の義務づけ、という二点を挙げる。トマスによれば、「完全性の身分」に属している、とされるのは司教と修道者である。詳細は後述するが、トマスの時代においては、この両者のみが（一）（二）の条件を満たしている、と考えられていたからである。[9]

修道者は、「一定の儀式」によって上述の「罪からの自由」「義への隷属」を誓い、宣言することにより、自らをこの「完全性」へと拘束することによって一つの「身分」へと帰属させる。「完全性の身分」についての以上の両面を踏まえた上で、「修道者が完全性の身分にある」と言われる意味は、霊的な意味における完全者をめざすべく、「一定の儀式」にもとづく誓約によって、自らを拘束していることにもとづいている、と言うことができよう。このような制度的な意味で「完全性の身分」を解する限り、先述のごとく、「完全性の身分」に属さない者であって実際には霊的な意味における「完全者」であったり、霊的な意味において完全者でない「初歩者」や「進歩者」が「完全性の身分」に在る、というようなことは、もとよりあり得るのである。[10]

ただし、「完全性の身分」において上位である、ということは、より完全なことを自らに課しているわけであるから、下位の者以上の完全性が要求されることになる。また、そのことを終生の義務として誓っているわけであるから、「上位の身分」から「下位の身分」へと移ることは、自ら立てた誓いを緩和し破棄することを意味するのであり、許されないことになる。

（3）「身分」・「職分」・「位階」

ところで、トマスにおける「身分」概念の意味は、教会内における他のカテゴリーにおける多様性との関係の中で理解しなければならない。トマスは「キリストの体」としての教会の内におけるメンバーの多様性として

「身分」・「職分 officium」・「位階 gradus」という三つのカテゴリーを挙げている。

トマスは、教会の内部に適切に多様性が存在する根拠を三つ挙げている。[11]
（一）第一は教会自身の完全性のためにである。頭であるキリストにおいて統合された恩恵の充満は、その諸肢体へと多様な仕方で溢れ出て、教会の完全な体を形成する、という。
（二）第二は教会に要する諸活動の必要性に属する。すなわち多様な活動に多様な人材の任命が行われるべきであり、そのことによって、万事がさらに確実に、混乱なく営まれる。
（三）第三は教会の尊厳と美とに貢献するためにである。美は一定の秩序に存するからである。
以上の三通りの理拠に基づいて、教会内、すなわちキリスト者の間に三種類の区別が見られる、とされる。[12]
（一）第一は、キリスト教的生活の完全性に関連する「身分」の多様性である。それはあるキリスト者が他のキリスト者よりも完全性において優ることにもとづく。
（二）第二は、諸活動の必要性に関する教会内の「職分」の多様性である。教会内における聖職は「職分」にあたる。
（三）第三は、教会の美の秩序と関連する「位階」の多様性である。それは同一の身分もしくは職分において一人は他より上位者であることにもとづく。具体的には、修道者身分内部における上長と従属者、聖職者の職分における司教と司祭の関係などがそれである、と言える。しかし、教会においては秘跡との関連において、聖職者としての「叙階」を受けた司教・司祭・助祭と、一般信徒といった位階的秩序が特に重要であろう。
このようにトマスは、「身分」の概念を「キリストの体としての教会」という大枠の中での多様性として位置づけていることに改めて注意を喚起しておこう。

四　「完全性の身分」としての修道者

（1）「カリタスの完全性」と修道者

トマスの時代の西方教会において「修道者」を意味する religiosi という語は、字義通りには「敬神者」、つまり「神への奉仕に全面的に献身し、神に自己を燔祭として捧げる者」を意味する。人間の完全性は、神に全面的に一致することに存しているかぎりで、修道者の身分は完全性の身分を含意している、とされる[13]。では、「完全性の身分」にある、とされる修道者の身分と *S. T.* II-II q. 184 a. 3 までの議論で明らかにされた「カリタスの完全性」との関係はどのように考えられているのか。*S. T.* II-II q. 186 a. 2 はこの問題を扱っている。トマスによれば、あるものが完全性に属するのには、三つの仕方がある。

（一）第一に、「本質的に」属するものがある。「カリタスの掟の完全な遵守」が完全性に属するとされるのは、この仕方による。

（二）第二に、完全性に「結果的」に属するものがある。カリタスの完全性に結果する諸行為がそれである。例として、トマスは「誹謗者に対する祝福」のような一般には困難で英雄的と見え、完全なカリタスに支えられてこそ可能となるような愛の実践を挙げている。これらは、精神の覚悟に即して secundum praeparationem animi は、掟に属する、とされる。「精神の覚悟に即して」という表現は、人が完全な愛の行為もしくは福音的勧告の実際的行為を行う義務を負わないにしても、状況が許容し愛が要求し、それらの行為が必要とされる場合、その行為を実行する覚悟を有する義務を負う、ということを意味する。少なくともそうした

「覚悟でいる」ことは救済に不可欠なものとされる限りにおいて「掟」に属する。しかし、そうした必要性の無い場合にも、それらを実行するならば、そのことは義務を越えており、「カリタスの充満に由来する」とされる。

（三）　第三に、道具的に、準備態勢的に完全性に属するものがある。清貧、貞潔、禁欲、その他これに類するところの、「福音的勧告」とされることがらである。

修道者の身分の目的とするところは愛の完全性であり、修道者の身分はその完全性に到達するための訓練もしくは修行である。「訓練もしくは修行」である以上、修道者にはすでに霊的な意味での「完全者」〈である〉ことは要求されない。つまり、霊的な身分における「初歩者」「進歩者」も、制度的な意味での「完全性の身分」としての修道者の身分に属しうる。しかし、「愛の完全性」を〈志向する〉ことは義務として要求される。それゆえ、修道者の身分を取得した者は、（一）の意味での「完全な愛」を所有する義務はないが、完全な愛の所有を志向し、そのことに向けて努力する義務は負うことになる。

また、（二）の「愛の完全性に結果することがら」に関しても、修道者はこれを実行する義務を負うわけではない。ただし、実行を志向する義務は負う。そのことへの志向を侮蔑することは、修道者としての義務違反である。それゆえ、それらのことがらを実行しないこと自体は罪とされないが、侮蔑する者は罪を犯すことになる。

ところで、以上（一）（二）は「掟」に属するのであり、単なる「勧告」ではない。したがって、先に *S. T.* II-II q. 184 a. 3 に関連して述べたごとく、これらは修道者のみならず、あらゆるキリスト者にとっての共通の義務であるとも言える。

修道者の特徴は、（三）に属するところの、一般の信徒にとっては「勧告」（「福音的勧告」）であるようなことがらを、カリタスの完全性において進歩するための手段もしくは道具として、あたかも「掟」に属するものであるかのごとくに遵守することを、「一定の儀式」にもとづく誓約によって自らに課している点にある。しかし、あらゆる修道者はあらゆる「勧告」に義務を負う、という訳ではなく、ただ、宣立する戒律が課す所定の修行にのみ義務を負う。[14]

ここで、「福音的勧告」と一般信徒との関係について一言注意しておきたい。これまでの論述から、読者は「福音的勧告」はもっぱら修道者にかかわることであり、キリスト者全体――特に一般信徒――にかかわることではない、との印象を持つかもしれないが、そうではない。たしかに、修道者は清貧、貞潔、従順の福音的勧告を、カリタスの完全性に進歩するための手段もしくは道具として遵守することを誓う。しかし、キリスト者はすべて、カリタスの高度の段階に至るならば、自らの生活状態に応じて、福音的勧告に属する一定の行為を、自らのカリタスの完全性の結果として遂行することを欲するようになることが期待される。その場合、修道者以外のキリスト者は、修道者が行うように、勧告を完全性へ到達するための訓練や修行として遵守するのではなく、勧告の行為を強度のカリタスがもたらした「余徳 supererogatio」の行為として、事実上実践するものとされる。[15]

(2) 修道者身分成立の条件としての誓願

このように、修道者としての「身分」の成立は、一定の「福音的勧告」の遵守を義務として公的に誓願することを条件とする。以下、その条件の内容を概観することとしよう。

まずトマスは、愛の完全性に到達するための修行または訓練である修道者の身分には、「自発的清貧」[16]、「完全な貞潔」[17]、「完全な従順」[18]が求められることを確認した上で、それらを「誓願 vota」の宣立をもって確定する必要がある、としている[19]。完全性の身分が成立するためには、完全性に属することがらに関する特別な義務が要求され、その義務を誓願によって神に対して負うものとされなければならないからである。

トマスは、修道生活の完全性はこれら三誓願に存する、ということを総括的に三つの角度から理由を挙げて確認している[20]。
（一）修道者の身分はカリタスの完全性を志向する修行である。カリタスの全面的志向を人間に阻む障害として、外的善の欲望（物欲）、感覚的愉悦の欲望（肉欲）、意志の不秩序（高慢欲）がある。それらはそれぞれ、物欲は清貧の誓願、肉欲は貞潔の誓願、高慢欲は従順の誓願によって排除される。
（二）人間精神に外的な煩労からの安息が三誓願によって与えられる。即ち外的事物の管理からは清貧、妻子の支配からは貞潔、自己の行為の処理からは自己を他者の処理に委ねる従順によって、それぞれ解放される。
（三）修道者の身分は神に対して全面的に自己を奉献することによる完全な燔祭としても理解される。人は三つの誓願を通じて自己の一切の所有を神に奉献する。即ち清貧によって外的善を、貞潔によって自己の身体の善を、従順によって自己の霊魂の善を、それぞれ神に奉献する。
以上から、修道者の身分は三誓願によってその全体が構成されることは、適切と認められる[21]。他の一切の修道規律はこれら三つの誓願のより完全な実行に向けて秩序づけられている、とされる。ここから修道者の身分は本質的に三誓願に存することが帰結される[22]。

トマスによれば、これら三つの修道誓願中最も重要であるのは従順の誓願である。それは三つの理由による。
（一）従順の誓願によって神に人は自らの意志を奉献する。意志は身体や外的善に優る。それゆえ、従順にもとづいて行われることがらは、自分の固有の意志で行われることがらよりも、一層神に嘉納される。（二）従順の誓願は他の二誓願の内容を包摂するがその逆は真でない。（三）従順の誓願は修道者の身分を構成する最も本質的な誓願である。従順の誓願なしには、清貧と貞潔とを私的な誓願によって遵守する場合も、その事実からは、修道者の身分に属するとは見なされないからである。(23)

（3）トマスによる修道者身分論の意義

今日「清貧・貞潔・従順」は教科書的な意味で修道生活の本質をなす三要素として知られているので、現代人の目には以上のトマスの論は陳腐なものと映るかも知れない。しかし、これまで本書が明らかにしてきたとおり、修道制の歴史においては、これらの三要素、特に「清貧」と「従順」との間には一種の緊張関係があったことに注意を払う必要がある。

第一章で見たとおり、「清貧」はアントニオス以来、独住の隠修士が真剣に追求してきた「離脱」の生活様式である。これに対しバシレイオスは共住修道制を発展させ、そこでは共同体的一致が重視された結果、「従順」に力点が置かれるようになった。自ら主教でもあったバシレイオスのもとで、修道院は教会および外部社会との関係を強めることとなった。他方、「清貧」については私有財産の放棄、すなわち財産の共有という方向で理解されることとなる。第四章で見たとおり、西欧の修道制はベネディクトゥスの『戒律』において確立した形態をとるが、それ以前は直接・間接に東方修道制の影響のもとにあった。いずれにせよ、中世前半の修道制においては、「清貧」はバシレイオス的な方向で理解されていた。しかし、第四章・第五章で見たとおり、共有という形ではあっても修道院が財産、特に土地を所有することが容認された結果、往々にして「清貧」は空洞化する傾向にあった。事実、しばしば教会（司教）と大修道院は「大領主」であった。清貧の空洞化は、教会や修道会を貧しい人々から浮き上がったものとする危険があった。このことは、「キリストの体」としての教会、さらにはキリスト教を統一の原理としていた西欧中世社会そのものの分裂・解体の危機を意味していた。

第五章で見たとおり、一一―一二世紀のヨーロッパに沸き起こった「隠修士運動」は、「清貧」の復興運動として理解することができる。共住修道院を去った「隠修士」たちは、自ら徹底した清貧の生活を送りつつ、貧しい人の友であったイエスの福音を民衆に説いてまわった。しかし、そうした「隠修士運動」を背景とする巡回説教者の活動は、ともすれば異端的セクトと化する危険があった。事実、この時期各地に出現した異端セクトは、そうした宗教運動から発生したものである。それゆえに、教会は隠修士や巡回説教者たちによる「清貧」の強調には絶えず警戒心を抱いていた。トマスが清貧の必要性を説く *S. T.* II–II q. 186 a. 3 における異論は、それまでの教会内部において存在した「清貧」の徹底を危険視する人々が現実に展開してきた立場を反映している。具体的には、以下のような論拠である。聖書の典拠は「必要なものを留保すること」を認めているではないか。[24] 自己の全所有物を放棄して自発的清貧を奉じる者は自身を危険にさらすのではないか。[25]「徳は中庸に存する」が、自発的清貧によって一切を放棄する者は、中庸ではなく、むしろ極端に走ることになるのではないか。[26] 人間の究極の完全性は幸福に存するが、富は手段的に幸福に資するのではないか。[27] 修道者以上に完全性の身分にあるとされる司教には財産の私有が認められているではないか。[28] 清貧は施しの手段を奪うのではないか。[29] これらの異論に対するトマスの個別的な回答は割愛するが、彼が「清貧」の必要性を説くことは、彼自身以上のような立場との対決の中に身を置くことを意味していた。

第六章で見たとおり、トマスの所属したドミニコ会（正式には「説教者兄弟会 Ordo Fratrum Praedicatorum」）やフランシスコ会などの「托鉢修道会」は、以上に概観したような社会的背景の中で登場したのである。「托鉢修道会」は「清貧」と「従順」とをともに強調することによって、教会と社会――特に貧しい人々――とをつなぎ止めるアンカーの役割を果たした。そのことは特に、第六章三で概観したところの、徹底した「清貧」の中に生きつつ、ひたすら教会に対する「従順」の道を歩んだアッシジのフランシスコの生き方において明らかである。「清貧」を危険視する見解と対決して清貧の徹底を主張しつつ、修道生活の三要素の全体を「従順」の優位のもとに還元したトマスの修道者身分論は、フランシスコが自らの生き方によって示した「托鉢修道会」の精神を理論的に展開したもの、と理解することができよう。

五　教会聖職者と修道者

ここでさらに、修道者と教会聖職者との関係について、トマスがいかに考えていたかを検討したい。本来、教会聖職者の伝統と修道者の伝統とは相互に独立しており、特に東方教会では両者の間に一定の緊張関係のある時期もあった。第四章で概観したとおり、西方教会の歴史においては聖職者による修道生活を志向し実践したアウグスティヌス以来、伝統的に聖職者の伝統と修道者の伝統とは相互に密接な影響関係をもって展開し、特に宗教運動が盛んな一一―一二世紀には律修参事会という聖職者集団による新しい修道会の成立を見ている。これは、司祭による修道会という意味で、今日に至るまでの「修道司祭」という生き方の方向を示す動きである。他方、教会聖職者の中で修道者化の道を歩まなかった「在俗（教区）司祭」は、やはり修道者との間に緊張関係を示した。この問題については第五章二（4）ですでに言及したが、たとえばトマスが所属したドミニコ会など托鉢修道会が大学へと進出する際にも、在俗聖職者身分にあった教授団による抵抗という形でトマス自身の生活史にも影を落としている。

（1）司教の優位

先に紹介した「身分」「職分」「位階」に関する概念整理に従えば、司教は聖職者の「職分」における高位の「位階」にある者であるが、トマスによれば、司教は修道者とともに「完全性の身分」にも属する、とされる。完全性の身分には、完全性に属することがらに対する一定の儀式による終生の義務づけが要求されるが、このことは司教にも該当すると考えられていた。すなわち、司教の司牧職には、「牧者は自分の羊のために生命を捨てる」ことが属するが、このことはカリタスの完全性を示す行為である。そしてその叙階については、『テモテ第一書簡』（六・一二）に言う「多くの証人の前に善い宣言を行った」という言葉が当てはまるが、このことは一定の儀式による終生の義務づけに該当する、と言う[30]。

のみならず、司教は修道者よりも優れた仕方で「完全性の身分」にある、とされる。司教は他の者を完成させる者としての立場にあり、修道者は完成される者としての立場にあるからである。ゆえに、完全性の身分は修道者におけるよりも司教における方が一層完全である、とされる[31]。

このように、修道者は完全性の身分にある、とされるが、司教もまた修道者に優る意味で完全性の身分にある、とされる。つまり、司教は「職分」の点においてのみならず「身分」の点でも修道者より上位にあることになる。裏を返して言えば、修道者はその両面において司教に下属する、という自己理解を示したものと言える。それゆえに、修道者の従順は修道院内部における上長に向けられるのみならず、司教に対しても向けられるべきものとされていた、と言うことが出来る。先に第六章では、アッシジのフランシスコを例にとり、「托鉢修道会」の基本精神は「清貧」の徹底と教会への「従順」にある、と指摘した。トマスは、修道者の従順は司教へと収斂する、という形で、教会に対する修道者の関係——特にその「従順」——を位置づけている、と理解することができよう。

(2) 修道者の「身分」と聖職者の「職分」——修道者と教区聖職者との比較

しかしながらトマスによれば、すべての聖職者が完全性の身分にあるのではなく、ただ司教のみがその身分にある。教区(在俗)司祭は、叙階の秘跡を受け司牧職を担当するが、そのことから「完全性の身分」に属するものとはされない、と言う。叙階の際に、在俗の教区司祭は誓願による完全性を志向するための特別な義務が負わされないからである。また在俗司祭は、たとえば、修道会に入会する場合におけるように、合法的に司牧職を放棄することができる。つまり、彼は司牧職に終生の義務を負うことはない。このように司教以外の教区(在俗)聖職者——小教区主任司祭や助祭長——は完全性の身分には属さない、とされる[32]。

そこで問題となるのが、教会において「司牧の職分」にある司教以外の聖職者と、「完全性の身分」にあるとされる修道者との関係である。トマスはこの問題を「主任司祭と助祭長は修道者に優る完全性を有するか」と題する *S. T.* II-II q. 184 a. 8 において主題的に論じている。ここでトマスは、単に「身分」に関してだけではなく、「職分」や「叙階」など、他のあらゆる諸要素を考慮に入れた上で、聖職者と修道者との完全性における優劣関係を検討している。「通例に見ない数多くの異論と解答本文の長さ[33]」を示すこの項での議論は、第五章二(4)でも言及した教区聖職者と修道者との間で闘わされた現実の論争を踏まえたものである。

この問題についてトマスはまず、「人々の間の優越性に関する比較は、共通面ではなく、相違面に基づかなければ、それが行われる余地はない」とした上で、「考察すべき点」として、(一)身分、(二)叙階、(三)職分という三つの契機を挙げる。その上でさまざまなタイプの人々について具体的に検討してゆく。

(A)まず、主任司祭と助祭長については、(一)身分上は「在俗者」、(二)叙階上は「司祭または助祭」、そして(三)職分上は「委任された司牧を担当」している。

(B)他方、多くの修道者や律修参事会員については、(一)身分上は「修道者」、(二)叙階上は「助祭または司祭」、そして(三)職分上は「司牧担当者」である。

(B)は(A)より(一)において優り(二)(三)の点では同等、ということになり、(B)は問題なく(A)に優ることになる。つまり、修道者が司祭である場合、二重の優越性を具備することとなり、その身分は単なる在俗司祭の身分よりも一層完全である、とされる。

(C)しかし、司牧を担当しない司祭ないし助祭であるような修道者の場合どうであろうか。(C)は(A)よりも(一)身分上は優れ、(三)職分上は劣り、(二)叙階上は同等である。

この(C)と(A)との比較において、(一)の「身分」と(三)の「職分」とのいずれの優越性がより重要であるか、が問題となる。ここで、トマスは考察にあたって留意すべき点として、身分と職分との(a)善性と、(b)困難性との二つの観点を示している。

(a)両者の善性を比較した場合、修道者の「身分」は主任司祭や助祭長の「職分」に優る、と結論づける。その理由としてトマスは、「修道者の場合は、その全生涯を完全性の追求に義務づけるが、主任司祭や助祭長の場合は、司教のように、全生涯を司牧に義務づけることも、所轄の人々への主要な配慮を本分とすることもなく、単に司牧の一部を職分として委任されているに過ぎないから」という点を挙げる。さらに問題の比較は、「行為という類に基づく比較であることを理解すべきである」と指摘し、その理由を「行為者のカリタスに基づけば、類別上は小さな行為も、大きなカリタスをもって行われる場合、時として、より広大な功績を得るからである」としている。

（b）修道者の身分や司牧職における善良な生活の困難性に留意する場合、司牧職における善良な生活は、諸々の外的危険性のゆえに、困難性が一層大である、としている。ただし、修道者の身分の生活は、行為の類自体に関する限り、修道規律の遵守の厳格性のゆえに、一層困難な生活をしている、と指摘している。

以上のトマスの結論はかなり微妙なものであるが、全体的な論調としては、（C）の（A）に対する優位、つまり、「完全性の身分」の「司牧の職分」に対する優位を主張しているように思われる。

（D）「労務修道者」の場合のように、叙階を欠いた修道者の場合、尊厳に関しては、叙階の優越性が卓越する。

つまり（A）は（D）には優る。

「労務修道者」と訳される conversi という語は、伝統的には「助修士」と訳されるべきであるが、トマスは聖職叙階を受けていない修道者一般を指す意味――つまり、今日的な意味での「修道士」「ブラザー」というニュアンスに近い意味――で用いているようである。修道者の伝統は教会聖職者の伝統からは独立しているので、歴史的にはトマスの言う意味での（D）タイプに属する修道者こそが本来の「修道士」であると言うこともできる。しかし、律修参事会の系譜に属するドミニコ会士トマスにとって、「修道者」の名のもとで主として念頭に置かれていたのは、（B）ないし（C）タイプの「修道司祭」であったようである。

（3）　修道者と教会聖職者との比較に関するトマスの立場

以上のトマスの論によれば、すべての修道者は、身分的にも職分的にも司教のもとに属する。しかし、それ以外のもろもろの聖職者および修道者の中では、やはり身分的にも職分的にも（B）――さらには（C）――のカテゴリーに属する「修道司祭」が最高の地位を占め、司教に次ぐものとされている。つまり、「修道司祭」は司教の最高の補助者である、との自覚を示している、と理解できる。この点では、終生司祭職を望まなかったアッシジのフランシスコの精神とは若干異なり、律修参事会の系譜に属し、司祭からなる修道会として出発したドミニコ会独自の立場が反映されているものと言える。

六　結　語

本章では、トマスにとって、特に「修道生活」という生き方がカリタスの倫理との関係でいかなる意味を有していたかを明らかにすることを試みてきた。その際まず手始めに、「修道者の身分は完全性の身分を含意する」というテーゼの意味を解明することをもって探求の手がかりとした。

「完全性の身分」は、（一）カリタスの完全性に属することがらに対する、（二）一定の儀式による終生の義務づけ、を成立条件としていた。修道者が「完全性の身分」に属する、ということは、修道者が、清貧・貞潔・従順という、一般信徒には「勧告」（「福音的勧告」）とされることがらを、「カリタスの完全性」へと到達するための訓練や修行のために、「義務」として遵守することを公的に誓願することを意味していた。

霊性史および教会史においてトマスが置かれていた状況を考慮に入れるならば、修道者がその遵守を誓うべき

「福音的勧告」の内実として、トマスが「清貧」と「従順」とをともに強調していることは、彼が所属しているドミニコ会をはじめとする「托鉢修道会」の歴史的意義を反映している。第二部、特に第五章で見てきたとおり、教会や伝統的修道院において清貧が空洞化し、教会が貧しい人々から浮き上がりつつあった危機の中で、「托鉢修道会」は教会と社会——特に貧しい人々——とをつなぎ止めるアンカーの役割を果たしていたことは第六章で見たとおりである。*S. T.*（『神学大全』）II-II q. 186 a. 3 における数多くの異論は、「清貧」の徹底を危険視する人々によって当時現実に唱えられていた主張を反映していた。トマスはこれらに答え、「従順」とともに「清貧」の必要性を説くことにより、「托鉢修道士」としての自らの立場を明らかにしていたのである。

他方、トマスは修道者は身分上も職分上も司教に下属するものと認めることによって、修道者の教会への「従順」は具体的には司教に向けられることを示唆した。他方、トマスは司教以外の教区（在俗）聖職者については「完全性の身分」には属さない、とする。それゆえ、修道者（特に「修道司祭」）は身分上教区（在俗）聖職者に優ることが主張される。それゆえ、修道者（特に「修道司祭」）は身分上の優越性ゆえに教区（在俗）聖職者には下属せず、直接司教に下属するものとされていたことが主張されていたものと理解できる。このことは、第五章二（4）で言及した聖職者と修道者との関係についての論争の文脈におけるトマスの立場を示すものであり、修道司祭が司教の最高の補助者である、との自己理解を示すものと考えられる。

このようにトマスは「聖職者による修道生活」の系譜に属するドミニコ会が示す「修道司祭」という生き方のうちに優れた意味での「使徒的生活」の実現を見ており、ここにドミニコ会士としてのトマスの自己理解が反映していたことが明らかになった。

（1）拙著『トマス・アクィナスにおける「愛」と「正義」』（知泉書館、二〇〇五年）参照。
（2）『神学大全』に関する略号は慣用に従う。たとえば、「S. *T.* I q. 1 a. 1 c.」は「『神学大全』第Ⅰ部第一問題第一項主文」を意味する。「S. *T.* I–II q. 1 a. 1 ad. 1」は「『神学大全』第Ⅱ部の一第一問題第一項第一異論回答」を意味する。
（3）S. *T.* II–II q. 24 a. 2 c.
（4）S. *T.* I–II q. 51 a. 4, q. 65 a. 3, a. 5, q. 106, II–II q. 24 a. 2.
（5）S. *T.* II–II q. 183 a. 4 c.
（6）S. *T.* II–II q. 186 a. 1 c.
（7）S. *T* II–II q. 184 a. 4 c.
（8）S. *T.* II–II q. 183 a. 4 c.
（9）S. *T* II–II q. 184 a. 5 c.
（10）S. *T.* II–II q. 184 a. 4 c.
（11）S. *T.* II–II q. 183 a. 2 c.
（12）S. *T.* II–II q. 183 a. 3 c.
（13）S. *T.* II–II q. 186 a. 1 c.
（14）S. *T.* II–II q. 186 a. 2 c.
（15）創文社刊『神学大全』邦訳第二四分冊、訳註二二六参照。
（16）S. *T.* II–II q. 186 a. 3 c.
（17）S. *T.* II–II q. 186 a. 4 c.
（18）S. *T.* II–II q. 186 a. 5 c.
（19）S. *T.* II–II q. 186 a. 6 c.
（20）S. *T.* II–II q. 186 a. 8 c.
（21）S. *T.* II–II q. 186 a. 7 c.
（22）S. *T.* II–II q. 186 a. 7 ad. 2.

(23) S. *T.* II-II q. 186 a. 8 c.

(24) S. *T.* II-II q. 186 a. 3 arg. 1.

(25) *ibid.* arg. 2.

(26) *ibid.* arg. 3.

(27) *ibid.* arg. 4.

(28) *ibid.* arg. 5.

(29) *ibid.* arg. 6.

(30) S. *T.* II-II q. 184 a. 5 c.

(31) S. *T.* II-II q. 184 a. 7 c.

(32) S. *T.* II-II q. 184 a. 6 c.

(33) 創文社刊、『神学大全』邦訳第二四分冊、訳注一〇二参照。

第九章　「観想の充溢から発する活動」

――「説教者兄弟会」の霊性――

一　はじめに

トマス・アクィナスが所属したドミニコ会は正式名称を「説教者兄弟会」（Ordo Fratrum Praedicatorum）と言う。ドミニコ会はフランシスコ会と並び、一二世紀における代表的な「托鉢修道会」として成立した。第二部第六章で紹介したとおり、ドミニコ会とフランシスコ会とは、共に清貧を徹底させつつ説教活動に勤しむ「使徒的生活」をめざしていたが、同時に学問研究を重んじ、大学に進出した「学僧の修道会」でもあった。トマスはまさにそうしたドミニコ会を代表する「学僧」であった。

前章では、「カリタス caritas の完全性」をめざす身分という形で示された修道生活一般についてのトマスの位置づけの意味を解明した。一方でトマスは、修道者は身分上も職分上も司教に下属するものと認めることによって、修道者の教会への従順は具体的には司教に向けられることを示唆していた。他方トマスは、司教以外の教区（在俗）聖職者は「完全性の身分」には属さない、とする。それゆえ、修道者（特に「修道司祭」）は身分上の優越性ゆえに教区聖職者には下属せず、直接司教に下属するものとされていた。このことは、「聖職者による修道生活」の伝統に属する修道司祭としてのドミニコ会士は司教の最高の補助者である、との自己理解を示すものと考えられる。そうした自己理解にもとづく修道生活は、「教授 doctrina」と「説教 praedicatio」（宣教・司牧）をこととし、教会と結びついた形での「使徒的使命」への献身をめざす修道会への道を開くものとして、近代以降にいたるまでの修道生活の方向を決定づけるものであった、と言うことができる。

本章では、特にトマスにとって、学問研究、教授、そして説教というドミニコ会固有の使命がいかなる意義を有していたのかを明らかにする。その際、ドミニコ会が自らの霊性に対して与えている「観想の充溢から発する活動」という標語を手がかりとしたい。

二 「観想の充溢から発する活動」——説教者兄弟会の霊性

トマス・アクィナスは、自身、創設間もないドミニコ会の有力メンバーであった。まず、トマスが語るところに従って、「ドミニコ会」の意義について概観したい[(1)]。ドミニコ会は、その正式名称「説教者兄弟会」が示すとおり、まさに「説教」を目的とした修道会である。当時「説教」は原則的には司教の専権事項であったが、無論、その権限は委任されることができた。「説教」の権限の委任を受けるためにも、ドミニコ会は、「司祭叙階によって司教団の協力者になり、預言（＝説教）職を固有の職務として持つ[(2)]」ことをその使命としている。つまり、ドミニコ会は本質的に教会聖職者集団として出発した修道会であり、その点、一般信徒を中心とした民衆的宗教運動に起源を有するフランシスコ会とは対照的である。

（１）　教会聖職者集団としての修道会

S. T.（『神学大全』*Summa Theologiae*）II-II q. 188 a. 4[3]において、トマスは、教会聖職者集団として、すなわち「説教」や、司祭のもう一つの重要な職務である「聴罪」を目的として設立される修道会の意義について述べている。この項は明らかにトマス自身が所属するドミニコ会の存在意義を明らかにすることを意図したものとして理解できる。

前章でも触れたとおり、トマスによれば、修道者の身分はカリタスの完全性をめざすために設けられている。カリタスには、「神への愛」と「隣人愛」との両面がある。[4]神への愛には観想的生活が直接に属し、その生活は神のみに専念することを切望する。他方、隣人愛には活動的生活が属し、その生活は隣人の困窮に奉仕することへと向けられる。隣人はカリタスによって神ゆえに愛されるように、隣人への奉仕も神のもとへと溢れ出る。隣人への奉仕は、神に関連づけられる限り、一種の犠牲とも呼ばれる。かくして、活動的生活の諸活動が「隣人の利益」、「神の奉仕、神の礼拝の保持」を志向する限り、それらの諸活動のために修道会を設立することは適切である、とトマスは述べている。[5]

これら、活動的な修道会の成立条件のうち、第一の「隣人の利益」という点に関しては、トマスは、「物質的必要を援助する行為よりも、魂の霊的救済に属する行為の方が、そこから得る利益はさらに大である」と主張する。「魂の霊的救済に属する行為」とは、まさに「説教や聴罪」を意味している。かくして、トマスは「説教や聴罪」を「施与 eleemosyna」として、それも物質的な施与に優る「霊的な施与」[6]として位置づけた上で、その修道会設立目的としての意義を強調している。

また、第二の条件である「神の奉仕」に関しても、トマスは「魂の救済行為」としての「説教や聴罪」に特に重要な意義を認めている。すなわち、トマスはこうした諸行為を、「異端者の誤謬や悪魔の誘惑に霊的武具 arma spiritualia をもって信者を擁護すること」として表現している。このようにしてトマスは、「魂の救済に属する説教やその他これに類する諸行為のために、修道会が設立されることは極めて適切である」と述べた上で、実質的には自らの所属する聖職者集団としての修道会であるドミニコ会の存在意義を確認している。(7)

(2) 「観想的生活」の意義

前節で紹介したトマスの所論においては、カリタスの完全性という修道生活の本質に即して、直接的に神への愛に属する「観想的生活」と、隣人愛に属する「活動的生活」という二つの生活様式の区分が導入されていた。「観想」という言葉で一般に思い浮かぶのは、シトー会などのベネディクト系修道会や女子カルメル会などのいわゆる「観想修道会」であろう。具体的にはそこで修道士や修道女たちが勤しむ祈り、霊的読書、黙想などが「観想」の内容として理解される。これはいわば「キリスト教的な意味における観想概念」である。しかし同時に、「観想」と訳される contemplatio ないしは theôria という語は、アリストテレス哲学の最終的にめざすところでもあった。では、トマスは「観想」そのものについてどのように考えていたのであろうか。

S. T. II-II q. 180 a. 4 c. においてトマスは、観想的生活に主要的に属するのは、「人間の生 vita 全体の目的」であるところの「神的真理の観想」である、としている。この観想は、来るべき生において完全なものとなるならば、われわれが神を「顔と顔を合わせて」見ることを可能ならしめる、つまりわれわれを至福な者たらしめるものである。しかし現世では「鏡を通しておぼろげに」しか、つまり不完全な形でしか与えられない、と言う。つまり、トマスが「観想的生活」という際に念頭にある「観想」とは、われわれに「至福のある種の発端」を生じさせるものであり、「この至福は現世ではじまり、来るべき世において終極に達するのである」。以上、いわば「キリスト教的な至福概念」にもとづいて「観想」概念を位置づけた上で、さらにトマスはこれを「知性認識されうる最高のものの観想の中に、人間の究極の幸福がある」としたアリストテレス的な幸福概念によっても位置づけてゆく(8)。こうした「観想」の位置づけは S. *T.* I-II 冒頭において展開された至福論において、トマスが「至福」をアリストテレス的な意味にも解しうる観想的知性の働きとして規定しつつ(9)、最終的にアリストテレスを超えて、神の本質を直視することとして規定したことに対応している(10)。

こうした観想的生活は直接的かつ非媒介的に神を愛することに関わっている(11)。トマスは「観想的生活は、その活動の本質自体に関しては知性に属しているが、そのような働きを遂行することへと動かすものに関しては意志に属している(12)」としている。つまり、観想的生活の働きは神に向かうカリタスそのものを原動力とするものであり、神を完全に愛することを志向するものであった。

（３）「観想的生活」と「活動的生活」

「観想的生活」と「活動的生活」という対比に関しては、哲学的伝統においても、キリスト教的伝統においても、「観想的生活の優位」ということは一般的な通念であった、と言ってよかろう。哲学的伝統に関しては、bios thêôretikos の bios praktikos に対する優位を説いたアリストテレスを思い起こせば足りる。キリスト教的伝統に関して言えば、『ルカ福音書』（一〇・三八―四二）の「マリアとマルタ」の逸話について、一般にはイエスがマリアの方を賞めているものと解され、観想的生活の優位を示したものとして理解されている。S. *T.* II-II q. 182 a. 1 c. では、これら二つの系統の典拠を摺り合わせながら、観想の優位が説かれている。

さらに*S. T.* II-II q. 182 a. 2 c. では、観想的生活と活動的生活における「功績性」、すなわちカリタスの関与の度合いについて論じられている。そもそも「功績 meritum」とはカリタスによって動かされる行為を意味していた。[13] したがって功績性の根元はカリタスそのものである。カリタスは神と隣人とを愛することに存するが、[14] 神をそれ自体として愛することは、隣人を愛することよりも功績性が高い。[15] つまり、「神を愛すること」により直接的に関与することの方が、「神のゆえに隣人を愛すること」に関与することよりも、類的により功績性が高い。ところで、神的真理を直接的に追求するのは観想的生活であるのに対して、[16] 活動的生活はより直接的には隣人を愛することへと秩序づけられている。それゆえ、類的に言えば、観想的生活は活動的生活よりもより功績性が高い、とされる。[17] つまり、カリタスとの関与という点においても、観想的生活は活動的生活に対して優位にあるものとして理解されていたのである。

だとすると、観想的生活といわゆる道徳的生活、すなわち倫理的徳との関係はどう考えられているのであろうか。倫理的徳は活動的生活に対応しており、[18] 他方観想的生活は主要的には知性的な働きであって、倫理的徳はこれには本質的に essentialiter は関与せず、ただ態勢的に dispositive 関与しているに過ぎない、[19] とされているからである。観想的生活は倫理的な徳とは無関係なのであろうか。

しかし、*S. T.* II-II q. 182 a. 3 においては、観想的生活に対する倫理的徳の「態勢的な」関与、すなわち活動的生活と倫理的徳とが観想に資する側面の内実が明らかにされている。すなわち、活動的生活は、魂の内的な情念 interiores passiones を調整し秩序づけるという点において、内的情念の無秩序によって生じ、観想を妨げるところのさまざまな幻影 phantasmata を静めることによって、観想的生活に寄与する、と言う。そしてグレゴリウスの『道徳論』[20] を引用する。この引用箇所は感動的なので、そのまま引用したい。

「人々が観想の山頂の城を手に入れようと望むときには、先ず平地で（戦いの）わざの訓練により自らを鍛える。それは、自分が隣人にもはや何らの悪も負わせていないかどうか、また自分が隣人から負わせられた悪を平静に堪えているかどうか、また現世的な善を提供されることによって、精神が決して悦びにおぼれてしまっていないかどうか、またそれらの善が取り去られることで、自分があまりに大きな悲しみに傷ついていないかどうかを、慎重に吟味するためである。そしてさらに、自分の内部へと帰ってくるときに、霊的なものを吟味することによって、自分が物体的事物の影をひきずっていないかどうか、あるいはおそらくはひきずってしまった影を、分別の手によって除去しているかどうかを、熟慮するのである」。

(4)「観想の充溢から発する活動」

ところで、ドミニコ会などの托鉢修道会は、学問研究、教授、説教などの活動をその使命としている。そしてこれらの活動、特に「説教」は、明らかに活動的生活に属する対他的な行為であるように思われる。だとすれば、托鉢修道会は上述の「観想」と「活動」という区分、そして観想的生活の活動的生活に対する優位という序列の中でどのように位置づけられるのであろうか。特に、今日的な意味での「観想修道会」といえば、むしろベネディクト型の修道パラダイムを遵守することのうちにこそ成立しているものであるように思われる。S. T. II-II q. 188 a. 6において、トマスはそうした諸修道会の間における優位性の問題を扱っている。

ここでトマスは、活動的生活における「活動」について、「観想の充溢 plenitudo contemplationis から発する活動」と「全面的に外的業務に存する活動」とを区別している。「全面的に外的業務に存する活動」とは、例えば、施与や接待や他のこれに類する活動である。トマスは、これらの活動については、一般通念に従い、「緊急の必要性のある場合を除き、観想の行為よりも劣る」ものとして評価している。これに対してトマスは「説教」や「教授」を「観想の充溢から発する活動」として位置づけている。そして、この種の活動については、トマスは「照らすことが光るだけよりも優れているように、同じく、観想の実りを他に伝えることは観想するだけよりも優れている」として、単なる観想の行為以上の評価を与えている。したがって、修道会の優越性に関するトマスの結論は、教授や説教のために設けられる修道会は諸修道会の中で最上位を占め、第二の位置を占めるのは観想のために設けられる修道会であり、第三は、外的活動に従事する修道会が位置づけられる、というものである。[21]

つまり、トマスにとって「説教」「教授」という、「説教者兄弟会」固有の修道目的は、「観想の充溢から発する活動」であって、単なる外的な活動に留まるものではなく、それ自体の内に観想的生活をも内含している活動なのであった。ここでトマスが「観想の充溢から発する活動」を特徴づけるために与えた「観想すること contemplari」を内に踏まえつつ「観想の実りを他に伝えること contemplata aliis tradere」という表現は、「神と共に cum Deo」あり、「神について（あるいは神から）de Deo」語る、[22]というドミニクス自身に帰される言葉とともに、ドミニコ会の基本的な性格を特徴づける定式とされている。「観想の充溢から発する活動」という標語はドミニコ会の霊性の自己理解を示すものである。それは「観想的生活」と「活動的生活」という二つの生活様式を考えられる限りでの最高の形式において統合しようとするものであった。

三　「学問研究」「教授」「説教」

ここで、「学問研究」「教授」「説教」といったドミニコ会固有の活動と上述ドミニコ会霊性との関係について明らかにする段階に至った。

（1）「学問研究」の意義

上述の通り、ドミニコ会はフランシスコ会とともに大学に進出し、学問研究に力を入れる、という、当時の社会の中での特徴的な動きをとった。トマスは、*S. T.* II-II q. 188 a. 5 において、修道会にとっての学問研究の意義について述べている。

修道会は活動的生活のためにも観想的生活のためにも設け得る。そして、上述の通り、活動的生活の諸活動のなかで最も主要な行為は、説教やこれに類した諸行為のように「魂の救済に直接に関係する行為」である、ということはトマスにとっての基本前提である。この前提を踏まえた上で、トマスは、学問研究が修道生活に対して有する意義を三つの角度から指摘する。

まず第一に、観想的生活の固有面に関してであるが、トマスは「学問研究の観想的生活への裨益」に、さらに二つの角度を区別する。（一）その第一は、「観想を直接に助成する」ことである。それは学問研究が知性を照明することによる。観想的生活は主として神的事物を考察することに秩序づけられており、その生活において人は神的事物を考察すべく導かれる。（二）その第二は、学問研究が「観想の危険を排除」することにより「観想的生活を間接的に助成する」ことである。観想の危険とは、聖書に無知な者が神的事物の観想において陥りがちな誤謬のことである。トマスは、その単純素朴さから、神人同形説――神は人間の形姿を持つと考える誤謬――に陥ったセラピオン大修道院長についての『師父たちの問答集』の話を例にとっている。その上で、「ある人々は、観想において自分の把握し得る以上のことを追究して、邪悪な教義の結末に至る。謙遜に真理の弟子となることを怠って、誤謬の教師となる」と述べている教皇グレゴリウス九世の言葉を引用している。[23]

第二に、学問研究は、「説教やこれに類する諸行為の遂行のために設立された修道会」、すなわちドミニコ会のような修道会にとって、特に固有な意味での必要性がある。トマスは『テトス書簡』（一・九）での、使徒パウロの「教えに適う信実な言葉を固く守り、健全な教えに従って勧め、反対を唱える者を論破する」という言葉を、説教者であるところの司教の職務に属する諸行為を述べたものとして引用している。説教者としてのこうした諸行為を可能とするためにこそ、特に学問研究が必要とされる、と言うわけである。

第三に、トマスは、すべての修道会の共通面に関して、修道会に適合するところの学問研究の意義を挙げている。すなわち、学問研究は、肉の放縦の忌避に役立つ。そして学問研究は、富の欲望の除去に役立つ。さらには学問研究は、従順の教訓として役立つ。[24]

以上のように、トマスは修道者にとっての学問研究の多面的な意義を示唆している。その中で特に「観想の危険」に対する指摘は、これをグレゴリウス教皇の引用と照らし合わせて読むならば、トマスの念頭にあったのは、無知が「ひとりよがり」を産み、「ひとりよがり」からついには「異端謬説」へと陥っていった、当時の民衆宗教運動における素人説教師たちのことであったようにも思われる。

（2）「教授」の意義

「教授」ということもドミニコ会にとって、さらにはトマス自身にとっての最も重要な使命であった。トマスは「教えることは活動的生活の行為か、それとも観想的生活の行為か」と題する *S. T.* II-II q. 181 a. 3 c. において、「教授」という行為が、観想と活動との両面にまたがる性格を有することを明らかにしている。

トマスはまず、「教える」という行為は「内的な概念の可聴的なしるし」である「語り locutio」によって為される、と分析し、これにもとづいて教えの行為には二つの対象 obiectum がある、とする。そのひとつは、(一)「内的概念の関わることがら materia ないし対象」である。この対象に関しては二つの可能性がある。(一―一)「人が何らかの真理によって外的行動を方向づけるために、その真理を内的に概念する場合」、教えは活動的生活に属している。(一―二) 他方、「人が、内的に何らかの可知的真理を概念し、その真理の考察と愛とに喜悦を見いだす場合」、教えは観想的生活に属している。(二) 他方、教えのもうひとつの対象は聴く人自身である。そしてこの対象に関するかぎりは、すべての教えは、外的行為が関わっているところの活動的生活に属している、と言う[25]。

ここで、「教授」という行為は限定的に、すなわち「人が、内的に何らかの可知的真理を概念し、その真理の考察と愛とに喜悦を見いだす場合」に観想的生活に属する、とされている点に注意したい。「教える」者自身が、その真理の考察と愛とに喜悦を見いだす、という形での観想が前提となって、他者へと及ぶ活動としての教授が成り立つ、という構図は、まさに「観想の充溢から発する活動」というドミニコ会霊性の特徴を示しているものと言える。

(3) 説教者自身にとっての「説教」――霊的施与

最後に、「説教者兄弟会」というドミニコ会の正式名称そのものが明示しているその最大の使命としての「説教」活動の意味について明らかにしたい。まず、トマスの倫理学全体において、説教者自身にとって「説教」が有する意味について、概観しておく。

トマスの倫理学における中心概念であるカリタスは、本来「神への愛」である。このカリタスが、対他的な倫理として「隣人愛」へと展開してゆく理拠は、「神に向かうという目的のために協働する」[26]という形で、「至福の分有における仲間として愛する」[27]ということにあった。このカリタス固有の意味内容において「隣人を愛する」ということは、具体的には「その人が神のうちに在るように」と計らうことを意味していた[28]。

これまでの論述でもすでに言及された通り、説教は、隣人である他者の「魂の救済に直接に関係する行為」であり、「霊的な施与」であった。ところでトマスにあって「施与」とは、カリタスが、他者における悲惨さ、欠陥を原因とする「憐れみ misericordia」の徳を媒介として外的行為へと展開した相を示すものである[29]。

以上の見取り図の中で、説教がトマスの倫理体系全体の中において占める位置づけはほぼ明らかになったことと思う。つまり、「説教」とは、なんらかの意味で「神のうちに」ない、という欠陥状態にある隣人が、「神のうちに在るように」と計らう、という意味で、「魂の救済に直接に関係する行為」であり、最も端的な意味における「霊的施与」、あるいはカリタスの外的行為への展開を意味しているのである。

ところで、トマスはカリタスの外的行為を基本的に憐れみから発するもの、としていたが、憐れみよりも、自分自身を内的に神と結びつけるカリタスの方が優先する、とも述べている[30]。それは、自分自身の神との結びつきが前提となってこそ、他者に対する霊的な施与も可能である、ということにもとづいている。上述してきた「観想的生活」の「活動的生活」への優位はこのことにもとづく。

トマスは説教という活動を「観想の充溢から発する活動」として特徴づけている。このことは、この「カリタス」と、隣人が「神のうちに在るように」と計らう、という意味での「憐れみ」との関係を反映している、と言える。先述の通り、説教活動は、説教者自身の観想、あるいは「神と共に cum Deo ある」ことを前提とし、その「観想の実りを他者へと伝える」、という形で成立する「神について（あるいは神から）de Deo」語る営みなのであったからである。

（4）「説教」を受ける者にとっての「説教」――信仰と回心への呼びかけ

説教は、隣人である他者の「魂の救済に関係する行為」であり、「霊的な施与」であった。そこで今度は立場を変えて、その「説教」を受ける「隣人」の側から見た「説教」の意味について概観したい。

当の「隣人」自身にとって、説教は、信仰へと向かう回心の契機となっている。そして、トマスによれば、信仰は一人の人間が霊的な生活、すなわち神との関係性の中での生へと入る最初の端緒である。従って説教は、一人の人間が霊的生活全体の端緒となりうる契機なのである。そこで、人が信仰へと入る最初の場面において説教が果たす役割に関するトマスの記述について、やや細かく見てみよう。

S. T. II-II q. 6 a. 1 c. がその場面を記述している。そこで、トマスは「信仰」の成立要件として二つのことがらを挙げる。その一つは人間に対して「信ずべきことがら credibilia」が提示されることであり、もう一つは提示されたことがらに対して信じる者が与える承認である。

第一の「信ずべきことがらの提示」に関しては、信仰は神に由来する。つまり、なんらかの形での啓示による。ところで、信仰に属することがらは、使徒たちや預言者たちに対して啓示されたように直接に神によって啓示される場合もあるが、他の多くの人々に対しては、信仰に属することがらは、「神が信仰の説教者たち praedicatores fidei を派遣することによって」提示される。

第二の「信仰に属することがらに対して人間が与える承認」に関しては、トマスはさらに二重の原因を考える。

その一つは、外部から誘導する原因、たとえば目撃された奇跡、あるいは信仰へと誘導するために人間が行う説得 persuasio である。しかし、トマスによれば、これらのいずれも充分な原因 causa sufficiens ではない。同一の奇跡を目撃し、同じ説教を聴いた人々のうち、或る者は信じるのに、或る者は信じないからである。

したがって、人間を内的に動かして、信仰に属することがらに対して承認を与えさせるような、別の内的な原因を措定しなければならない。ここで、トマスは、かかる原因として人間の自由意思 liberum arbitrium のみを措定したペラギウス派の見解を斥け、「信仰の主要的行為である承認 assensio に関していえば、信仰は恩恵によって内的に動かす神 Deus interius movens per gratiam からくる」としている。

それは、「人間は信仰に属することがらに承認を与えるにさいして、自らの自然本性を超えて高められているがゆえに」、承認を与える行為は内的に人間を動かすところの超自然的な根源、すなわち神によってもたらされたものでなければならないからである[31]。

ここで、説教者は、まず当の人に信仰に属することがらを提示する者として登場する。そして、信仰へと誘導するために説得をする者として外部から誘導する原因として働いている。しかし、当の人を信仰の主要的行為である承認へと動かすのは神（聖霊）である、とされている。つまり、この場面で神（聖霊）と説教者とは協働しているのである。

（5） カリスマの言葉

以上から明らかになった通り、「説教」とは、説教者自身から見れば他者である隣人の善、すなわち、「その人が神のうちに在るように」と計らい、信仰へと、すなわち「魂の救済」へと導く行為であった。そして、その際人を信仰へと導く働きにおいて主要的に働くのは聖霊であり、説教者はこれに協働するのであった。信仰の獲得と回心という個人の内心におこるできごとは、天使すらも窺い知ることはできない[32]。説教とは、説教を受ける個人がそうした内心の場において信仰へと入るための契機となる。

ここで「説教」において「カリスマ」が大きな意味をもつことが帰結する。「カリスマ（gratia gratis data＝無償の恩恵）」とは「他者が義とされること iustificatio にむけて協力するようにと与えられる」恩恵の賜物を意味している[33]。

「説教」とは「言葉 sermo」においてなされる行為である。そうした場面で機能するカリスマについて、トマスは、*S. T.* II-II q. 177 a. 1 c. において、次のように述べている。

カリスマは他者の利益のために与えられる。ところで、ある人が神から受け取った認識は、「語ること locutio」を媒介とするのでなければ、他者の利益に向けられることはできない。ここでトマスは、「聖霊は、教会の利益に関わるいかなることにおいても欠けることはない」という確信にもとづいて、「語ること」に関わる配慮が教会のメンバーたちに提供される、とする。そしてその「語ること」が「有効に efficaciter」機能するために与えられるのが「言葉 sermo」のカリスマである。

トマスは、言葉のカリスマが機能する三つの様態を記述している。まず第一に、それは知性を指導するために働く。このことは、説教者が聴衆を「教える」ように語る場面で実現する。第二に、それは聴衆が進んで神の言葉に耳を傾けるように情意を動かすために働く。このことは、聴衆を「喜ばせる」ように語る場面で実現する。ただし、そのことは、自分自身の好みを追求するためではなく、聴衆に神の言葉に耳を傾けるように促す目的のために求められるのでなければならない。第三に、それは聞き手が神の言葉によって意味されていることがらを愛し、そのことが成就することを欲するようにするために働く。このことは、聴衆に「心の向きを変える flectere」ように語る場面で実現する。そしてトマスは、これらの働きを果たすために、聖霊は人間の舌を一種の用具 instrumentum として用い、聖霊自身は、内的な働きを完成する、と総括している。

前節で概観した *S. T.* II-II q. 6 a. 1 c. と、この *S. T.* II-II q. 177 a. 1 c. の箇所から、人を信仰へと導くことの「主要的原因 causa principalis」は聖霊であり[34]、説教者は「用具因 causa instrumentalis」である、といういかにもスコラ的な定式が定着する。

しかし、我々はその定式の奥に、自らカリタスによって神と共に（cum Deo）あり、観想者であることを土台としつつ、自らを神の用具として明け渡して語る説教者の生き様を見るべきであろう。ラテン語の前置詞「de」の両義性ゆえに、「神について語る」と訳されると同時に、「神から語る」とも訳しうる「de Deo loquor」というドミニコ会の基本精神を現す言葉[35]は、こうした説教者の姿を示したものなのであった。

四　修道パラダイムの変換

以上、「観想の充溢からの活動」としての学問研究、教授、そして説教についてのトマスによる位置づけを明らかにしてきた。ドミニコ会は本質的に教会聖職者集団として出発した修道会であるので、教会人の立場にあって可能な限りでの修道生活を志した『アウグスティヌスの修道規則』を採用した。第二部、特に第四章、第六章でも触れたとおりこの規則は、司教を支える聖職者集団であった聖堂参事会が、修道的な共同生活を志した場合――これを「律修参事会」という――よく採用されていたもので、比較的自由度の高い規則である。そして、

『アウグスティヌスの修道規則』を、さらにこれまで概観してきた会の固有の使命、すなわち「観想の充溢からの活動」をめざす生活を達成するために、ドミニコ会は、いくつかの具体的な点で、それまで支配的であったベネディクト系の修道パラダイムに対して「パラダイム変換」を行うことになる。

S. T. II-II q. 187 の全体は、このドミニコ会による「修道パラダイムの変換」に関連するテーマを論じたものである。そこでは、修道者による教授、説教等の遂行の正当性（a. 1）、世俗業務への介入の可否（a. 2）、肉体労働の義務（a. 3）、施物による生活の可否（a. 4）、托鉢の可否（a. 5）などの問題が論じられている。本節ではこれを順次紹介することにより、トマスがドミニコ会における修道パラダイムをどのように考えていたのかを明らかにしたい。

ここで、一言触れておかなければならないのは、これらの諸項は、現実に展開していた熾烈な論争を背景としていた、という事実である。これらの諸項における「異論」は、トマスが教育的な視点から構成したものではなく、現実の反対者たちの見解を反映したものであった。それは、パリ大学に教授として進出していった托鉢修道会の会員に対する、教区聖職者教員たちの反撥によるものである。(36) 論争は、最初は大学における講座の争奪の問題から始まったが、遂には托鉢修道会そのものの存否までが問われるところにまで発展した。まさに、「修道パラダイムの変換」の当否そのものが問われたのである。

（1）　修道者における教授・説教権

S. T. II-II q. 187 a. 1 においては、まず「説教者兄弟会」の存立そのものの前提、すなわち「修道者に、教授、説教、その他これに類する役務の遂行が許されるか」という問いが取り上げられている。

この項におけるトマスの主文の、純粋に論理的な展開のみを取り出すならば、単純にして当然至極なものである。トマスは「あることがある者に許されない」という事態が起こる理由に、欠格事由と権能の欠如とを区別した上で、説教や教授やその他これに類する役務の遂行については、修道者の身分自体がそれを遂行する権能を修道者に与えるわけではないが、欠格事由をもたらすものでもない、と指摘する。叙階や委任により権能が与えられれば、当然それらの役務を遂行することは許されるわけである。

しかし、トマスの主文そのものは結構分量がある。先述のごとく、「異論」は現実の論敵の主張を反映したものである。例えば、第一異論などは「修道者が有するのは、教師の職務ではなく、悲嘆者のそれである」といった教父ヒエロニュムスの言葉や、遙か昔のコンスタンティノポリス公会議の文書などを引き合いに出している。注目すべきなのは反対者が引証するのは修道者についての東方起源の思想である点である。修道士は宣教活動を行うべきではないという思想は、元来一般信徒の運動であった修道生活の起源に対する記憶を引き継いで、修道生活と教会との間に一定の断絶を見る傾向があった東方的思想を示したもの、と言える。この異論をめぐるやりとりは、本書の第五章において紹介した「使徒的生活」をめぐって、修道士および律修参事会員と在俗の聖職者との間で展開された論争を受け継ぐものである。反論するトマスも対立する権威を引用するなどして、議論に厚みを与えている。そして、「聖性の進歩が霊的職務の遂行の適格性を減少させるなどと説くのは、愚劣 stultum である。したがって、修道者の身分自体がその遂行の障害をなすとする者の説も、愚劣である。」という、通常冷静なトマスには似つかわしくないような、痛烈な表現を用いている。(37)

「修道パラダイムの変換」に特に関係するのは、第三異論をめぐるやりとりである。異論は、「いかなる者も、教会の奉仕に従事しながら、修道戒律に適正に留まり得ない」というグレゴリウスの言葉をもとに、修道者は、

「教会の奉仕」に属している説教や教授等の役務を遂行し得ない、と主張している[38]。

これに対して、まずトマスは、「隠世修道院で修道戒律を遵守する」ということ、つまり、ベネディクト系の修道パラダイムの墨守と、教会聖職の通常の司牧職務を担当することとは、互いに相容れない、ということは認める。しかし、そのことから、隠世修道者及び他の修道者が、通常司牧権を有する司教による委任を受けて、教会聖職に従事することは排除されない、とする。つまり、ベネディクト系の修道者、たとえばシトー会士であっても、司教の委任があれば説教者たりうるわけである。まして、このことは教会聖職のために設立された修道会、つまり「説教者兄弟会」のような修道会の修道者の場合には、特に該当する、というのである[39]。

(2) 肉体労働に代わる学問研究

ドミニコ会士には、ベネディクトゥスの『戒律』が修道士に命じている肉体労働の代わりに、学問研究が命じられている。*S. T.* II-II q. 187 a. 3 は、「修道者は肉体労働の義務を負うか」と題している。無論、ベネディクト系の修道パラダイムにもとづいて、すべての修道者は肉体労働に従事すべきであると主張する攻撃が想定されている。

ここでトマスは、そもそも修道者が肉体労働に従事する、ということの目的にまで遡って問い直しをしている。トマスは肉体労働に、(一) 本来、生活の資の獲得のため、(二) 無為の排除のため、(三) 情欲の抑制のため、(四) 施与を行うため、の四つの目的を挙げる。

その上で、(一) に関しては、生活の資を他から獲得し得ない場合、誰も肉体労働を行う義務があるが、肉体労働以外の仕方で生活の資を合法的に調達し得る場合、その義務は無い、としている。さらにトマスは、「肉体労働」という概念によって、人々が生活の資を合法的に調達する一切の人間業務であって、それが手足や口舌で行われることを問わない、と理解する可能性も示唆している。(二)の「無為の排除」、(三)の「情欲の抑制」のための目的からは、肉体労働は、掟の必要性には属しない、としている。これらの目的は、肉体労働以外の多くの仕方で行われ得るからである。ただし、修道者が所属修道会の会則で肉体労働の義務が課せられる場合は、別である、という。つまり、ベネディクト系の修道パラダイムを自ら選んだ者は、これに従う義務があるわけである。そして、(四)の「施与を行う」という目的のためには、通常は肉体労働は掟の必要性に属しない、とされる。(40)

こうして、肉体労働に代わり学問研究に専心する、というドミニコ会士のライフスタイルの正当性が弁証されている。

(3)「施物による生活」——托鉢修道会の経済的基盤

S. T. II-II q. 187 a. 4では、修道者が「施物で生活する」ということの可否が論じられている。これも、ドミニコ会士の生活基盤に関わる問題である。

トマスによれば、人は、各々、自分の所有物や自分に正当に帰せられる事物で生活することが許される。また、君主や信徒らの寛大な贈与によって、生計を維持する財物の喜捨を受領する修道院や教会に所属する修道者や聖職者は、肉体労働を行うことなく、それら財物で合法的に生活し得る、とされる。しかし、そこには条件がある。すなわち、修道者がこうした恩恵の喜捨を受けるのは、ひとえに自己の諸修道行為に一段と障害なく精進し得るためである。それは、贈与者の意向に誠実に応えるためである。何かの事物がある者に正当に帰せられるとされるのは、二つの仕方による。第一は、緊急の必要性のある場合である。その場合、修道者は施物で生活することが許され得る。「緊急の必要性」としてトマスは、（一）身体が病弱であって、肉体労働で生活の資を調達し得ない場合、（二）肉体労働の所得が生活の資に足りない場合、（三）肉体労働の習慣がなかった者の従前の生活様式、を挙げている。

第二は、その者が霊的または物的事物を提供している場合である。この意味で、修道者が、それを自己に正当に帰せられるものとして施物によって生活しうる、とされる場合をトマスは四つ挙げている。（一）修道者が司教の認可を得て説教を行う場合、（二）修道者が祭壇の役務者である場合、（三）修道者が教会全体の共通の利益のために聖書の勉学に専念する場合、そして、（四）修道者が所有した財産を修道院に寄贈した場合、それぞれ修道者は、修道院に喜捨された施物で生活し得る、とされる。[41] 無論、修道者が、必要性や貢献する有益性もなしに無為に過ごし、貧者に喜捨される施物で生活することは許されない。

S. *T.* II-II q. 187 a. 5では、ドミニコ会やフランシスコ会を特徴づけている「托鉢」そのものの可否が論じられている。トマスは、托鉢について、「托鉢自体の行為の面」と「托鉢で所得するものの面」という二つの角度から考察を加えている。

第一の、托鉢自体の行為の面からは、「托鉢」は「一種の卑賤さ」を付随させている、と指摘する。そして、「傲慢の最も効果的な治療薬」として「謙遜のために」托鉢することは称賛に価する、としている。ただし、「謙遜は、他の諸徳の場合と同様、賢慮を欠くべきでない」として、行き過ぎの危険に注意を促している。

第二の、托鉢で所得するものの面からの考察は、動機により二つの場合を区別する。（一）富や無為のまま生活の資を得ようとすることへの欲望からなされる托鉢は許されない。（二）緊急の必要性と有益性からの托鉢は、世俗者にも、修道者にも同様に許される、とされる。「緊急の必要性」とは、托鉢以外に生活の糧を得るすべを持ち得ない場合であり、「有益性」とは、信徒の喜捨なしには遂行し得ない有益な事業の達成を意図し、そのための喜捨を求める場合である[42]。

無論、これらの議論は「正当な托鉢行為」の条件を明らかにするものである。

(4)「粗衣」ということ

最後に、*S. T.* II-II q. 187 における一連の論考の最後に、「修道者は他の人々よりも粗衣を着用することが許されるか」と題する一項[43]が存在する、という事実にのみ触れておこう。攻撃者たちは、托鉢修道会員たちの服装までも、論難の材料としていた事情が窺われる。しかし、これは第五章で触れたプレモントレ会の創始者ノルベルトゥスや、フォントヴロー修道院の創始者アルブリッセルのロベルトゥスのように、托鉢修道会成立期およびその前夜において盛んとなっていた宗教運動の中で、徹底した「清貧」を貫いた隠修士たちに対して教会が抱いていた警戒心――「粗衣」はそうした「清貧の徹底」の旗印として理解された――を背景としていたことを想起すべきであろう。

このようにして、トマスは「修道パラダイムの変換」に伴う、さまざまな抵抗に対して、説得的に答えていったのである。

五　結　語

本章では、特にトマスにとって、学問研究、教授、そして説教というドミニコ会固有の使命がいかなる意義を有していたのかを明らかにした。その際、ドミニコ会が自らの霊性に対して与えている「観想の充溢から発する活動」という標語を手がかりとした。

「観想的生活」と「活動的生活」という対比に関しては、古典的哲学の伝統においても、キリスト教的伝統においても、「観想的生活の優位」ということは一般的な通念であり、トマスもそれにしたがっている。観想的生活は直接的かつ非媒介的に神を愛することに関わっているが、活動的生活は隣人愛に関与するものだからである。

学問研究、教授、そして説教というドミニコ会固有の使命は基本的に隣人愛にもとづく活動的生活に属するものである。しかし、トマスはこれらの活動は、「観想の充溢から発する活動」である、とし「全面的に外的業務に存する活動」から区別する。「観想の充溢から発する活動」はそれ自体の内に観想的生活をも内含している活動なのであり、「全面的に外的業務に存する活動」はもとより、単なる観想的生活よりも優るものと考えられていた。ドミニコ会は自らの霊性についての自己理解を示す「観想の充溢から発する活動」という標語のもとに、「観想的生活」と「活動的生活」という二つの生活様式を考えられる限りでの最高の形式において統合しようとしていたのである。

そして、「観想の充溢から発する活動」として学問研究、教授、そして説教といった会固有の使命を果たすために、ドミニコ会は従来のベネディクト型修道パラダイムからの革新を提唱していた。しかし、それは反対勢力からの非難の的ともなる点であり、論争の中でトマスは反対者の熾烈な批判に答えている。具体的には修道者による教授・説教等の遂行の正当性、世俗業務への介入の可否、肉体労働の義務、施物による生活の可否、托鉢の可否などの問題が論議の対象となっていた。これらの問題に答えることによって、トマスは托鉢修道会が提起した修道パラダイム変換の意義を弁証したのであった。

(1) 「説教者兄弟会」の成立とその背景についての主題的論考としては、以下を参照。宮本久雄「ドミニコの霊性と説教者兄弟会——言の新たな次元の開披」(『宗教言語の可能性——愛智の一風景・中世』勁草書房、一九九二年所収、第六章。上智大学中世思想研究所編『中世の修道制』創文社、一九九一年、所収、第十一章)。筆者も同論文から多くを教えられており、本章もこれに多くを負っている。
(2) *Liber Constitutionum et Ordinationum Fratrum Ordinis Praedicatorum*(『ドミニコ会基本会憲』)第五項。
(3) 『神学大全』に関する略号は慣用に従う。たとえば、「S. *T.* I q. 1 a. 1 c.」は「『神学大全』第I部第一問題第一項主文」を意味する。「S. *T.* I-II q. 1 a. 1 ad. 1」は「『神学大全』第II部の一第一問題第一項第一異論回答」を意味する。
(4) S. *T.* II-II q. 184 a. 1 c.
(5) S. *T.* II-II q. 188 a. 2 c.
(6) 「施与」の意味については、S. *T.* II-II q. 32 a. 3 c. 参照。
(7) S. *T.* II-II q. 188 a. 4 c.
(8) Aristoteles, *Ethica Nichomahea*, X, 7, 1177a17.
(9) S. *T.* I-II q. 3 a. 5
(10) S. *T.* I-II q. 3 a. 8 c.
(11) S. *T.* II-II q. 182 a. 2 c.
(12) S. *T.* II-II q. 180 a. 1 c.

(13) S. *T.* I–II q. 114 a. 4 c.
(14) S. *T.* II–II q. 25 a. 1 c.
(15) S. *T.* II–II q. 27 a. 8 c.
(16) S. *T.* II–II q. 180 a. 4 c.
(17) S. *T.* II–II q. 182 a. 2 c.
(18) S. *T.* II–II q. 181 a. 1 c.
(19) S. *T.* II–II q. 180 a. 2 c.
(20) 第六巻第三十七章 PL75, 763。
(21) S. *T.* II–II q. 188 a. 6 c.
(22) *Liber Constitutionum et Ordinationum Fratrum Ordinis Praedicatorum*（『ドミニコ会基本会憲』）第二項。
(23) グレゴリウス九世『教令集』第三巻第三一名義第一八章（RFII, 575）。
(24) S. *T.* II–II q. 188 a. 5 c.
(25) S. *T.* II–II q. 181 a. 3 c.
(26) S. *T.* II–II q. 25 a. 12 c., *Quaestiones Disputatae De Carit.* a. 7 c. ,a. 8 c.
(27) S. *T.* II–II q. 26, *Quaestiones Disputatae De Carit.* a. 9 c.
(28) S. *T.* II–II q. 25 a. 1 c.
(29) S. *T.* II–II q. 32 a. 1 c.
(30) S. *T.* II–II q. 30 a. 4 c.
(31) S. *T.* II–II q. 6 a. 1 c.
(32) S. *T.* I q. 117 a. 2 ad. 1.
(33) S. *T.* I–II q. 111 a. 1 c.
(34) S. *T.* II–II q. 6 a. 1 ad. 1.
(35) *Liber Constitutionum et Ordinationum Fratrum Ordinis Praedicatorum*（『ドミニコ会基本会憲』）第二項。

(36) 托鉢修道会に対する代表的な攻撃者としては、『現代の危機 *De Periculis novissimorum temporis*』を著したグイレルムス・デ・サンクト・アモーレ Guilelmus de Sancto Amore の名が知られている。トマス自身、この論争に巻き込まれ、『神の礼拝と修道生活の攻撃者論駁 *Contra impugnantes Dei cultum et religionem*』、『霊的生活の完全性論 *De Perfectione vitae spiritualis*』、『修道会入会阻止者論駁 *Contra retrahentes a religionis ingressu*』といった一連の論争的著作を著している。なお、グイレルムスは、一二五七年、教皇アレクサンデル四世により断罪された。

(37) S. *T.* II-II q. 187 a. 1 c.

(38) S. *T.* II-II q. 187 a. 1 arg. 3.

(39) S. *T.* II-II q. 187 a. 1 ad. 3.

(40) S. *T.* II-II q. 187 a. 3 c.

(41) S. *T.* II-II q. 187 a. 4 c.

(42) S. *T.* II-II q. 187 a. 5 c.

(43) S. *T.* II-II q. 187 a. 6.

終　章

最後に本書の全体を振り返る段階を迎えた。この終章においては、まず、本書における考察から得られた知見を各部、各章ごとに概観する。その上で、本書全体としての特色および解明の成果を明らかにし、さらに今後の課題を展望して本書を締めくくりたい。

一　本書の結論の概観

まず、本書における考察から得られた知見を、各部、各章ごとに概観しよう。

本書は三部からなっていた。第一部、第二部は歴史的考察である。第一部においては、修道生活の起源から説き起こして東方キリスト教世界における修道生活の展開を概観した。第二部においては、中世盛期の托鉢修道会成立に至るまでの西方キリスト教世界における修道生活の展開を概観した。第三部は理論的考察である。具体的には、キリスト教的な意味における愛についての包括的な理論として、トマス・アクィナスの倫理学、特にそのカリタスの理論を取り上げ、これにもとづいて愛の倫理の成立場面としての修道生活の倫理学的位置づけを試みた。

本書は上述の構成をとるが、その際、修道生活にまつわる諸要因を幾組かの対をなす概念の関係として提示し、その意味するところを検討した。すなわち、まず「キリスト教そのもの（教会）」対「修道生活」の関係、そして「東方キリスト教世界」対「西方キリスト教世界」、「独住の隠修士」対「共住修道院」、「厳格主義」もしくは「社会の中での少数派としてのキリスト教」対「社会の中での多数者へのアプローチ」、「禁欲的離脱の徹底」対「共同体的一致」、「清貧」対「従順」、「場所と結びついた共同体」対「人的結合による共同体」といった対概念の意義を順次明らかにしていった。

(1)　第一部　修道生活の起源と東方キリスト教世界における展開

第一部においては、修道生活の起源から説き起こして東方キリスト教世界における修道生活の展開を概観した。第一章においては、修道生活の起源に位置する隠修士アントニオスと共住修道制の確立者であるバシレイオスとを対比させながら、隠修士と共住修道院という修道生活における二つの方向の意味を明らかにした。第二章では、アウグスティヌスとペラギウスとの論争の思想史的意義を検討することにより、東方的な神学と霊性との特色を浮彫りにすることを試みた。第三章では、第一章、第二章で展開した視点を念頭に置きながら、修道生活の東方キリスト教世界における展開を通史的に概観した。

第一章　初期修道制における「独住」と「共住」の問題――隠修士と修道院

キリスト教修道制は、その成立のはじめにおいて「独住の隠修士」と「共住修道院」という二つの方向を示していた。本章では、特に、独住隠修士の生活様式の模範を示すものとして理解されてきたアントニオスと、共住修道院の制度的な確立者として知られているバシレイオスとを中心に、草創期の修道士たちにおける「独住」と「共住」という生活様式の相違が意味していたところを明らかにすることを試みた。

アントニオスをはじめとする東方的隠修士の生き方は、「社会における少数派としてのキリスト教」の厳格な伝統に属するものとして理解される。アントニオスはある日教会で「主が金持ちの［若者］に、「もし完全になりたいのなら、行って持ち物を売り払い、貧しい人々に施しなさい。それから、私に従いなさい。そうすれば天に富を積むことになる」（マタイ福音書一九・二一）と言われるのを」耳にして、文字通り「すべてを捨てる」完全な自己放棄の生活に入った[1]、とされる。つまり、アントニオスの修道生活はまず禁欲的自己放棄としての「清貧」の徹底から出発している。それから「悪魔との闘い」という霊的な冒険において霊的な自己完成を目指した。隠修士たちの間では、その「悪魔との闘い」のすべを指導する師弟関係という形で逆説的な形での共同性が成立することになる。

これに対して、バシレイオスの共住修道院は、徹頭徹尾「愛」の実践を目指す共同体であった。彼にとって共住修道院という共同体の意義は、単に物質的、精神的な生活上の便宜と安全とにとどまることなく、あくまでもキリストの福音に従い、神への愛と隣人愛という「主の掟の完全な遵守」という目的に従った生き方を実現するための訓練と実践との場を意味していた。バシレイオスにとっては、隠修士の伝統の本質をなしている「悪魔との闘い」も、「愛の掟の実践」と並んで、あるいはその一部に組み込まれる形で、いわば共同体の全体によって闘われるべきものと考えられていた。そうした中で、共同生活の中での「従順」もしくは「謙遜」という形態での自己放棄は、修道生活の新しい要素としてその重要性を増していった。

本章全体において、独住の隠修士の生活が志向する方向と、共住修道士の生活が示す方向とのうちに、「清貧」

と「離脱」とを徹底させて行こうとする志向と、「教会」も含む形での「共同体的一致」の中で「愛」を追求して行く方向との間における一種の緊張関係が、成立直後の修道制においてすでに顕在化していた点に注意を喚起した。

第二章　ペラギウスとアウグスティヌス

本書は修道生活の歴史を扱うものであるが、ここで一章を割いてアウグスティヌスとペラギウスとの論争とその意味とを取り上げて論じた。近年の研究の結果、ペラギウス自身の立場は必ずしもいわゆる「ペラギウス主義」とは異なるものであったことが明らかにされつつある。にもかかわらず、結局ペラギウスが「異端者」として排斥されねばならなかった理由として明らかになった点、すなわち「東西の神学的パラダイムの相違」および「社会における少数派としての教会観」という二点の意義について、我々は注目した。

「東西の神学的パラダイムの相違」に関して言えば、ペラギウス神学との連続性において理解される東方の神学および霊性においては、人間の自然本性そのものが損なわれたとは考えられていないために、恩恵の働きは、むしろ人間の自然本性を高めること、すなわち「神化 theôsis = deificatio」のうちに認められた。そして「自然本性に即する」ということは、そのまま「神化」を目指す修道的実践の基準として受け止められていた。その結果、「哲学」を意味する「philosophia 愛智」という語そのものが修道的な実践を意味するものとして用いられており、内容的にも東方的な伝統における修道的実践は「哲学」に直結するものを有していた。それは東方的霊性が古代ギリシア以来の「パイデイア思想」を受け継いだ結果であるとも言える。こうして、東方的な修道霊性においては、霊的進歩に明確な「段階」を認めていること、そして、人間の「自然本性」をそのまま霊的進歩、すなわち「神化」の基準としていることなどの特徴を示すことになる。ペラギウス論争の検討を通して明らかになった東西の神学的パラダイムの相違は、第三章での簡単な通史的展望を含め第一部全体で概観する東方的修道制と、第二部で概観する西方的修道制との相違を理解するための基礎を提供してくれるものであった。

ペラギウスの教会観も、東方的修道制にみられるある種の厳格主義的な性格と共通するものが見られる。すなわち、そこには隠修士たちの伝統において顕著な「社会における少数派としてのキリスト者」の伝統を引き継ごうとする志向が見られる。ペラギウスの場合には、社会的正義を求める「愛の実践」に対する強い要求と、その前提としての離脱・自己放棄への志向として表現されていた。修道制の歴史においては、隠修士的な厳格主義、すなわち「社会における少数派としてのキリスト教」への志向は清貧と離脱との徹底という方向をとる。これに対して、「従順」と「愛」とを強調して共同体的な一致を強調する方向での修道制は、教会と接近した方向で展開している、と見ることが出来る。「清貧と離脱との徹底」を求める方向と、「従順」と「愛」とを強調して共同体的な一致を強調する方向との緊張関係は、すでに第一章で見た独住の隠修士とバシレイオス的共住修道院との関係において明らかになっていた。これら二つの方向性が示す緊張関係が、修道制の歴史における決定的な軸をなしている、という理解が本書における考察に基本的骨格を与えるものであることが明らかとなった。ペラギウスをも含めた「少数者の教会」としての方向が示す厳格主義的傾向は、キリスト教思想史において一定の支持、憧憬を集めるだけの影響力を持っており、東方的な修道生活は無論のこと、西方においてもあらゆる隠修士的な伝統の底に流れるものであった。そしてそれは、第二部第五章において後述する11・12世紀における宗教運動の高まりにまで通底するものであった、と言える。

本章では、東方的な修道霊性の系譜を、代表的と思しき人物を枚挙する形で振り返った上で、西方と比較した場合のその特徴を概観した。第二章では東方的な霊性の伝統は、人間の自然本性を高めることとしての「神化」を目的とし、そのためのプロセスを具体的に示すものとして、古典ギリシア哲学以来のパイデイア思想が、「神による人間の教育」として捉えかえされて機能していた点を指摘した。その結果、一つには霊的進歩に明確な「段階」を認めていること、そして第二には、人間の「自然本性」をそのまま霊的進歩の基準としていることという二つの特色が帰結する。この二つの特色を、そのそれぞれについて特に代表的な人物としてエウァグリオスおよび擬ディオニュシオスとマクシモスとを取り上げて概観した。

その上で、こうした東方的霊性の特色を、一一世紀の神学者にしてストゥディオス修道院の修道士であるニケタス・ステタトスの霊性観を例にとって明らかにした。ニケタスは、霊的生活の進歩に明確な「段階」を認める東方的な霊性の特色を示していた。そして彼はそれまでの段階理論に関する伝統を総合しようとしていた。すなわち彼は、霊的な生活における、初歩者、中間的段階、完成段階という歩みにおいて、エウァグリオスおよびクリマクスによる「修行的」「自然的」「神智的」という段階図式のもとに描かれた「肉欲」「金銭欲」「名誉欲」の克服という修徳的な位相における歩みと、擬ディオニュシオスによる「浄化」「照明」「神秘」というそれ自体「神智的」にして「神秘的」な意味をもつ歩みとが同時進行的に展開しているものと見ていることが明らかになった。

修徳的な位相における「肉欲」「金銭欲」「名誉欲」の克服は、人間の魂がその自然本性に従ったあり方へと、その内的統合性へと回復してゆく道程を意味する。それは、古典ギリシア以来の四元徳、プラトンの『国家』篇に遡る「魂の三部分」における調和的秩序の回復である。ここに第二章で触れた「パイデイア思想」の伝統が生き続けていることが見て取れる。と同時に、ニケタスはこの同じ道程を人間の「神化」の道程とも同一視している。つまり、「哲学（愛智 philosophia）」と修道生活における修行とが連続的なものとして捉えられていた。このように、ニケタスにあっては、人間の自然本性の回復と、その霊的完成ないしは神化とが一体の関係をなすものと考えられており、その点は、先にマクシモスにおいて指摘した東方的霊性の特徴を示すものと言うことができる。

さらに、そのそれぞれの段階場面において「聖霊」の働きが示唆されていた点にも注意を喚起した。「初歩者」を特徴づける「修行」もしくは「浄化」の成立も「聖霊によって一新された自己の授与」として位置づけられていた。また、中間的段階、さらには完成された段階への進歩の基準とされていた「不動心」も聖霊の働きによるものとされていた。さらには、完成された段階を特徴づける内的な謙遜も恩恵の賜物であり、聖霊の果実が基準とされていたのである。

以上、ニケタスの霊性論を通して、人間的自然本性の回復と神化とが一体化されて理解されていながらも、その道程の全体は、聖霊の側からの先行的な恩恵に導かれている、という東方的修道霊性の伝統が示す基本構造が明らかになった。

第Ⅰ部での考察において浮かび上がってきた点として、「隠修士」という存在の重要性が挙げられる。前述の「独住の隠修士」対「共住修道院」、「厳格主義」もしくは「社会の中での少数派としてのキリスト教」対「社会の中での多数者へのアプローチ」、「禁欲的離脱の徹底」対「共同体的一致」、「清貧」対「従順」といった対比において、東方的修道制は概ね「前者」の概念群と結びつけられて理解されている。「隠修士」はそうした「前者」の概念群」を象徴する存在である。無論、東方にもバシレイオスや後のストゥディオス修道院の伝統のように、教会と結びつき、従順と愛とを重視して共同体的一致を志向する伝統は存在したし、後述するように西方にも隠修士の伝統は存在した。しかし、一般には東方的修道制には「厳格な」という言葉が枕詞のように付されるのが常である。そして、第二部以降で西方的修道生活の展開を見るに際しても、「厳格さ」「清貧」「禁欲的離脱の徹底」といったベクトルの象徴として「隠修士」への志向が重要な軸をなしてくるのである。

(2) 第二部　西方キリスト教世界における修道生活の展開

第二部においては、托鉢修道会の成立に至るまでの西方キリスト教世界における修道生活の展開を概観した。まず、第四章においては、西方キリスト教世界における修道生活の展開を、アウグスティヌスから律修参事会にまで及ぶ「聖職者による修道生活」の伝統と「ベネディクト型の修道院」の伝統という二つの伝統とに整理してその通史的概観を試みた。次いで第五章においては、視点を托鉢修道会成立の前夜である一一、一二世紀に起こった宗教的運動に絞り、そこで展開された「隠修士」への志向の意味を、特にこれを支配した「使徒的生活」の理念を手がかりとして明らかにした。さらに第六章においては、托鉢修道会そのものの成立およびその意義について概観した。

第四章　西方修道制における二つの伝統

本章では、「聖職者による修道生活」と「ベネディクト型の修道院」という西方修道制における二つの伝統が中世盛期までに辿った展開について通史的概観を試みた。その際、そのそれぞれの流れに対する隠修士的志向の影響についても注目した。

修道院がその西欧的な形態を確立したとされるのは、ベネディクトゥスが執筆したとされる『戒律』においてのことである。ベネディクトゥスの『戒律』とその修道パラダイムとは、かなりの時間をかけて西欧社会全体に普及していった。ベネディクトゥスによる修道院は、修道士たちに「定住」を厳しく義務づけ、肉体労働を重視することによって経済的な自立を果たし、農業社会に適応した修道生活の形態を確立した。ベネディクト系修道院は、典礼活動や宣教・司牧といった教会的使命を帯びて発展した結果、修道士たちの聖職者化が進んだ。その後ベネディクト系のクリュニー修道院は教会や修道院に対する俗権からの干渉の排除という形での改革に力を尽くした。しかし、土地を所有するベネディクト系修道院は富裕化し、「清貧」の修道理念の空洞化に直面することになる。一一、一二世紀における隠修士運動はそうしたベネディクト型修道制のあり方に対する批判・改革として機能した。そしてカルトゥジア会やシトー会のように、あくまでもベネディクト型修道制の枠内に留まりながら、修道院の世俗化の危機に対して改革を志した修道会が出現した。

他方、アウグスティヌスらによって創始された「聖職者による修道生活」の伝統は後に「律修参事会」という形態へと発展する。それは司教を中心とする聖職者集団が共同生活を営むことにより成立する一種の修道的共同体であった。聖職者の集団に対しても、その世俗化の危機に対して、修道院の影響による「グレゴリウス改革」などの改革がなされた。しかし、聖職者集団の中に「律修参事会」という共同体のあり方が定着してゆくにあたっては、やはり一一、一二世紀における隠修士運動の影響力が大きかった。聖職者集団による律修生活の指針となる規則としては『アウグスティヌスの修道規則』と呼ばれる一群の規則が基本となっている。ただし、その際ベネディクトゥスの『戒律』やベネディクト系修道院の規則をも援用したため、律修参事会はベネディクト系修道院の影響も受けていた。そうした隠修士的な聖職者の共同体の中から、たとえば律修参事会の最初の成功例とされるプレモントレ会のような共同体が出現したのであった。

このように、西方修道制の歴史は「聖職者による修道生活」と「ベネディクト型の修道院」という二つの流れが相互に絡み合って展開したものとして概観することができる。そして、そのそれぞれに対して一一、一二世紀の隠修士運動が大きな影響を与えていた点が注目に値する。

第五章　「使徒的生活」を求めて——一一、一二世紀の隠修士運動

本章では、前章で「注目に値する」ものとして提示された一一、一二世紀に起こった宗教的運動に視点を絞り、そこで展開された「隠修士」への志向の意味を、特にこれを支配した「使徒的生活」の理念を手がかりとして明らかにした。この理念はベネディクト系の修道士、律修参事会員、そして民衆的な宗教運動という三つのタイプの人々にそれぞれ影響を与えていた。

修道士たちは、カッシアヌス—ベネディクトゥスの伝統を踏まえて、自分たちの生活は『使徒言行録』が記述している「すべてを放棄した」、つまり私有財産を放棄した「清貧」にもとづく共同生活という意味での「使徒的生活」の継承である、との自己理解をもっていた。彼らにとって「隠修士の生活」は、一層の孤独、祈り、禁欲を通して「より高度の観想」を求める、という意味での「完全な修道生活」を意味していた。

律修参事会の伝統においては、「使徒的生活」の理念には聖職者の任務としての司牧と宣教との基礎としての意味が込められていた。具体的には「使徒的生活」は、彼らの説教活動に説得力を与えるための模範としての

「清貧」の生活として位置づけられている。

最後に、都市市民出身の民衆的な宗教運動から出た説教者たちにおいては、「使徒的生活」とは、伝統的な修道制や神学に依存することなく、福音書の教えに直接に即した生活を意味していた。

これらの宗教的運動は、修道制の歴史における次の時代の一大エポック、すなわち「托鉢修道会の成立」の「前夜」の状況を示すものであった。

第六章　托鉢修道会の時代

本章では、ドミニコ会とフランシスコ会とを中心に托鉢修道会の成立事情とその社会的意義とについて概観した。

托鉢修道会は第五章で枚挙された「清貧」「観想」「宣教」そして「福音的な生」という一一、一二世紀における宗教運動による「使徒的生活」に対する解釈および要請をその土壌としている。その底流には、修道制の始まり以来隠修士たちの伝統の中にみられた「清貧」と「離脱」とを貫徹させようとする理念があった。そして都市の発達がさらに進展することにより、「西欧の経済が遍歴説教者の托鉢活動を養うほどに十分に成熟」する条件が整ったとき、托鉢修道会は芽を吹いた。しかし、托鉢修道会の土壌となった一二世紀の宗教運動には、純粋な福音的精神の発露ともなりうるが、ともすれば「異端」へと走りキリスト教社会の分裂をもたらすことにもなりかねない両義性があった。托鉢修道士たちは、中世キリスト教社会解体の危機——「正統」と「異端」との分裂傾向——を一身においてつなぎ止めたところにその歴史的使命があった。

ドミニコ会の成立はそのような危機に対して教会聖職者の側から対応しようとした動きであった。ドミニコ会は南フランスに極端な禁欲生活を特徴として発生した「カタリ派」（アルビジョア派）の異端との対決を契機に、異端に対抗しうるだけの清貧の徹底と、自らの説教活動の基盤としての学問研究に力を入れた修道会であった。

他方、フランシスコ会は自ら都市市民出身の巡回説教者であったフランシスコが、あくまで謙遜に教会への従順を貫くことにより正統信仰に留まり、民衆の宗教運動のエネルギーを教会に吸収し、霊的生命と活力との源泉とする道を切り開いた。

また一二、一三世紀には、フランシスコ会、ドミニコ会に倣って「三位一体会」「メルセス会」「贖虜の聖母会」「聖母下僕会」そして「カルメル会」および「アウグスティヌス隠修士会」といった托鉢修道会モデルの新しい多くの修道会が成立した。

托鉢修道会はいくつかの特徴を有している。まず、律修参事会をも含め伝統的な修道院は特定の「場所」に結びついていたのに対して、托鉢修道会は「人的団体」として成立していた。また、清貧の徹底としての「托鉢」という生き方自体が、その社会的・経済的基盤として都市が成熟したことによって可能となった、ということも含め、托鉢修道会は都市的性格を有していた。托鉢修道会は学問を重んじて大学に進出し、「学僧の修道会」となっていった。そして、托鉢修道会は当時の宗教運動の高まりの中で共同体を形成していた敬虔な女性たちの支え手ともなったのである。このようにして、托鉢修道会は中世盛期における新しい支配的修道パラダイムを形成したのであった。

以上、第二部では托鉢修道会の成立に至るまでの西方キリスト教世界における修道生活の展開を概観した。東方では修道生活と教会との間に一定の断絶を見る傾向があったのに対して西方の修道生活は教会と接近した展開を辿った。第四章では、西方キリスト教世界における修道生活の展開を、アウグスティヌスらによって創始され、後に「律修参事会」という形態へと発展する「聖職者による修道生活」の伝統と、東方から伝えられ、ヌルシアのベネディクトゥスにおいてその西欧的な形態が確立する古典的な意味での修道院の伝統という二つの方向が絡み合ったものとして概観した。しかし、西方世界ではベネディクト型の修道院も「修道士の聖職者化」によって教会聖職者に接近することになる。

このように、修道生活が教会生活と結びつく形で展開した西方の風土の中に、一一、一二世紀になって東方的な雰囲気を伝える「隠修士」の理念、すなわち、「厳格主義」もしくは「社会の中での少数派としてのキリスト教」、「禁欲的離脱」および「清貧」の徹底への志向が噴出し、一定のインパクトを与えた、というのが第二部の描いた風景であったように思われる。そして、こうした志向と「社会の中での多数者へのアプローチ」、「共同体的一致」、「従順」と「愛」への志向とを統合すべく出現したのがドミニコ会やフランシスコ会のような托鉢修道会であった、と理解することができる。

そうした一一、一二世紀の隠修士運動から托鉢修道会にいたるまでの動きの中で注目すべきなのは「隠修士」の中に理想化されて理解されていた「使徒的生活」という理念であった。ベネディクト型修道制における修道士たちにしても、「聖職者による修道生活」の伝統に属する律修参事会員たちにしても、修道生活を送る人々はすべてパウロ以来の「使徒的共同体」の後継者としての自己理解を有していた。そして、一一、一二世紀に出現した民衆的宗教運動の担い手たちも「使徒的生活」の理念へと身を投じたのであった。ここで、真の「使徒的生活」とは何か、すなわち「パウロ以来の使徒的共同体」ということの意味が神学的に重要となる。第三部においてトマス・アクィナスのカリタス理論を概観することの意義は、いわばそうした問いに理論的に答えることにあった、と言うことができる。

(3) 第三部 トマス・アクィナスのカリタス理論にもとづく修道生活の意義

本書は修道生活がいかにして「愛」――特にキリスト教的な意味における愛――の成立基盤となっているのか、を明らかにすることを目的としている。ところで、第一部、第二部における修道生活についての歴史的展望からは、真の「使徒的生活」とは何か、すなわち「パウロ以来の使徒的共同体」ということの意味が問題性として浮かび上がってきた。第三部では、キリスト教的な意味における愛の理論として、トマス・アクィナスの倫理学、特にそのカリタスの理論を取り上げることにより、その問いに答え、改めて修道生活の意味について理論的に概観することを試みた。第七章においては、まず上述の目的に必要な限りでトマスによるカリタス理論の概要を提示し、トマスのカリタス概念がキリスト者の霊的生活の文脈全体の中で有する意義を明らかにした。第八章においては、「カリタスの完全性」をめざす営為としての「修道生活」がキリスト教的生活全体の中で有する意義を解明した。最後に第九章において、トマス自身が所属していたドミニコ会に固有な学問研究、教授、そして説教という使命を意味づけていた「観想の充溢から発する活動」という理念の意義を明らかにした。

第七章　トマス・アクィナスのカリタス理論とキリスト者の霊的生活

本章ではまず、トマスのカリタス理論の大枠を本書の企図のために必要な限りにおいて概観し、トマスのカリタス概念がキリスト者の霊的生活全体の文脈の中で有する意義を明らかにすることを試みた。そのためにまず、アウグスティヌスからトマスに至るまでの西方キリスト教倫理の伝統における「カリタス」の思想的源泉をパウロの『ローマ書簡』および『コリント第一書簡』に求め、その解釈史上にトマスを位置づけることを試みた。そして、トマスのカリタス論の独自性を特に、カリタスを「徳」として規定したこと、そして、カリタスを友愛として規定したことという二点に即して明らかにすることとした。

まずトマスがカリタスを「徳」、それもアリストテレス的な意味での「性向」の一種としての徳という形で規定したことの意義を明らかにした。彼がアリストテレス的な意味における「徳」の概念を採用したのは、そこに何らかの自然本性の自己実現を支える構造的秩序、形相的完全性としての「善き性向」の概念の内に、その本性に内在する生命エネルギーの充溢の根拠としての意義づけを見いだしたかったからであった。しかし、カリタスを「性向としての徳」として規定することは、あたかもカリタスを人間的努力により、いわば自力的に獲得されるものである、と考えているかのように誤解を招いてきた。そうした誤解に対してはトマスは性向ないしは徳が「神によって注がれる」という、アリストテレス的な意味での徳論に対する根本的な変容を加えていた点に注意を喚起した。アリストテレス的な意味での「獲得的性向・徳」の概念が、人間が「自ら努力して変わる」事態を描く概念装置であったのに対して、トマスによる「注賦的性向・徳」の概念は、神との出会いと人格的な交流とを通して、人間が「変えられる」という事態を描く概念装置であった。トマスはカリタスを「徳」として位置づけることによって、パウロが『ローマ書簡』で描いた「使徒的共同体」の現実の中で、神的本性、すなわち「聖霊」に由来する高次の生命エネルギーによって人間性が変容し刷新されるという事態を記述しようとしたのである。

トマスのカリタス論において特徴的なもう一つの点は、彼がカリタスを神と人間との間に成り立つ一種の「友愛」として定義していることであった。トマスは「友愛の愛」と「欲望の愛」との区別の内に、アリストテレスの「付随的な友愛」と「完全な友愛」との間の区別を受け継いでいる。そして、「友愛の愛」もしくは「完全な友愛」には完全性における「形相的一致」、つまりは形相的完全性にもとづく生命エネルギーの充溢が共有されていることが含意されていた。したがって、トマスがカリタスを神と人間との間に成り立つ一種の友愛として定義することによって、カリタスにおいて人間が神との相互的・人格的な友愛が可能とされるレベルの生命エネルギーの充溢にまで高められることが示唆されていた。無論、その「形相的完全性」とは、聖霊を通して神から贈与された神性に人間が参与することによって成立する人間性の刷新を意味していた。

次いで、我々はトマス的な「カリタスの倫理」のキリスト者の霊的生活全体における位置づけを、「恩恵のもとでの神化」として明らかにした。すなわち、カリタスの倫理が成立するのは、パウロの『ローマ書簡』が前提する使徒的共同体の現実に相当する場面、すなわち、神との和解の体験を通して「信仰による義化」が成立していることを前提に、キリスト者が恩恵の中で神化に向かう場面においてのことであったことを明らかにした。そして最後に、「恩恵のもとでの神化」の根拠は、最終的には当の人間が「キリストの肢体」としてキリストと結ばれることにあったことを明らかにした。

第八章　「カリタスの完全性」――「修道生活」の意味

本章では、トマスにとって、特に「修道生活」という生き方がカリタスの倫理との関係でいかなる意味を有していたかを明らかにすることを試みた。その際まず手始めに、「修道者の身分は完全性の身分を含意する」というテーゼの意味を解明することをもって探求の手がかりとした。

「完全性の身分」は、（1）カリタスの完全性に属することがらに対する、（2）一定の儀式による終生の義務づけ、を成立条件としていた。修道者が「完全性の身分」に属する、ということは、修道者が、清貧・貞潔・従順という、一般信徒には「勧告」（「福音的勧告」）とされることがらを、「カリタスの完全性」へと到達するための訓練や修行のために、「義務」として遵守することを公的に誓願することを意味していた。

霊性史および教会史においてトマスが置かれていた状況を考慮に入れるならば、修道者がその遵守を誓うべき「福音的勧告」の内実として、トマスが「清貧」と「従順」とをともに強調していることは、彼が所属しているドミニコ会をはじめとする「托鉢修道会」の歴史的意義を反映している。第二部、特に第五章で見てきたとおり、教会や伝統的修道院において清貧が空洞化し、教会が貧しい人々から浮き上がりつつあった危機の中で、「托鉢修道会」は教会と社会――特に貧しい人々――とをつなぎ止めるアンカーの役割を果たしていたことを第六章で指摘した。*S. T.*（『神学大全』）II-II q. 186 a. 3における数多くの異論は、「清貧」の徹底を危険視する人々によって当時現実に唱えられていた主張を反映していた。トマスはこれらに答え、「従順」とともに「清貧」の必要性を説くことにより、「托鉢修道士」としての自らの立場を明らかにしていたのである。

他方、トマスは修道者は身分上も職分上も司教に下属するものと認めることによって、修道者の教会への「従順」は具体的には司教に向けられることを示唆した。他方、トマスは司教以外の教区（在俗）聖職者については「完全性の身分」には属さない、とする。それゆえ、修道者（特に「修道司祭」）は身分上教区（在俗）聖職者に優ることが主張される。それゆえ、修道者（特に「修道司祭」）は身分上の優越性ゆえに教区（在俗）聖職者には下属せず、直接司教に下属するものとされていたことが主張されていたものと理解できる。このことは、第五章二節（4）で言及した聖職者と修道者との関係についての論争の文脈におけるトマスの立場を示すものであり、修道司祭が司教の最高の補助者である、との自己理解を示すものと考えられる。

このようにトマスは「聖職者による修道生活」の系譜に属するドミニコ会が示す「修道司祭」という生き方の

うちに優れた意味での「使徒的生活」の実現を見ており、ここにドミニコ会士としてのトマスの自己理解が反映されていたことが明らかになった。

第九章　「観想の充溢から発する活動」――「説教者兄弟会」の霊性

本章では、自身ドミニコ会士であったトマスにとって、学問研究、教授、そして説教といったドミニコ会固有の使命がいかなる意義を有していたのかを明らかにした。その際、ドミニコ会が自らの霊性に対して与えている「観想の充溢から発する活動」という標語を手がかりとした。

「観想的生活」と「活動的生活」という対比に関しては、古典的哲学の伝統においても、キリスト教的伝統においても、「観想的生活の優位」ということは一般的な通念であり、トマスもそれにしたがっている。観想的生活は直接的かつ非媒介的に神を愛することに関わっているが、活動的生活は隣人愛に関与するものだからである。

学問研究、教授、そして説教というドミニコ会固有の使命は基本的に隣人愛にもとづく活動的生活に属するものである。しかし、トマスはこれらの活動は、「観想の充溢から発する活動」である、とし「全面的に外的業務に存する活動」から区別する。「観想の充溢から発する活動」はそれ自体の内に観想的生活をも内含している活動なのであり、「全面的に外的業務に存する活動」はもとより、単なる観想的生活よりも優るものと考えられていた。ドミニコ会は自らの霊性についての自己理解を示す「観想の充溢から発する活動」という標語のもとに、「観想的生活」と「活動的生活」という二つの生活様式を考えられる限りでの最高の形式において統合しようとしていたのである。

そして、「観想の充溢から発する活動」として学問研究、教授、そして説教といった会固有の使命を果たすために、ドミニコ会は従来のベネディクト型修道パラダイムからの革新を提唱していた。しかし、それは反対勢力からの非難の的ともなる点であり、論争の中でトマスは反対者の熾烈な批判に答えている。論争は具体的には修道者による教授・説教等の遂行の正当性、世俗業務への介入の可否、肉体労働の義務、施物による生活の可否、托鉢の可否などの問題をめぐるものであった。トマスによるこれらの問題に対する回答の紹介を通して、ドミニコ会が時代に対して提示しようとした修道パラダイムの変換についてのトマスによる弁証の意義を明らかにした。

第三部では、真の「使徒的生活」とは何かという問い、すなわち「パウロ以来の使徒的共同体」の内実についての問いに対するトマスによる回答の意味を解明することをめざした。第七章においては、トマスのカリタス理論を、この問題に対する回答を提示する限りにおいて概観したが、そこで明らかになったことは「使徒的生活」とは、人間が聖霊を源泉とする生命エネルギーの充溢に与る場を意味していた、ということであった。第八章において、「カリタスの完全性」をめざす営みとしての「修道生活」に対するトマスの意味づけを概観したが、トマスは特に自らが所属するドミニコ会が示す「修道司祭」という生き方のうちに優れた意味での「使徒的生活」の実現を見ていた。トマスは学問研究、教授、そして説教というドミニコ会に固有な使命を「観想の充溢から発する活動」として位置づけ、そこに観想的な「ベネディクト型修道制」の伝統、アウグスティヌス以来の「聖職者による修道生活」、そして福音に依拠する当時の宗教的運動のエネルギーが志向する「隠修士」への志向を総合する道を見ていたのであった。

以上の第三部における解明が第一部、第二部の歴史的叙述の意義と具体的にいかなる共鳴を示したかという点については、特に続く二節で取り上げて論じたい。

二　本書全体としての特色・成果および今後の課題

本書の最大の特色は、その構成を見れば明らかなとおり、修道生活の展開についての歴史的叙述と、トマス・アクィナスによる理論的叙述とを結びつけている点にある。本書を修道霊性に関する歴史的研究として限定して見た場合、さらに特色と言える点は、西方修道制の展開と併せて、第一部において東方的修道制に対して一定の目配りをし、特に「隠修士」という存在の意味に着眼したことにある。無論、専門的な歴史家であるわけでもない筆者が、限られた紙幅の中で対象とした範囲――修道生活の起源から托鉢修道会の成立まで――の修道霊性史におけるあらゆる要素を漏れなく展望した網羅的叙述をすることができた、とは言えないであろう。しかし、本書の中で一定の思想史的視点を提示することはできたと思う。

第一部において東方的修道制に対して一定の目配りをしたことの具体的成果としては、「隠修士」という存在の意味についてより透徹した視点を示すことができたことが挙げられると思う。第五章一節で触れたとおり、最近の研究では一一、一二世紀の宗教運動における「隠修士」理念の役割が注目されている。しかし、東方的修道制の歴史に対して一定の展望を試みることによって、「厳格さ」「清貧」「禁欲的離脱の徹底」といったベクトルの象徴として「隠修士」が有していた意味がより明らかになったように思われる。

また、本書をトマスの修道生活論に関する研究として見た場合、逆にトマスの時代に至るまでの修道霊性史の叙述が示されることによって、トマスによる理論的考察がいかなる歴史的現実のもとで展開されたものであるのかが明らかとなり、その意味するところがより明瞭となったと思われる。

たとえば、第八章において修道者がその遵守を誓うべき「福音的勧告」の内実として、トマスが「清貧」と「従順」とをともに強調していることは、「清貧」の理念が空洞化し、教会および修道院が貧しい人々から浮き上がりつつあった危機の中で、教会と社会――特に貧しい人々――とをつなぎ止める役割を果たした「托鉢修道会」の歴史的意義を反映していた。*S. T.*（『神学大全』）II-II q. 186 a. 3 における数多くの異論は、「清貧」の徹底を危険視する人々によって当時現実に唱えられていた主張を反映していた。トマスはこれらに答え、「従順」とともに「清貧」の必要性を説くことにより、「托鉢修道士」としての自らの立場を明らかにしていたことが明らかになった。また、第八章の全体を通して明らかにしたように、トマスは教区司祭に対する修道司祭の優位を説いていた。このことは、律修参事会の伝統を引き継ぐドミニコ会士であるトマスが、第五章二節（4）における「使徒的生活」の意義に照らした修道士、聖職者、律修参事会員の間で繰り広げられたそれぞれの生活の優劣に関する論争の文脈を引き継ぐ形で主張したものであった事情も明らかになった。さらに、第九章四節で紹介した托鉢修道会という新しい修道パラダイムに対するトマスの弁証も、同じ論争の文脈の中での敵対者たちの批判に答える形でなされたものであったことが、その背景の見通しによってより明らかとなった。

最後に、修道霊性の歴史叙述全体に関して言えば、これを筆者が理解した限りにおけるトマスのカリタス理論についての叙述と照合させることにより、修道霊性史に対する筆者なりの一定の視点を確保することが出来た、と考える。

筆者の考察は、修道生活の歴史において見いだされるいくつかの対比、すなわち「東方キリスト教世界」対

「西方キリスト教世界」、「独住の隠修士」対「共住修道院」、「厳格主義」もしくは「社会の中での少数派としてのキリスト教」対「社会の中での多数者へのアプローチ」、「禁欲的離脱の徹底」対「共同体的一致」、「清貧」対「従順」といった対比を軸に考察した。歴史的叙述においては、これらの対比を示すさまざまな事象や人々の立場を可能な限り「客観的に」叙述しようとするのは当然である。しかし、どうしてもそこには叙述者による何らかの評価が入らざるを得なくなるような場面もある。

本書において特にその点が顕著になったのは、第六章におけるアッシジのフランシスコをめぐる叙述であった。そこで筆者は、フランシスコにおいて上述のいくつかの対概念が示す緊張関係に対するきわめて困難な統合が成立していた、と叙述した。その際、同時代の異端的民衆運動家とフランシスコとの間の相違を「ルサンチマンにもとづく攻撃性」に汚染されているか否か、という点に求め、フランシスコが「ルサンチマン」から自由であったのは、彼の回心が「積極的な動機」、すなわち彼が出逢った病者の中に真にキリストを見たことにあった点を強調した。

この点は、先述の「厳格さ」「清貧」「禁欲的離脱の徹底」といったベクトルの象徴として「隠修士」という存在が有する「アピール」にどのように向き合うのか、という問題に関わる。この点は、一一、一二世紀における宗教的運動の時代のただ中にあった人々でも、二一世紀に生きる我々でも変わることがない。一一、一二世紀に生きた人のコミットメントであったとしても、現代人のシンパシーであったとしても、その「アピール」――「自己放棄」に対する要求――の受け止め方次第では、序章で触れたニーチェや伊藤整による批判がまさに当てはまるような「ルサンチマンの倫理」もしくは「不可能な要求」による空転へと陥りかねない。しかしことによると読者の中には、それでもいいではないか、と言われる向きもあるかもしれない。ニーチェや伊藤整が何と言おうと、ひたすら自己放棄に励むことこそがイエスに従うことなのではないか。イエスは「もし完全になりたいのなら、行って持ち物を売り払い、貧しい人々に施しなさい。それから、私に従いなさい」（マタイ福音書一九・二一）と、また「狭い門から入りなさい」（マタイ福音書七・一三）と言っているではないか、と。

ここで筆者は、筆者自身が理解した限りでの「使徒的生活」の意味に対するトマスの理解に依拠するのである。本書の第七章は、前著『トマス・アクィナスにおける「愛」と「正義」』を必要最小限度において要約したものであった。要約の視点は、まさにトマスのカリタス理論が「使徒的生活」の意味を明らかにするための概念装置であった限りにおいて紹介する、という点にあった。修道生活はパウロの『ローマ書簡』が示唆したような使徒的共同体の現実を模範としており、「カリタスの完全性」をめざすための営為と考えられていたからである。「カリタスの倫理」は人間的努力によって実現する通常の意味での道徳——トマス的に言えば「獲得的徳」による倫理——を意味するのではなかった。それは、神との出逢いの中で、神から「注がれる」こと——つまり神によって「変えられる」こと——によって成立するものであった。そのようにして神から注がれたカリタスによって、人間は神との相互的・人格的な友愛が可能とされるレベルの生命エネルギーの充溢にまで高められる。そして、そうした「カリタスの倫理」の全体は「聖霊の恩恵」に依拠している。真実のキリスト教的な「愛（カリタス）」であるならば、それはそうした生命エネルギーの充溢に支えられているのであり、それゆえにこそニーチェによる「ルサンチマン」批判や伊藤による「不可能な要求」としての批判は当てはまらない、というのが、前著でも本書と共通して序章で掲げ、筆者が自らに課した課題に対する答えであった。

フランシスコの回心において、彼が病者の中に真にキリストを見たことの重要性を指摘したのは、そうしたトマス理解が背景にあったからである。神との真実の出逢いにもとづく生命エネルギーの充溢に裏付けられることなく、ただ空疎な「要求」としてのみ「愛」なり「自己放棄」なりが語られるならば、そこには不可避的にルサンチマンが生じることになる。それゆえ、出逢いの真実性――それが真に人格を一新するような内面からのエネルギーの源泉であるのか――こそが問題となるのである。第一章で紹介したアントニオスは、確かに「もし完全になりたいのなら、行って持ち物を売り払い、貧しい人々に施しなさい。それから、私に従いなさい」という『マタイ福音書』一九・二一の言葉に「文字通り」従った、と伝えられている。しかし、それはまさに彼にとっての「時満ちた」出逢いの瞬間であった。その時、彼は愛（カリタス）に捉えられたのである。フランシスコがハンセン氏病患者を抱擁したのも、やはり彼にとっての「時満ちた」出逢いの瞬間であり、その時、彼も「甘美さ」のもとに愛（カリタス）に捉えられたのであった。

したがって、実は先に挙げた「東方キリスト教世界」対「西方キリスト教世界」、「独住の隠修士」対「共住修道院」、「厳格主義」もしくは「社会の中での少数派としてのキリスト教」対「社会の中での多数者へのアプローチ」、「禁欲的離脱の徹底」対「共同体的一致」、「清貧」対「従順」といった対比は事象を現象面で整理するための便宜的なものに過ぎないのであって、本質的にはさして大きな意味を持たない、とさえ言える。そのいかなるカテゴリーに身を置く人であったとしても、その人が真実の霊性に生きていることの基準は、その人が「愛に捉えられている」ことなのである[2]。

最後に、今後の課題について触れておきたい。修道霊性史としての本書の叙述は「托鉢修道会の成立」の時代までで中断している。それはひとえに筆者の非力ゆえに研究が及ばなかったためである。したがって、本書は筆者の修道霊性史研究のいわば「中間報告」であり、当然現代までの叙述が「続編」としてなされなければならない。ところで、「続編」で扱うべき近代的修道制において重要なテーマとなるのは「教育」との関係である。イエズス会をはじめ、近代には教育事業を通して社会に関わっていった多くの修道会が成立したからである。その結果、「学校」は現代の我々が修道者と出会う——唯一と言わぬまでも——最大の場面となっている。実のところ、筆者が修道霊性史に関心をもつようになった最初の契機となったのは、筆者自身のイエズス会学校（栄光学園）との出逢いであった。四〇年も以前の記憶になるが、そこはたしかに「愛に包まれた学舎」であった。

（1）　Athanasius, *Vita Antonii* 2（アタナシオス『アントニオス伝』、小高毅訳『中世思想原典集成』第一巻「初期ギリシア教父」所収、七七六頁）

（2）　ただし、人は自分が「愛に捉えられている」ことを常に実感し続けていられるわけではない。いかなる聖人といえども神の臨在を全く感じない時期を送るものである。これをカルメル会の霊性では「霊魂の暗夜」と呼び、イエズス会の『霊操』では「すさみ」と呼んでいる。最近話題となった例としては、マザーテレサが数十年間の長きにわたってまったくキリストの存在を感じることができなかった、という事実が彼女の公刊された日記から明らかにされている。しかし、逆に言えば、真実の出逢いはたとえそれが人生における一点だけの体験であったとしても、そのような「暗夜」をも含め、全生涯にわたってキリスト者を支え続けるものなのである。

Mother Teresa, *Come Be My Light: The Private Writings of the "Saint Of Calcutta"* (New York: Doubleday, 2007)

あとがき

「終章」でも触れたが、筆者が修道霊性史に関心をもつようになった最初の契機となったのは、筆者自身のイエズス会学校（栄光学園）との出逢いであった。筆者が栄光学園で過ごした日々はもう四〇年も以前のことになるが、そこはたしかに「愛に包まれた学舎」であった。卒業後、筆者はカトリック信徒となり、さらには哲学・倫理学の研究者の道を歩むに至ったが、そのことには母校との出逢いによるところが大きかった。筆者が「愛」を自らの哲学的・倫理学的思索のテーマとし続けてきたのも、栄光学園在学中の記憶が原点であったように思う。

筆者に大きな感化を与えてくれたイエズス会員の恩師の中でも、特に思い出深い一人が「天狗さん」ことハンス・シュトルテ師であった。筆者は、栄光学園在学中から青春時代の前半期までの間、丹沢にある同学園の山小屋を愛し、ほとんど休日があれば丹沢に行くことばかりを考えていたような月日を送っていた。山小屋の主でもあった「天狗さん」は、当時の筆者にとって「もう一人の父親」のような存在であった。その後「巣立った」筆者は長らく師とまみえることのない年月を送るうちに、昨年八月三一日、シュトルテ師は帰天された。九三歳であった。

シュトルテ師の他にも、思い出深いイエズス会員の恩師たちは多数おられたが、皆すでに現役を退かれている、と聞いている。筆者の在学中には各学年付きのイエズス会員の先生がおられた。しかし聞くところによると、現在の栄光学園の教員団の中で、イエズス会員は校長以下、ほんの二、三名だ、という。これは、第二バチカン公会議を境にして出来した修道制の危機ともいうべき状況がイエズス会にも及んだ結果なのだろうと思われる。現在、国内においても、世界的規模においても、ローマ・カトリック教会内の修道会はそのメンバー（修道者）の減少という事態に直面しており、教育に関わってきた修道会およびその設立による多くの学校はその伝統が断絶する危機に立っている。

筆者は若き日をそこで学んだ学舎のうちに、たしかに「愛」の存在を見て取っていた。しかし、その「愛」を伝える修道会そのものが今危機に立っているのである。そうした「修道制の危機」に際して、愛を支える倫理、愛を伝える教育の基本理念がどこにあるのか、その本質をを明らかにし、修道霊性史の中で培われてきた宝を新しい時代に向けていかに受け継ぐべきか、という問題意識が筆者の心の奥底にある。

ここで読者は言われるかもしれない。だとすれば、筆者が研究対象とすべきなのはイエズス会をはじめとする教育に関わってきた近代の修道会だったのではないか、と。おそらくは、その通りであろう。トマス・アクィナスの研究に長い年月を費やし、ようやく修道霊性史の研究に手をつけたのに、近代までは手が届かず、托鉢修道会までで筆が止まっている。筆者の研究の軌跡はまさに迂回の連続であるとも言える。しかし筆者は、そうした迂回の中で蓄えてきたものが、いつか力を発揮するだろう、と信じている。すでに序章、終章の中で幾度も述べているとおり、イエズス会をはじめ近代における教育活動に貢献した修道会を対象とする「続編」を執筆することは筆者の「公約」である。この「続編」において「迂回による蓄積」が生きることを祈って本書の筆を置くこととする。

最後に、本書を亡きハンス・シュトルテ神父様の霊にお捧げすることとしたい。

二〇〇八年三月一六日

著者

初出一覧

本書を構成する各章の初出は以下の通りである。ただし、章によっては原論文に大幅な変更を加えている場合があることをお断りしておく。

序　章　書き下ろし

第一章　初期修道制における「独住」と「共住」の問題——隠修士と修道院
（「初期修道制における「独住」と「共住」の問題について」筑波大学哲学・思想学系『哲学・思想論集』第三一号、横書き部五三—七二頁、二〇〇六（平成一八）年三月発行）

第二章　ペラギウスとアウグスティヌス
（「ペラギウス論争と東西キリスト教の神学的パラダイム」三重大学人文学部哲学・思想学系、教育学部哲学・倫理学研究室『論集』第一二号、一二四—一四三頁、二〇〇六（平成一八）年三月発行）

第三章　東方的修道霊性の風景
（書き下ろし。ただし、下記の論文の大部分を含んでいる。「ニケタス・ステタトスの霊性観について」東方キリスト教学会編『エイコーン』第三〇号、五—二〇頁、二〇〇四（平成一六）年一二月発行）

第四章　西方修道制における二つの伝統
（「西方修道制における二つの伝統」清泉女子大学キリスト教文化研究所年報第一六号、二九—五〇頁、二〇〇八（平成二〇）年三月発行）

第五章　「使徒的生活」を求めて——一一、一二世紀の隠修士運動

（「「使徒的生活」を求めて——一一、一二世紀の隠修士運動」筑波大学哲学・思想学系『哲学・思想論集』第三二号、横書き部五七—七二頁、二〇〇七（平成一九）年三月発行）

第六章　托鉢修道会の時代

（「托鉢修道会の時代」筑波大学倫理学研究会編『倫理学』第二四号、一—一七頁、二〇〇八（平成二〇）年三月発行）

第七章　トマス・アクィナスのカリタス理論とキリスト者の霊的生活

（「トマス・アクィナスにおけるカリタス理論のキリスト教的意味について」（筑波大学哲学・思想学系『哲学・思想論集』第三三号、横書き部三一—四七頁、二〇〇八（平成二〇）年三月発行）

第八章　「カリタスの完全性」——「修道生活」の意味

（「トマス・アクィナスにおける「修道生活」と「神愛の完全性」」筑波大学倫理学研究会編『倫理学』第二三号、二一—三六頁、二〇〇七（平成一九）年三月発行）

第九章　「観想の充溢から発する活動」——「説教者兄弟会」の霊性

（書き下ろし。ただし、下記の論文の文章を大幅に用いている。「トマス・アクィナスにおける「説教 praedicatio」の意味について」筑波大学倫理学研究会編『倫理学』第二〇号、一—一四頁、二〇〇四（平成一六）年三月発行）

終　章　書き下ろし

桑原 直己（くわばら・なおき）

1954年に生まれる。東京大学文学部卒業。同大学院人文科学研究科哲学専攻修士課程修了。同博士課程単位取得。三重大学教育学部講師，助教授を経て，現在，筑波大学大学院人文社会科学研究科教授。専攻：哲学，倫理学，西洋中世倫理思想史。博士（文学）。
〔著訳書〕『トマス・アクィナスにおける「愛」と「正義」』（知泉書館，2005年），『哲学を享受する』（共著，同，2006年），バシレイオス「修道士大規定」（『中世思想原典集成』第2巻所収，平凡社，1992年），『フィロカリア　I』（共訳，新世社，2007年）他。

〔東西修道霊性の歴史〕　ISBN978-4-86285-035-5

2008年6月25日　第1刷印刷
2008年6月30日　第1刷発行

著　者　桑　原　直　己
発行者　小　山　光　夫
印刷者　藤　原　愛　子

発行所　〒113-0033 東京都文京区本郷1-13-2
電話03(3814)6161振替00120-6-117170
http://www.chisen.co.jp
株式会社　知泉書館

Printed in Japan　印刷・製本／藤原印刷

人名索引

書名索引

事項索引

ア　行

カ　行

サ　行

タ・ナ 行

ハ　行

マ　行

ヤ　行

ラ　行